教科書の公式ガイドブック

教科書ガイド

三省堂 版

現代の国語

完全準拠

中学国語

2年

教科書の内容がよくわかる

文部科学省検定済教科書
中学校国語科用
15 三省堂 国語 802
現代の国語
2
三省堂

三省堂

現代の国語　教科書ガイド２　目次

ガ…教科書ガイド（本書）のページ
教…教科書のページ

教科書ガイドの活用法

授業の予習として

授業で新しい教材を学習する前に、教科書の各単元のタイトルの下にある学習目標を読んで、その教材でつけるべき力をつかんでおきましょう。

教科書の本文を読んでから、教科書ガイドの「内容を確認して、整理しよう」を読みましょう。教材のおおまかな内容を知ることができます。次に、「まとまりごとの展開を確認しよう」や「ポイントを確認しよう」で教材の構成や内容を確かめます。また、授業にさきだって「重要語句の確認」を読んでおくと、教材を理解しやすくなります。

授業の復習として

授業で新しく学んだことは、なるべく早く復習しておくと、学習内容の理解が確実になります。その日のうちに「ポイントを確認しよう」を読み返しておきましょう。

定期テストの前に

教科書の各単元の終わりにある「学びの道しるべ」の設問は、学習した教材のまとめです。教科書ガイドの「学びの道しるべ」を参考にして取り組んでみましょう。理解が十分でなかった部分は、「ポイントを確認しよう」をもう一度読むなどして理解を確実にしておきましょう。

漢字については、単元ごとに「新出漢字」「新出音訓」「新出熟字訓」がまとめてあります。テストの前に、書きや読みを確認して練習しておきましょう。（読みの中の＊がついているものは、中学校では学ばなくてもよい音訓です。）

読みを深め合う

視野を広げる

振り返って見つめる

この本の構成と使い方

内容を確認して、整理しよう

初めて教科書の各単元を読んだら、教材の話題やテーマは何かを考えましょう。その後、この「内容を確認して、整理しよう」と自分の読解を照らし合わせてみましょう。

上段では、各単元のおおまかな内容や、主題、押さえておきたい特徴などがまとめてあります。吹き出しの中は、簡潔にまとめたポイントです。時間がないときはここだけでも確認しましょう。

下段では、単元の内容を図や表でまとめています。単元全体をつかむのに役立てましょう。

まとまりごとの展開を確認しよう

ポイントを確認しよう

教材を読んで、文章の内容を詳しく読み取るためのページです。

上段の「まとまりごとの展開を確認しよう」で、文章の構成をつかみ、まとまりごとの内容を捉えます。下段の「ポイントを確認しよう」では、本文の場面や段落ごとに、読解のポイントを設問と解答の形式で示しています。

各ページの上段に、文や語句、表などで場面や段落ごとのまとめが示してあり、それに対応して、下段に読解のキーとなる設問が載っています。直後に解答（解答例）が載っていますが、すぐには見ないで、まず自分なりに教科書本文を読み返して解答してみましょう。解答するときは、頭の中で考えるだけでなく、ノートなどに自分の言葉でまとめると、知らず知らずに文章の表現力が身につくようになります。

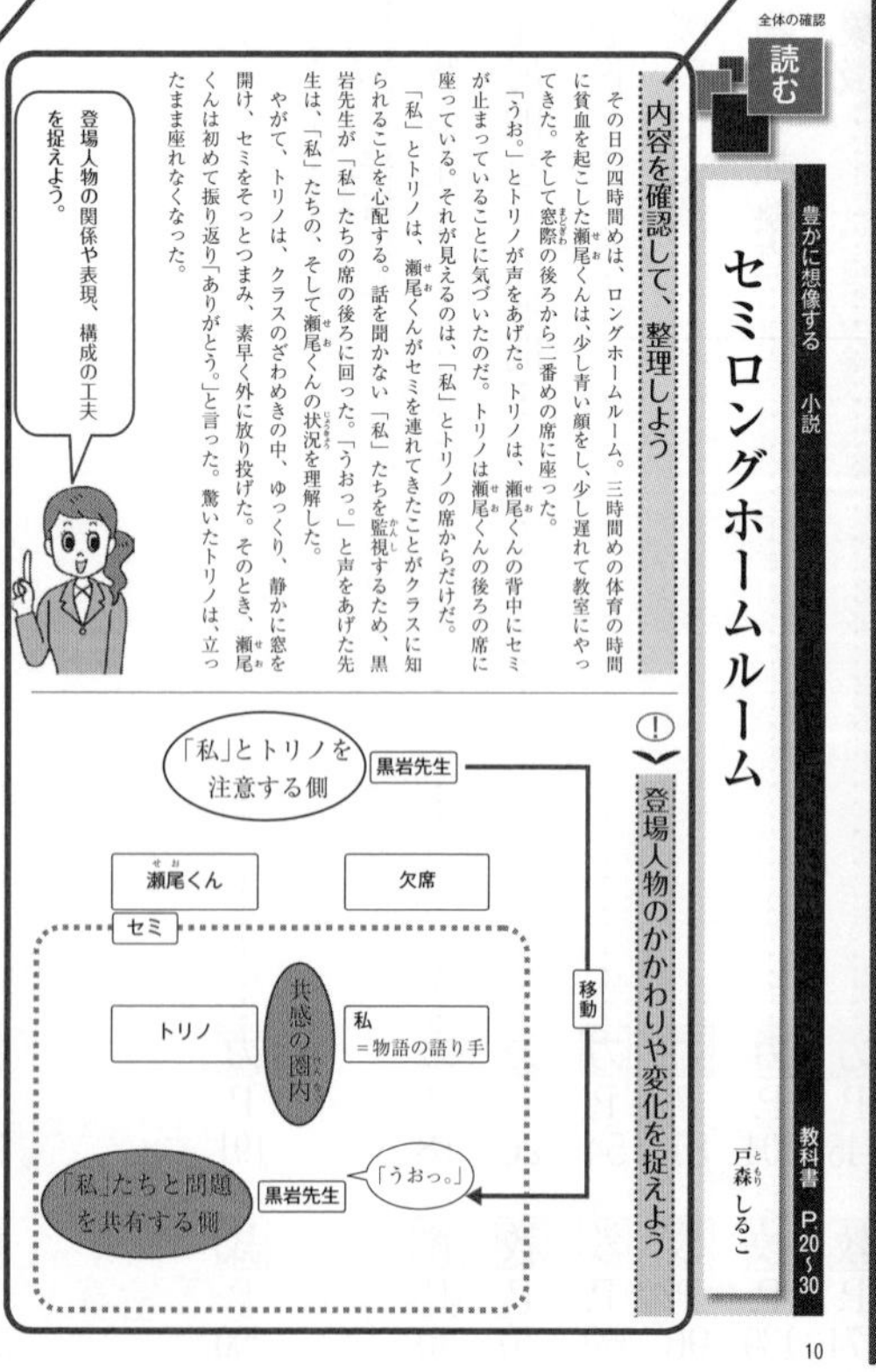

全体の確認

読む

豊かに想像する　小説

セミロングホームルーム

戸森《ともり》しるこ

教科書　P.20〜30

内容を確認して、整理しよう

その日の四時間めは、ロングホームルーム。三時間めの体育の時間に貧血を起こした瀬尾《せお》くんは、少し青い顔をし、少し遅れて教室にやってきた。そして窓際《まどぎわ》の後ろから二番めの席に座った。

「うお。」とトリノが声をあげた。トリノは、瀬尾《せお》くんの背中にセミが止まっていることに気づいたのだ。トリノは瀬尾《せお》くんの後ろの席に座っている。それが見えるのは、「私」とトリノの席からだけだ。

「私」とトリノは、瀬尾《せお》くんがセミを連れてきたことがクラスに知られることを心配する。話を聞かない「私」たちを監視《かんし》するため、黒岩先生が「私」たちの席の後ろに回った。「うおっ。」と声をあげた先生は、「私」たちの、そして瀬尾《せお》くんの状況《じょうきょう》を理解した。

やがて、トリノは、クラスのざわめきの中、ゆっくり、静かに窓を開け、セミをそっとつまみ、素早く外に放り投げた。そのとき、瀬尾《せお》くんは初めて振り返り「ありがとう。」と言った。驚いたトリノは、立ったまま座れなくなった。

登場人物のかかわりや変化を捉えよう

10

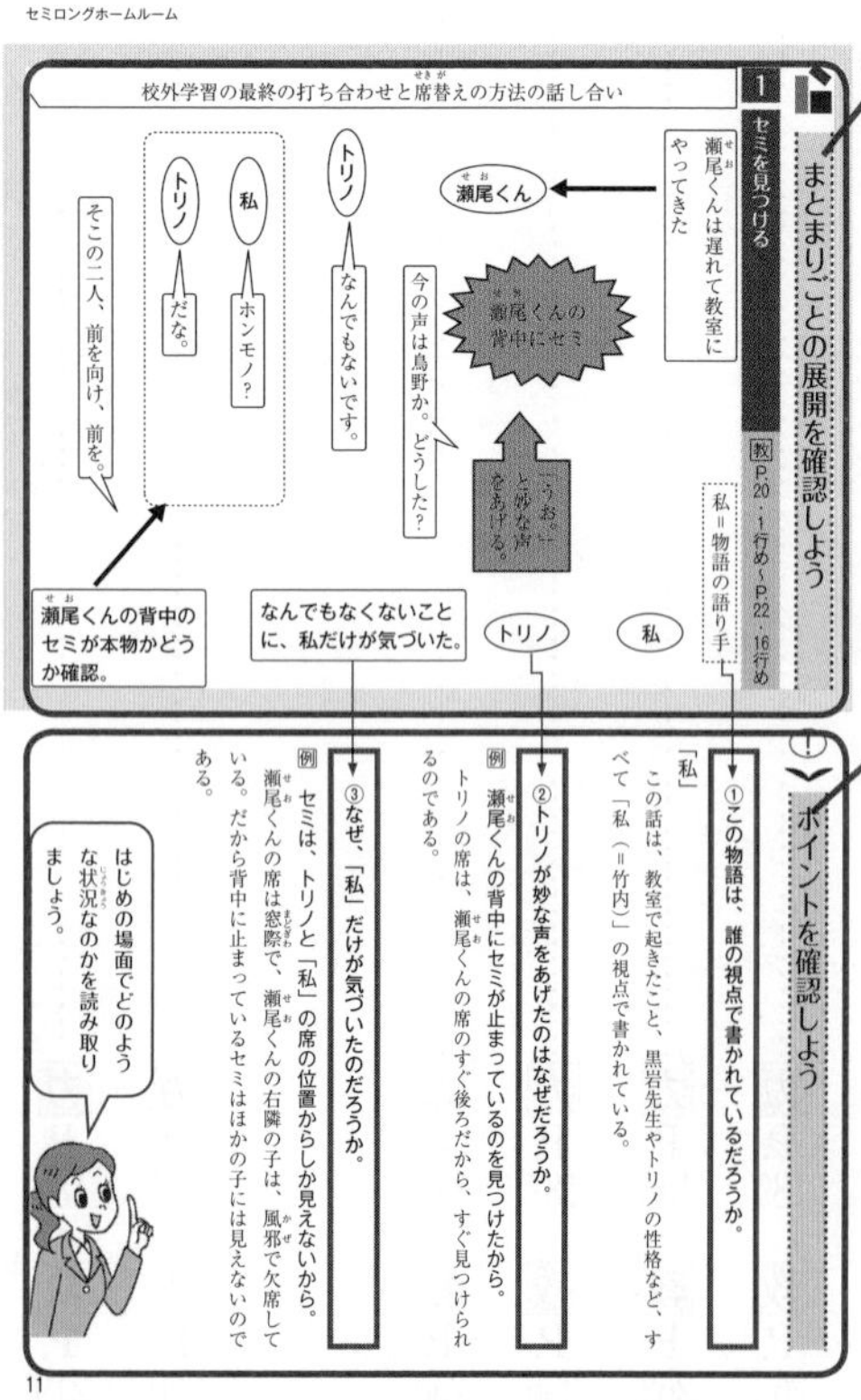

セミロングホームルーム

まとまりごとの展開を確認しよう

1　セミを見つける

教　P.20・1行め〜P.22・16行め

ポイントを確認しよう

①この物語は、誰の視点で書かれているだろうか。

「私」

この話は、教室で起きたこと、黒岩先生やトリノの性格など、すべて「私（＝竹内）」の視点で書かれている。

②トリノが妙な声をあげたのはなぜだろうか。

例　瀬尾《せお》くんの背中にセミが止まっているのを見つけたから。

トリノの席は、瀬尾《せお》くんの席のすぐ後ろだから、すぐ見つけられるのである。

③なぜ、「私」だけが気づいたのだろうか。

例　セミは、トリノと「私」の席の位置からしか見えないから。

瀬尾《せお》くんの席は窓際《まどぎわ》で、瀬尾《せお》くんの右隣の子は、風邪《かぜ》で欠席している。だから背中に止まっているセミはほかの子には見えないのである。

11

学びの道しるべ

教科書の各単元の終わりにある「学びの道しるべ」の設問について、「ポイントを確認しよう」のどこを見ればよいかと、解答（解答例）を示しています。「ポイントを確認しよう」のページに戻って参考にし、取り組んでみましょう。

ここでは、単元全体の総まとめとして、学習目標に関連した設問になっています。自分の学習到達《とうたつ》度確認の参考にしましょう。なお、設問によっては、解答・解答例が示されていないものもあります。

重要語句の確認

注目すべき表現の工夫や、意味のわかりにくい語句について説明してあります。間違って覚えていた語句や、よく考えずに読み飛ばしてしまっていた表現はないか、ここでチェックしましょう。そして、ここを確認しながら、もう一度、丁寧に教科書の本文を読んでみましょう。

教科書の脚注欄《きゃくちゅうらん》で、意（辞書で意味を調べる）のマークがついている語については、意味を示しています。また、類対のマークは教科書に載っている類義語・対義語です。あわせて覚えておきましょう。

新出漢字のチェック✓

右側に、上から教科書ページ、総画数、筆順を載せています。漢字の色がついている部分は部首にあたる部分です。漢字の下には読みがあります。カタカナで書いてあるものは音読みで、ひらがなは訓読みです。＊画数や部首、字体や筆順、送りがななどは辞書によって異なる場合があります。

学びの道しるべ

▼教科書 P.28〜29

1 この話を読んで感じたことを、作品の具体的な表現と結びつけながら発表し合おう。

■解答例■
「これが本当のセミロングホームルーム」という表現は、時間の長さとしての「セミ」と瀬尾《せお》くんの背中に止まっている「セミ」がかかっているところがおもしろいと思った。また、クラスの日常に起こる何気ない小さなできごとを題材にしていて、親しみやすいと感じた。

2 この話の登場人物を書き出し、人物どうしの関係や、それぞれの言動について整理しよう。 ↓P.10

3 「トリノは立ったまま座れなくなっている。」（26ページ・20行め）とあるが、それは、なぜか。そのときのトリノの心情について、考えを発表し合おう。 ↓P.17②

4 この話の「主人公」は誰だと考えるか。理由とあわせてグループで話し合い、自分の読みを深めよう。

■解答例■
この話は一貫して「私」の視点で描かれている。黒岩先生やトリノ、瀬尾《せお》くんの人物像は全て「私」から見たもので、一連の出来事は「私」の視点を介してしか描かれていないので、この話の主人公は「私」だと思う。

5 この作品の表現や構成の工夫とその効果について、考えたことを一二〇〜一五〇字程度の文章に書いてまとめよう。また、考えを共有し合って、深めよう。

■解答例■
「私」とトリノの真意がわからないやりとりから始まることによって、読者を引き込む効果がある。また、未知のできごとが既知になることで、読者は二人と同じ立場で作品を読むことができる。物語をとおして読者は、黒岩先生と同じように、共感の外側と内側の二つの世界を体験できる構成になっている。

読み方を学ぼう　人物設定　教 P.30

小説では、出来事の展開が骨組みになっています。その出来事が登場する人物にどのような影響《えいきょう》を与《あた》え、登場する人物は、その出来事をどのように捉えているかを押さえることが大切です。

そのためには、登場人物の設定、つまり年齢や性別、性格などの人物像を理解し、登場人物の相互関係、変化に着目して読み進めるようにしましょう。

重要語句の確認

▼21ページ
7 意すかさず　間をおかず。すぐに。
18 意懲《こ》りる　ひどい目にあったために、二度と繰《く》り返さないと思う。
18 意肩《かた》をすくめる　相手に対する不信感や不満、意外な気持ちを表す。

▼22ページ
10 意経過　時間が過ぎていくことによって変化する物事の進み具合。類経緯《けいい》
12 意同等　同じ程度。類同格
20 意あえて　おもいきって実行する様子。わざわざ。無理に。類しいて

▼23ページ
2 意とたん　ちょうどそのとき。
4 意デリケート　ちょっとした変化や刺激《しげき》に感じやすい様子。繊細《せんさい》。
4 意あられもない　その場にふさわしくない様子。普通《ふつう》ではありえない。
5 意控《ひか》えめ　やりすぎないようにしている様子。消極的。類つつましやか
10 意切り抜《ぬ》ける　その場をやり過ごす。のがれ出る。類脱《だっ》する
20 意監視《かんし》　よくない事態が起きないように注意して見ていること。
20 意魂胆《こんたん》　ひそかに考えている計画。

▼24ページ
3 意硬直《こうちょく》　こわばっている様子。
10 意冷静　落ち着いている様子。類沈《ちん》着《ちゃく》
10 意絶妙《ぜつみょう》　このうえなく優《すぐ》れていること。
17 意繊細《せんさい》　感情が細かく鋭《するど》い様子。

▼25ページ
1 意息をのむ　驚きなどで一瞬《いっしゅん》息をとめる。
2 意思いの外　思ったよりも。類案外
2 意図太い　非常に大胆《だいたん》な様子
3 意微動《びどう》　ほんの少し動くこと。
3 意鈍感《どんかん》　感覚がにぶい様子。対敏感《びんかん》

▼26ページ
6 意ざわめき　ざわざわすること。
9 意瞬間《しゅんかん》　きわめて短い時間。類瞬時《しゅんじ》
11 意我に返る　意識を取り戻《もど》す。
12 意喧騒《けんそう》　やかましくて落着きのない様子。さわがしいこと。
14 意心境　そのときの気持ち。類気持ち

新出漢字のチェック✓

ページ	漢字	画数	部首	読み	用例	級
20	妙	7画		ミョウ	妙な声をあげる／奇妙《きみょう》・妙齢／神妙な態度	4級
22	殻	11画	×「几」	カク／から	地殻変動／甲殻類／セミの抜け殻	準2級
23	剣	10画		ケン／つるぎ	真剣な表情／剣道部・剣術／剣の山	4級
24	爆	19画	×「水」	バク	大爆笑／飛行機の爆音／爆発的な人気	4級
25	鎖	18画	×「ハ」	サ／くさり	学級閉鎖／国境を封鎖する／鎖・鎖かたびら	4級

豊かに想像する　詩

名づけられた葉

新川《しんかわ》　和江《かずえ》

教科書 P.16〜19

内容を確認して、整理しよう

第一連

ひとつひとつのてのひらに
載せられる名はみな同じ〈ポプラの葉〉（＝たとえ）

（第一連と第二連は対比）

第二連

・いちまいの葉
・不安げにしがみついた／おさない葉っぱ
（＝たとえ）
わたし　は呼ばれる／わたしだけの名で

第三連

名づけられた葉なのだから
考えなければならない
→
・葉脈の走らせ方
・（葉脈の）刻みのいれ方
・せいいっぱい緑をかがやかせて／うつくしく散る法
どんなに風がつよくとも

ポイントを確認しよう

①筆者は、第一連と第二連で何と何を対比しているのだろうか。

例　「ポプラの葉」としか呼ばれないポプラの葉たちと、固有の名前で呼ばれる「わたし」（＝人間）を対比させている。
第一連では植物の「ポプラ」を人に、第二連では人である「わたし」をポプラにたとえている。

②「不安げにしがみついた／おさない葉っぱ」は、どんなことをたとえているのだろうか。

例　現在や将来について不安を抱きながら生きる一人の人間。
「わたし」もたくさんいる人間の中の一人でしかなく、ポプラの葉と同じである。

③「どんなに風がつよくとも」、どうしなければならないのだろうか。

例　自分らしい生き方を考えなければならない。
「どんなに風がつよくとも」は、人間にとっての困難や挫折《ざせつ》などを指す。作者は、どんな困難にぶつかっても、それぞれ固有の名をもつ人間は、自分らしい生き方を考えなければいけないとうたっている。

重要語句の確認

▼16ページ

2 **ふいて**　今まで見えなかったものが表面に現れ出ること。

3 **小さな手**　ポプラの葉を人の手にたとえている。

4 **いっしんに**　一生懸命《けんめい》に。

6 **載《の》せられる**　呼ばれる、名づけられるという意味で用いられている。

10 **にんげんの歴史の幹《みき》から分かれた小枝**　自分という存在は、祖父母から父や母というように枝が分かれるようにして続いてきたものであることを表している。

▼17ページ

2 **おさない葉っぱ**　「わたし」をポプラの葉にたとえている。

7 **葉脈**　葉に見られる維管束《いかんそく》のすじ。「葉脈の走らせ方」は、人間の生き方、「(葉脈の) 刻みのいれ方」は、生きたあかしの残し方という意味で、たとえとして用いられている

8 **緑をかがやかせて**　人が自分らしく生きることのたとえとして用いられている。

9 **うつくしく散る**　「散る」は、人の死のたとえで、懸命《けんめい》に生きて死ぬことを表している。

10 **名づけられた葉**　固有の名前をもつ「わたし(＝人間)」のことを表している。

学びの道しるべ

▼教科書 P.18～19

2 「不安げにしがみついた／おさない葉っぱ」「どんなに風がつよくとも」とは、それぞれどのようなことをたとえているか、捉えよう。→P.8②③

3 この詩は、三つの連で構成されている。それぞれの連に描かれていることをまとめ、それらがどのように関係しているか考えよう。→P.8

4 作者は、何を「考えなければならない」と言っているのか。また、それはなぜか。詩の表現をふまえて、自分の考えたことを書こう。

■解答例■

「誰のまねでもない」とは、自分らしさや個性を意味していて、「葉脈の走らせ方」「刻みのいれ方」「うつくしく散る法」は、人間の生き方を表している。つまり作者は、自分らしい生き方を考えなければいけないと言っている。私たち人間は、ポプラの葉とは違って自分だけの名前がつけられたかけがえのない存在なのだから、誰かと同じようにして生きるのではなく、自分らしい生き方で精いっぱい充実した日々を生き抜くべきだと作者は言いたいのだと思う。

豊かに想像する　小説

セミロングホームルーム

戸森《ともり》　しるこ

教科書　P.20～30

内容を確認して、整理しよう

その日の四時間めは、ロングホームルーム。三時間めの体育の時間に貧血を起こした瀬尾《せお》くんは、少し青い顔をし、少し遅れて教室にやってきた。そして窓際《まどぎわ》の後ろから二番めの席に座った。

「うお。」とトリノが声をあげた。トリノは、瀬尾《せお》くんの背中にセミが止まっていることに気づいたのだ。トリノは瀬尾《せお》くんの後ろの席に座っている。それが見えるのは、「私」とトリノの席からだけだ。

「私」とトリノは、瀬尾《せお》くんがセミを連れてきたことがクラスに知られることを心配する。話を聞かない「私」たちを監視《かんし》するため、黒岩先生が「私」たちの席の後ろに回った。「うおっ。」と声をあげた先生は、「私」たちの、そして瀬尾《せお》くんの状況《じょうきょう》を理解した。

やがて、トリノは、クラスのざわめきの中、ゆっくり、静かに窓を開け、セミをそっとつまみ、素早く外に放り投げた。そのとき、瀬尾《せお》くんは初めて振り返り「ありがとう。」と言った。驚いたトリノは、立ったまま座れなくなった。

登場人物の関係や表現、構成の工夫を捉えよう。

！ 登場人物のかかわりや変化を捉えよう

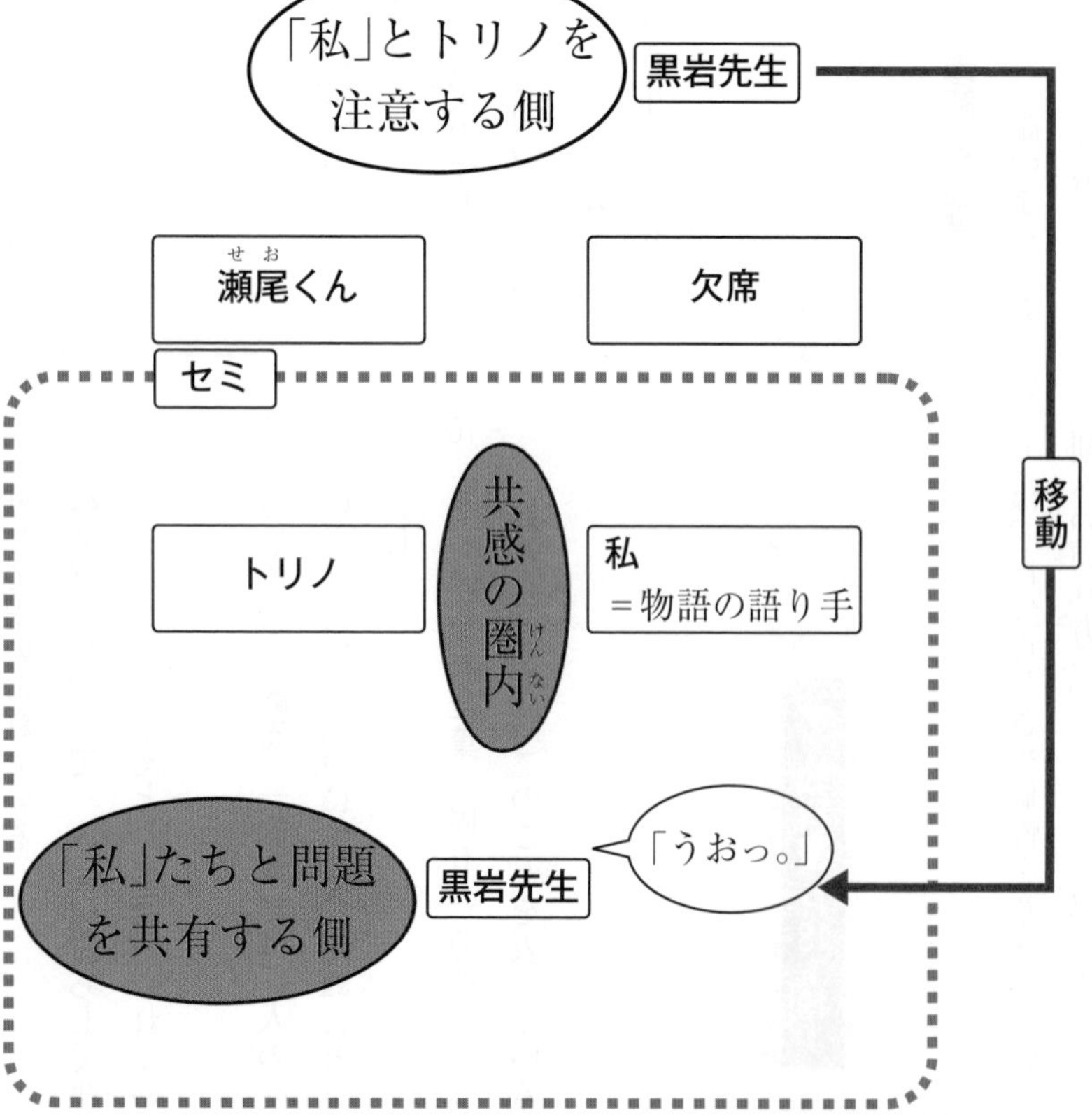
「私」とトリノを注意する側
黒岩先生
移動
瀬尾《せお》くん
欠席
セミ
トリノ
共感の圏内《けんない》
私
＝物語の語り手
「うおっ。」
黒岩先生
「私」たちと問題を共有する側

まとまりごとの展開を確認しよう

1 校外学習の最終の打ち合わせと席替《せきが》えの方法の話し合い

セミを見つける　教 P.20・1行め～P.22・16行め

瀬尾《せお》くんは遅れて教室にやってきた

→ **瀬尾《せお》くん**

瀬尾《せお》くんの背中にセミ

「うお。」と妙な声をあげる。

今の声は鳥野か。どうした？

トリノ：なんでもないです。

私：ホンモノ？

トリノ：だな。

そこの二人、前を向け、前を。

私＝物語の語り手

私

トリノ

なんでもなくないことに、私だけが気づいた。

瀬尾《せお》くんの背中のセミが本物かどうか確認。

ポイントを確認しよう

①この物語は、誰の視点で書かれているだろうか。

「私」

この話は、教室で起きたこと、黒岩先生やトリノの性格など、すべて「私（＝竹内）」の視点で書かれている。

②トリノが妙な声をあげたのはなぜだろうか。

例 瀬尾《せお》くんの背中にセミが止まっているのを見つけたから。トリノの席は、瀬尾《せお》くんの席のすぐ後ろだから、すぐ見つけられるのである。

③なぜ、「私」だけが気づいたのだろうか。

例 セミは、トリノと「私」の席の位置からしか見えないから。瀬尾《せお》くんの席は窓際《まどぎわ》で、瀬尾《せお》くんの右隣の子は、風邪《かぜ》で欠席している。だから背中に止まっているセミはほかの子には見えないのである。

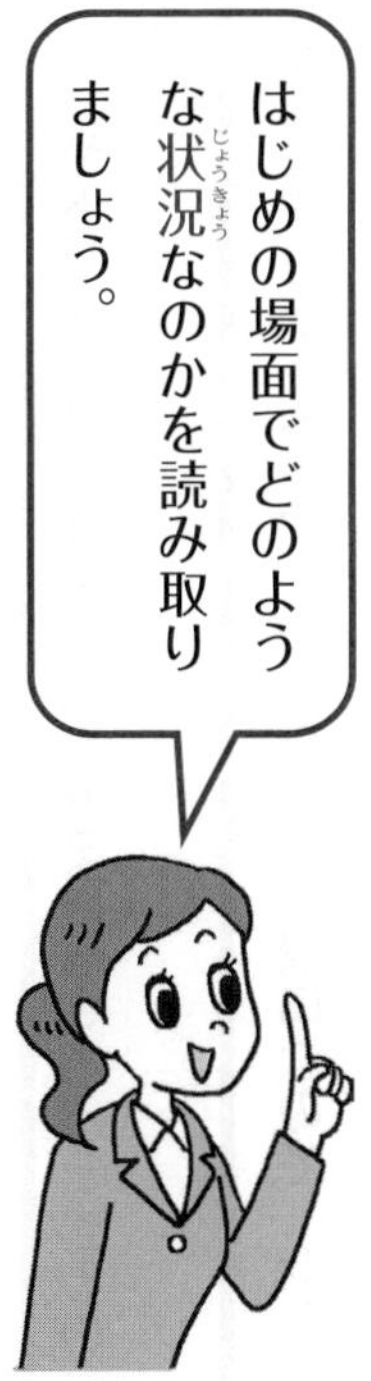

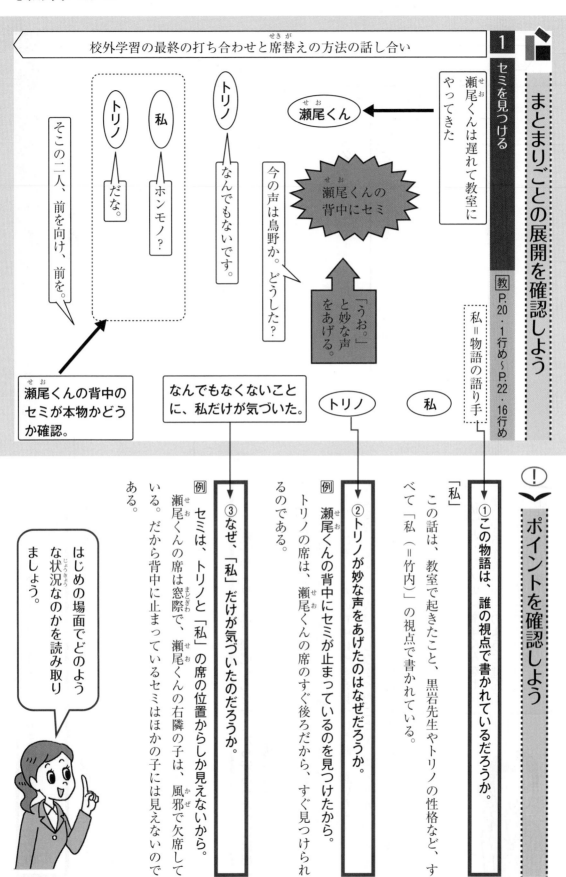

2 瀬尾《せお》くんを守ろう

教 P.22・17行め～P.23・18行め

校外学習の最終の打ち合わせと席替《せきが》えの方法の話し合い

◆瀬尾《せお》くんを守る理由

瀬尾《せお》くんの性格
・デリケート
・控《ひか》えめ
・無口

「私」の心配＝トリノの心配（？）→ 非常に気が重い（想像）

トリノの性格……真面目でいいやつ
※「セミの一生」の自由研究で金賞受賞

クラスのみんな

瀬尾《せお》くんがセミを連れてきたことを知る
→
・瀬尾《せお》くんにセミをネタにおもしろい話をすることを要求する
・セオとセミとをかけて妙なあだ名をつける

① 「私」やトリノはなぜ瀬尾《せお》くんをセミから守ろうとするのだろうか。

例 瀬尾《せお》くんはデリケートで、いつも控《ひか》えめで無口なので、セミが背中にいることをクラスのみんなに知られて大騒《おおさわ》ぎになることを恐れたから。

瀬尾《せお》くんは性格上、クラスのみんなから注目を集めることは苦手だと「私」やトリノは思っている。だから、その状況《じょうきょう》だけは避けたかったのである。

② 「私」やトリノは、瀬尾《せお》くんをセミから守ろうと口には出していないが、トリノもそう思っていると私が判断したのはなぜだろうか。

例 「私」は、トリノは真面目でいいやつだと思っているから。

トリノは瀬尾《せお》くんの背中にセミを見つけた時、驚いたものの「なんでもないです」と大騒《おおさわ》ぎしなかったことや、後の部分で、実際にうまくこの場を乗り切る方法を真剣に考えている様子から、真面目でいいやつだと思われる。

「私」とトリノの「瀬尾《せお》くんをセミから守る作戦」がどのように進んでいくか、黒岩先生とのやりとりにも注目しながら読み進めよう。

校外学習の最終の打ち合わせと席替《せきが》えの方法の話し合い

セミ　それは避けたい

突然ミーンミーンと鳴き始める
→瀬尾《せお》くんが驚いてあられもない悲鳴をあげる
→みんなが騒《さわ》ぎ出す

◆対処方法を考える

「私」の考え

・とにかくセミから瀬尾《せお》くんを守る。
・トリノも同じ考えだろう。
・この一匹のセミさんに、私たちの今日一日の運命がかかっている。

トリノの考え

・メガネの奥の目が、目の前のセミを鋭くにらんでいる。
・私よりもずっと頭がいいので、うまくこの場を切り抜ける方法を探しているようだ。

先生：竹内、先生の話、聞いてるか？

「私」の考え

今日のロングホームルーム、残りの時間は外で遊びませんか？

① 「私たち」とは誰のことを指すのだろうか。

例　「私」とトリノと瀬尾《せお》くん。
セミが静かにこの場所から逃げてくれるかどうかで運命が左右されるのは、「私」とトリノと瀬尾《せお》くんである。

② 「私」は、なぜこのようなことを言ったのだろうか。

例　教室から誰もいなくなれば、瀬尾《せお》くんだけを引きとめておいて、その間に背中のセミを逃がせばいいと思ったから。
「私」は、ホームルームそっちのけで、黒岩先生に叱られながらも瀬尾《せお》くんを守るための対処方法を一生懸命考えている。そこで、考え出したのがこの案だったが、クラスのみんなからは大笑いされ、トリノからは「不自然すぎる」と言われてしまう。

3 先生もセミに気づく

教 P.23・19行め〜P.25・20行め

司会進行が替《か》わる

瀬尾《せお》くんの背中にセミ

黒岩先生は、ぷりぷりしながら、私とトリノの後ろに折り畳み椅《い》子《す》を出してきて、そこに座った。

先生：うおっ。

黒岩先生は私たちの後ろで硬直している。

どうしたらよいか…（困っている）

← **仲間の三人**：増えたところで、どうしたものか。教室の後ろの隅で、三人とも困り果てている。

← **黒岩先生**：
・トリノを信頼している。
・トリノがなにか考えをめぐらせていることを察する。

← **瀬尾《せお》くん**：右手を伸ばして左肩のあたりを触った。

← **仲間の三人**：「ひゅっ。」と息をのんだ。

①黒岩先生は、なぜ「私」とトリノの後ろに来たのだろうか。

例 **「私」とトリノを監視《かんし》するため。**

「私」とトリノは先生の話を聞かずに、ぼんやりしているし、二人だけで何か話している。何度も注意するがその態度を改めないので近くに座って見張ろうと考えたのである。

②「仲間が三人に増えた」とあるが、このときの黒岩先生の心情はどのようなものだろうか。

例 **クラスのみんなには気づかれないように、セミを静かにこの場所から逃がしたいが、どうしたらよいか困っている。**

黒岩先生が、セミのことをすぐに指摘しなかったのは、「私」やトリノと同じように、繊細な瀬尾《せお》くんを気遣って、クラスのみんなに知られないように、対処したいと思っているからである。

③「私」は、黒岩先生が瀬尾《せお》くんはどんな性格だと考えていると思っているのだろうか。

例 **ガラスのように繊細な性格。**

教 P24・16行めにあるように、「ガラスのように繊細な瀬尾《せお》くんを誰よりも理解しているのは、おそらく黒岩先生、あなたですね。」と「私」は考えている。「私」もトリノも、瀬尾《せお》くんが繊細な性格だと思っていて、この状況《じょうきょう》をうまく切り抜けたいと思っている。

④なぜ三人は「ひゅっ。」と息をのんだのだろうか。

例 **セミが騒《さわ》ぎ出したら困るから。**

セミが騒《さわ》ぎ出したら、クラスのみんなも騒《さわ》ぎ出し、繊細な瀬尾《せお》くんがパニックになることを恐れたのである。

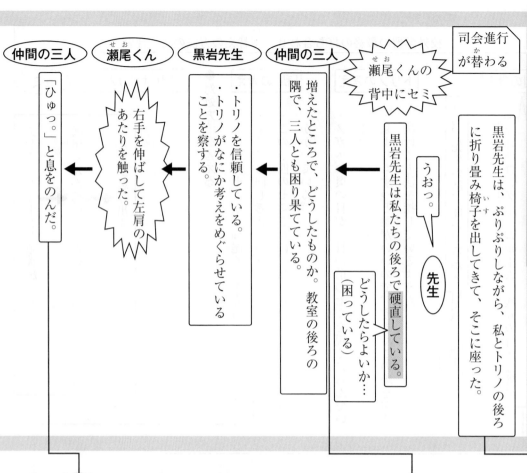

多数決で席替《せきが》えはくじ引きでと決定

セミ

・思いの外図太い性格。

・微動だにせずおとなしく止まっている。

仲間の三人

「ふううっ。」とため息をもらした。

なんて鈍感なんだろう。少しは瀬尾《せお》くんの繊細さを見習ってほしいものだ。

私

トリノと席が離れるのはさみしい気もする。

ロングホームルーム終了まで、あと二十分。残り時間は自習になりそうな気配。

①三人が「ふううっ。」とため息をもらしたのはなぜだろうか。

例 セミが意外にも微動だにせずおとなしく止まっているので安心したから。

瀬尾《せお》くんの右手がうろうろしたらセミが騒《さわ》ぎ出すのではと心配したが、意外にもセミは図太くて微動だにせずおとなしく止まっていたので、ほっとしてため息をもらしたのである。

②このとき「私」はどのようなことを思ったのだろうか。

例 席替《せきが》えの方法が決まり、残りの時間は自習になりそうなので、すぐにでもセミをなんとかしなくてはいけないということ。

席替《せきが》えの方法を決めている間には、セミをどう逃がすか、とまどい続けていた。そうこうしているうちに、席替《せきが》えの方法が決まり、残りの時間は自習になりそうだ。自習時間に入ると、クラスのみんなに知られずにセミを逃すことができなくなるので、今すぐセミをなんとかしなくてはいけないのである。

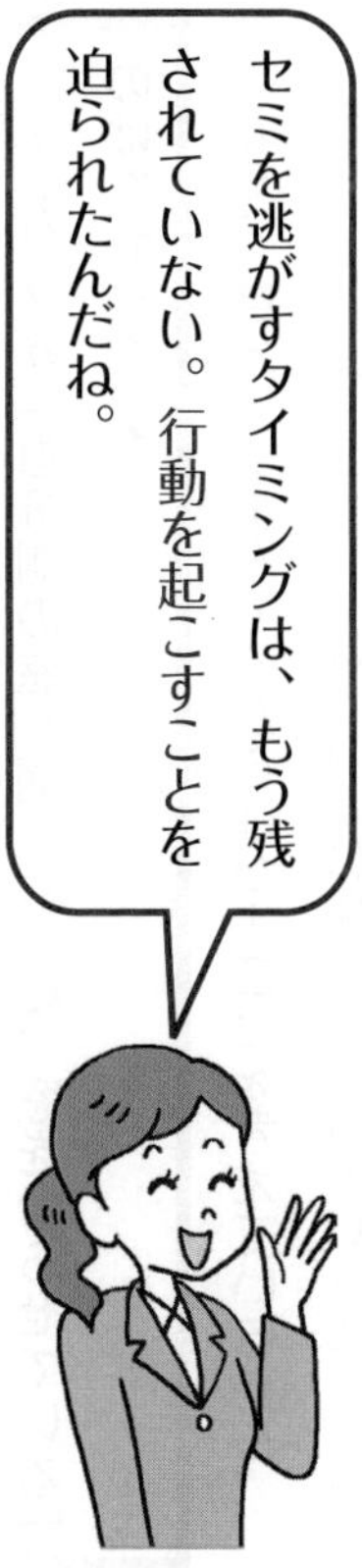
セミを逃がすタイミングは、もう残されていない。行動を起こすことを迫られたんだね。

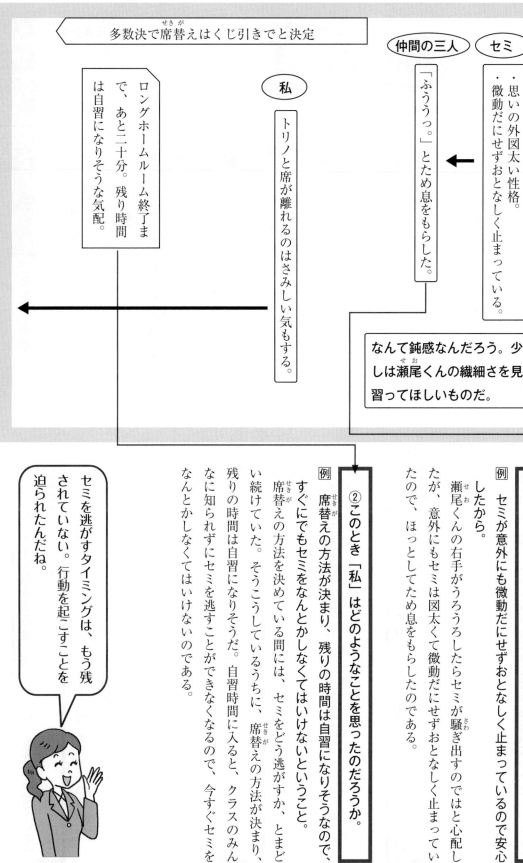

4 セミを逃がす

教 P.26・1行め〜P.27・3行め

黒岩先生

咳払《せきばら》いをしながら教室の前に戻っていってしまった。

⇦

「頼んだぞ。」と言われている気がした。

トリノ

瀬尾《せお》くんの背中にセミ

クラスの喧騒《けんそう》

ついに動いた。

←

静かに、静かに、自分側の窓が開くように、窓を滑らせている。

←

音をたてないように立ち上がる。

←

瀬尾《せお》くんの背中にそろそろと手を伸ばし、そこに止まっているセミを、人さし指と親指とでそっとつまんだ。

←

光の速さで外に放り投げた。

私

がんばれ、トリノ。自習が始まってしまったら、クラスのざわめきが消えてしまう。

①トリノが「自分側の窓が開くように、窓を滑らせている」のはなぜだろうか。

例 セミを自分でつまんで窓から逃がすことを考えているから。

「窓を滑らせている」とは、静かに開けているということ。セミが驚いて鳴き出したり、飛び回ったりしないように、音を立てないようにしている。トリノは、自分側の窓を開けることで自分がセミを逃がすことを考えているのである。

②このときの「私」の気持ちはどのようなものだったのだろうか。

例 セミを外に追い出すことに成功してほしいという気持ち。

ホームルームのあいだ、ずっとセミのことが気になっていた。セミを逃がす最後のチャンスに、どきどきしながら、うまくいくよう願いながら見守っている。

③「光の速さで外に放り投げた」ときのトリノはどんな気持ちだったのだろうか。

例 瀬尾《せお》くんを守るために、みんなに気づかれずにセミを教室から少しでも早く追い出さなければならないという気持ち。

とてもすばやい動作を「光の速さで」と表現している。セミはつままれて、驚いてジジジッと鳴き出すかもしれないので、いち早く外に放り出さないといけないのである。

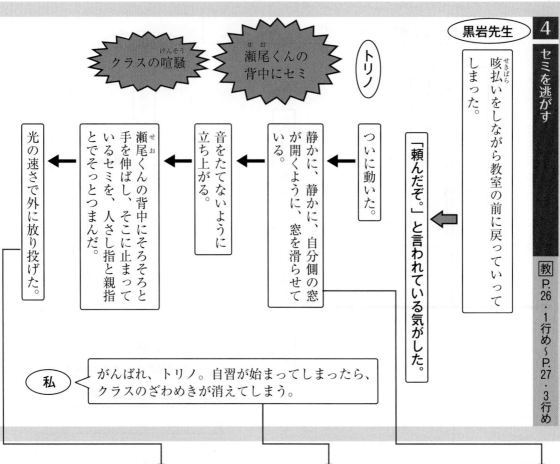

トリノ
ばいばい。

ジジジジッという
セミの鳴き声と
クラスの喧騒《けんそう》

我に返ったように羽を広げ、ジジジッと鳴きながら、そのまま遠くまで飛んでいった。

トリノと私
詰《つ》めていた息を大きく吐き出した。

→ **握手でも交《か》わしたい心境**

瀬尾《せお》くん
初めて振り返って、小さな声だったが、はっきりと「ありがとう。」と言った。

トリノと私
驚いて、なにも言えなかった。

トリノ
立ったまま座れなくなっている。

先生
座っていいぞ、鳥野。

① 「詰《つ》めていた息を大きく吐き出した」ときの二人の気持ちはどのようなものだったのだろうか。

例 クラスのみんなに知られることなく、セミから瀬尾《せお》くんを守りぬくことができて、ほっとする気持ち。
「私」とトリノは、瀬尾《せお》くんをセミから守る方法を懸命に考えていたので、実際に守ることができてほっとしている。

②トリノが「立ったまま座れなくなっている」のはなぜだろうか。

例 瀬尾《せお》くんが自分の背中にセミが止まっていることに気づいていないと思っていたのに、意外にも、瀬尾《せお》くんに「ありがとう。」と言われたことで、瀬尾《せお》くんがセミに気づいていたと知り、驚いたから。
クラスのみんなはじめ、瀬尾《せお》くん本人にも気づかれないように、セミを逃がして、うまく状況《じょうきょう》をおさめようと思っていたところ、お礼を言われて、瀬尾《せお》くんはセミが自分の背中に止まっていたことを知っていたことを知り、驚いたのである。

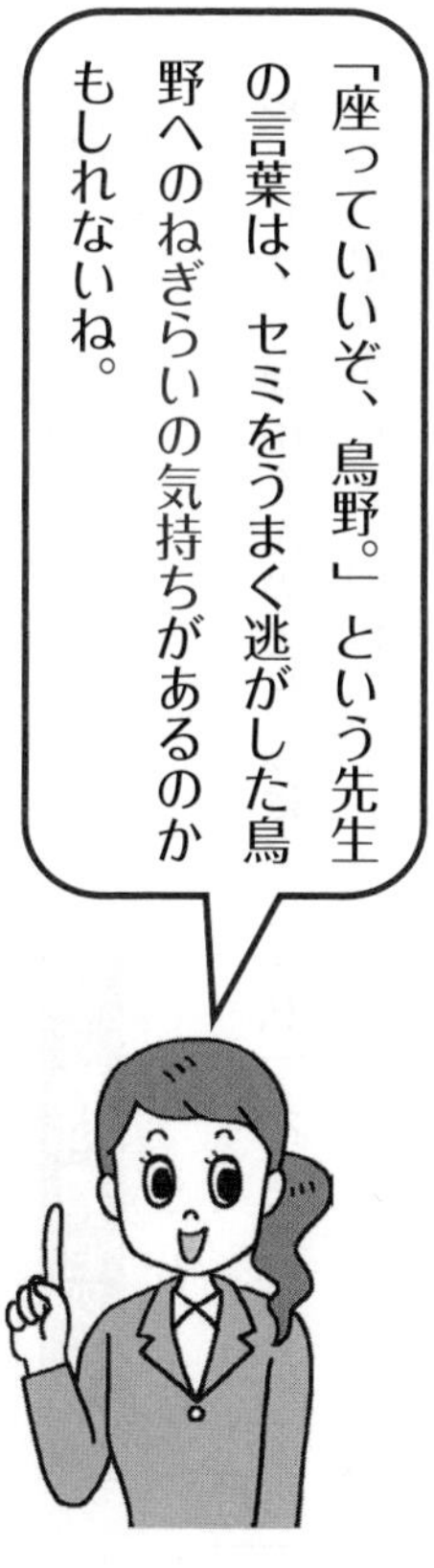
「座っていいぞ、鳥野。」という先生の言葉は、セミをうまく逃がした鳥野へのねぎらいの気持ちがあるのかもしれないね。

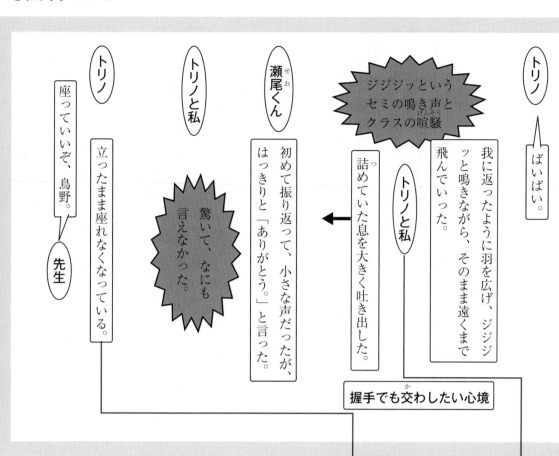

学びの道しるべ

▼教科書 P.28～29

1 この話を読んで感じたことを、作品の具体的な表現と結びつけながら発表し合おう。

■解答例■

「これが本当のセミロングホームルーム」という表現は、時間の長さとしての「セミ」と瀬尾《せお》くんの背中に止まっている「セミ」がかかっているところがおもしろいと思った。また、クラスの日常に起こる何気ない小さなできごとを題材にしていて、親しみやすいと感じた。

2 この話の登場人物を書き出し、人物どうしの関係や、それぞれの言動について整理しよう。 →P.10

3 「トリノは立ったまま座れなくなっている。」（26ページ・20行め）とあるが、それは、なぜか。そのときのトリノの心情について、考えを発表し合おう。 →P.17②

4 この話の「主人公」は誰だと考えるか。理由とあわせてグループで話し合い、自分の読みを深めよう。

■解答例■

この話は一貫して「私」の視点で描かれている。黒岩先生やトリノ、瀬尾《せお》くんの人物像は全て「私」から見たもので、一連の出来事は「私」の視点を介してしか描かれていないので、この話の主人公は「私」だと思う。

5 この作品の表現や構成の工夫とその効果について、考えたことを一二〇～一五〇字程度の文章に書いてまとめよう。また、考えを共有し合って、深めよう。

■解答例■

「私」とトリノの真意がわからないやりとりから始まることによって、読者を引き込む効果がある。また、未知のできごとが既知になることで、読者は二人と同じ立場で作品を読むことができる。物語をとおして読者は、黒岩先生と同じように、共感の外側と内側の二つの世界を体験できる構成になっている。

読み方を学ぼう　人物設定

教 P.30

小説では、出来事の展開が骨組みになっています。その出来事が登場する人物にどのような影響《えいきょう》を与《あた》え、登場する人物は、その出来事をどのように捉えているかを押さえることが大切です。

そのためには、登場人物の設定、つまり年齢や性別、性格などの人物像を理解し、登場人物の相互関係、変化に着目して読み進めるようにしましょう。

重要語句の確認

▼21ページ

7 意 すかさず　間をおかず。すぐに。

18 意 懲《こ》りる　ひどい目にあったために、二度と繰《く》り返さないと思う。

18 意 肩《かた》をすくめる　相手に対する不信感や不満、意外な気持ちを表す。

▼22ページ

10 意 経過　時間が過ぎていくことによって変化する物事の進み具合。類 経緯《けいい》

12 意 同等　同じ程度。類 同格

20 意 あえて　おもいきって実行する様子。わざわざ。無理に。類 しいて

▼23ページ

2 意 とたん　ちょうどそのとき。

4 意 デリケート　ちょっとした変化や刺激《しげき》に感じやすい様子。繊細《せんさい》。

4 意 あられもない　その場にふさわしくない様子。普通《ふつう》ではありえない。

5 意 控《ひか》えめ　やりすぎないようにしている様子。消極的。類 つつましやか

10 意 切り抜《ぬ》ける　その場をやり過ごす。のがれ出る。類 脱《だっ》する

20 意 監視《かんし》　よくない事態が起きないように注意して見ていること。

20 意 魂胆《こんたん》　ひそかに考えている計画。

▼24ページ

3 意 硬直《こうちょく》　こわばっている様子。

10 意 冷静　落ち着いている様子。類 沈着《ちんちゃく》

10 意 絶妙《ぜつみょう》　このうえなく優《すぐ》れていること。

17 意 繊細《せんさい》　感情が細かく鋭《するど》い様子。

▼25ページ

1 意 息をのむ　驚きなどで一瞬《いっしゅん》息をとめる。

2 意 思いの外　思ったよりも。類 案外

2 意 図太い　非常に大胆《だいたん》な様子

3 意 微動《びどう》　ほんの少し動くこと。

3 意 鈍感《どんかん》　感覚がにぶい様子。対 敏感《びんかん》

▼26ページ

6 意 ざわめき　ざわざわすること。

9 意 瞬間《しゅんかん》　きわめて短い時間。類 瞬時《しゅんじ》

11 意 我に返る　意識を取り戻《もど》す。

12 意 喧騒《けんそう》　やかましくて落着きのない様子。さわがしいこと。

14 意 心境　そのときの気持ち。類 気持ち

新出漢字のチェック ✓

ページ	画数	漢字	読み	筆順	用例	級
20	7画	妙	ミョウ	く 女 女 刘 妁 妙 妙	妙な声をあげる 奇妙《きみょう》・妙齢 神妙な態度	4級
22	11画	殻（×「壳」）	カク から	一 十 士 声 声 声 壳 壳 殼 殻	地殻変動 甲殻類 セミの抜け殻	準2級
23	10画	剣	ケン つるぎ	ノ 人 亼 今 合 合 争 争 剣 剣	真剣な表情 剣道部・剣術 剣の山	4級
24	19画	爆（×「水」）	バク	火 火 炉 炉 炉 焊 煤 爆 爆 爆	大爆笑 飛行機の爆音 爆発的な人気	4級
25	18画	鎖（×「⺍」）	サ くさり	ノ 亼 牟 金 金 釒 鈔 鎖 鎖 鎖	学級閉鎖 国境を封鎖する 鎖・鎖かたびら	4級

言葉

豊かに想像する

言葉発見① 敬語の意味と種類

教科書 P.31〜33

敬語の意味と種類

◆敬語とは

・改まった気持ちや敬意を表す言葉。

・目上の人やあまり親しくない相手、不特定多数の人に対して用いられることが多い。

敬語には、大きく分けて、次の三種類がある。

・丁寧語

話し手が聞き手（話し相手）に対して敬意を表す敬語。

【使い方】「です」「ます」「ございます」　などを用いる。

例　学校に行く。

学校に行きます。 ▲ 丁寧語

話し手 から 聞き手 に対する敬意

自分と異なる地域の人と話すとき
初対面の人と話すとき
あまり親しくない人と話すとき

などに用いる。

・尊敬語

話題の中の動作・行為をする人に対して、高める言い方をする敬語。

話し手
から
話題の中の動作・行為をする人
に対する敬意

話題の中の動作・行為をする人を高める

【使い方】

①**「お〜になる・ご〜になる」**

例　先生がお帰りになる。

②**「〜れる・〜られる」**

例　先生が話される。

③特定の動詞の敬語

する → なさる
行く → いらっしゃる
来る → いらっしゃる
いる → いらっしゃる
言う → おっしゃる
飲む → 召《め》し上がる
食べる → 召《め》し上がる
くれる → くださる

④名詞の場合

例　お気持ち　ご両親

例　貴校　御社《おんしゃ》

・**謙譲語《けんじょうご》**
動作や行為の受け手に対して、へりくだった言い方をする敬語。

動作が向かう相手に対してへりくだる。

【使い方】
①**「お（ご）〜する・お（ご）〜いたす」**
例　荷物をお持ちいたします。
②**「〜さしあげる」「〜いただく」**
例　駅まで案内してさしあげる。
③特定の動詞の敬語
行く　→　参る・伺《うかが》う
いる　→　おる
見る　→　拝見する
言う　→　申す・申しあげる
食べる　→　いただく
聞く　→　うかがう
④名詞の場合
例　弊社《へいしゃ》　拙宅《せったく》

身内のことを他人に話すときは、謙譲語《けんじょうご》を使おう。

・**その他**
美化語……上品に表現する言葉
例　お水　お料理　ご飯　など

確かめよう

※設問文は省略してあります。

1　①尊敬語　②謙譲語《けんじょうご》　③美化語　④丁寧語　⑤丁寧語

2　①（例）校長先生が「よくできました」とおっしゃった。
②（例）お殿様からほうびをいただいた。
③（例）学校の創立記念日にお客が来られた（いらっしゃった）。

3　①相手には尊敬語を用いるべきであるが、謙譲語《けんじょうご》「いただく」を用いている点が誤りである。
（修正例）どうぞ、あちらで召し上がってください。
②主語「うちのお姉さん」は話し手の身内であるが、「お」「さん」という敬称と「外出される」と、尊敬語を用いている点が誤りである。
（修正例）姉は、ただ今、外出しております。
③尊敬語の「お飲みになる」に、さらに尊敬の助動詞「れる」をつけて二重敬語にしている点が誤りである。
（修正例）何をお飲みになりますか。
④主語「雨」に対して尊敬語を用いている点が誤りである。
（修正例）そちらでは、雨は降っていましたか。
⑤主語「小林様」には尊敬語を用いるべきであるが、謙譲語《けんじょうご》「ご説明する」を用いている点が誤りである。
（修正例）小林様がご説明になったように、この学校は創立五十年です。
⑥主語「委員長」には尊敬語を用いるべきであるが、謙譲語《けんじょうご》「申す」に尊敬の助動詞「れる」をつけている点が誤りである。
（修正例）委員長がおっしゃったことに、賛成です。

グループディスカッション 互いの考えを尊重しながら話し合いを深める

教科書 P.34〜37

内容を確認して、整理しよう

【グループディスカッションとは】

●あるテーマについて、異なる立場や考えの人たちが少人数で意見を交換すること。

●考えを広げたり深めたりするのに役に立つ。

【グループディスカッションにおいて気をつけること】

1 「話し合いのこつ」を見つける

◆「話し合いのこつ」の具体例

《テーマ》おいしいチャーハンの作り方を知るなら、本がよいか動画がよいか

石原　私は動画がいいかなあ。
野村　私も絶対、動画のほうがいい。
松山　どうして？
野村　だって、見たらすぐにわかるから。
石原　そうそう。動画はイメージしやすいってことだよね。
松山　ああ、なるほどね。

松山さんの質問を受け、野村さんが発言の理由を述べている。

野村さんの発言を詳しく言い換えている。

田中　でも、動画って使いにくいときもあるよ。
野村　どうしてそう思うの？
田中　動画だと知りたい手順まで飛ばしながら見ないといけないし、何より動画を見るためのプレーヤーがないと見ることすらできないから。
松山　つまり、本だったら、自分の知りたい情報だけを、自分の好きなタイミングで、何度でも見ることができるってことね。
石原　確かに、本のほうが自分に合わせて読むことができるっていうのはわかるよ。だけど、動画にしかないよさもあるよね。

野村さんの発言に反対意見を述べている。

野村さんの質問を受け、発言の理由を述べている。

田中さんの発言内容を詳しく言い換えている。

石原さんが二人の考えを受け入れている。

石原さんが二人の考えに反対意見を述べている。

話し合いが深まっているのがわかるかな？

2 グループで話し合いをする

◆「話し合いを深めるこつ」のまとめ

① 反対意見を述べるとき＝反論の言葉

例・でも、……

・だけど……

② 意見の理由を述べるとき＝理由づけの言葉

例・……だから

・……というわけ

③ 考えを受け入れるとき＝受容の言葉

例・……はわかるよ

・なるほど、そうだね

④ 詳しく言い換えるとき＝言い換えの言葉

例・それって、……だよね

・つまり、……ってことだね

〈テーマの例〉

・漫画作品を読むなら、紙の本がよいか電子書籍がよいか。

・大切な思いを伝えるには、直接言うのがよいか、手紙（メールなどを含む）がよいか。

・もしもタイムトラベルできるとしたら、過去と未来どちらに行きたいか。

「話し合いのこつ」では、一年のときには「提案」「確認」「質問」「促し」を学びましたね。

◆話し合いのやり方と注意

○ 八人一組になり、四人が話し合っている間、残りの四人は話し合いを観察する。

○ 話し合いをするグループは、他の人の意見を聞くとき、うなずいたり、相づちをうったり、発言者のほうに顔を向けたりなど、相手が話しやすい聞き方を心がける。

○ 話し合いを観察するグループは、話し合いの中で効果的だと思った発言と発言者をメモしておき、話し合いが終わってから「話し合いのこつ」とその効果について自分の考えをまとめる。自分で見つけたこつも書き出しておく。

3 話し合いでの発言を振り返る

◆発言メモを参考にして、具体的な発言に着目した振り返りをする。

※振り返りのポイント

・どのような「話し合いのこつ」が出てきたか。

・話し合いを深めるため、特に効果的だったのはどの「話し合いのこつ」か。

「話し合いのこつ」には、それぞれ効果的なタイミングがあるよ。どのようなときに、なんのために使うのかを意識する必要があるね。

言葉

豊かに想像する

漢字を身につけよう①

教科書 P.38

ページ	漢字	画数	読み	用例	級
38	控	11画	＊コウ／ひか-える	控える・控え室／控えの選手／塩分を控える	3級
38	臆	17画	オク	臆病・臆断を下す／臆測に過ぎない／臆面もなく踊る	2級
38	克	7画	コク	克服・克明な記録／克己《こっき》心を育てる	3級
38	鍛	17画	タン／きた-える	体を鍛錬する／新人を鍛える	3級
38	錬	16画	レン	鍛錬・錬成／錬金術／百戦錬磨《れんま》	3級
38	厘	9画	リン	九分九厘・厘毛	3級
38	憩	16画	ケイ／いこ-い／＊いこ-う	休憩・小憩をとる／市民の憩いの場／憩いを求める	3級
38	踏	15画 ×「氺」	トウ／ふ-む／ふ-まえる	雑踏に紛れる／踏みはずす／事実を踏まえる	4級
38	捻	11画	ネン	捻挫・腸捻転／費用を捻出する	2級
38	挫	10画	ザ	捻挫・挫折／計画が頓挫《とんざ》する	2級
38	癒	18画	ユ／い-える／い-やす	治癒・自然治癒力／悲しみが癒える／温泉で傷を癒やす	準2級
38	矯	17画	キョウ／＊た-める	矯正する／奇矯《ききょう》な発言／歯の矯正に通う	準2級
38	戚	11画	セキ	親戚／姻戚《いんせき》関係にある	2級
38	渋	11画	ジュウ／しぶ・しぶ-い／しぶ-る	渋滞《じゅうたい》・苦渋の決断／渋々・渋い顔／お金を出し渋る	準2級

形の似た漢字に注意しよう。

「一億」の「億」、「記憶《きおく》」の「憶《おく》」は「臆《オク》」と同じ音で形も似ているね。

拓 38ページ 8画
タク
一 十 扌 扌 扌 扌 拓 拓
開拓・干拓地
魚拓を店内に飾る
拓本を保存する
4級

苗 38 8画
＊ビョウ
なえ
なわ
一 十 艹 艹 芇 芇 苗 苗
苗木・いもの苗
苗から育てる
苗代《なわしろ》を整える
3級

藍 38 18画
＊ラン
あい
艹 艹 艹 苎 苎 苎 藍 藍 藍
藍染め・藍色
藍の葉から製する
2級

巾 38 3画
キン
丨 冂 巾
巾着袋・雑巾
防空頭巾
2級

懐 ×「土」 38 16画
カイ
＊ふところ
＊なつ-かしい
＊なつ-かしむ
＊なつ-く
＊なつ-ける
忄 忄 忄 忄 忄 忄 懐 懐 懐
懐中時計
懐が寂しい
懐かしい思い出
準2級

顧 38 21画
コ
かえり-みる
戸 戸 戸 戸 戸 戸 雇 雇 雇 顧
回顧・顧客リスト
顧問の先生
半生を顧みる
3級

新出音訓の確認

ページ	漢字	読み	例
38	除	ジ	掃除
38	並	ヘイ	並行
38	器	うつわ	ガラスの器
38	衣	ころも	天ぷらの衣
38	費	つい-やす つい-える	月日を費やす
38	銭	ぜに	小銭
38	仲	チュウ	仲裁

教科書問題の答え

1

① ひか　おくびょう
② こくふく　たんれん
③ くぶくりん
④ きゅうけい
⑤ ふ　ねんざ
⑥ ちゅ
⑦ きょうせい
⑧ しんせき　じゅう
⑨ かいたく　なえぎ
⑩ あいぞ　きんちゃく
⑪ かいちゅう
⑫ かいこ

2

① じ　② へい
③ うつわ　④ ころも
⑤ つい　ぜに　⑥ ちゅう

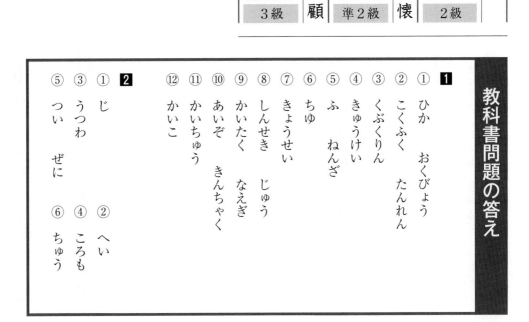

読む

わかりやすく伝える　説明

教科書 P.40～43

じゃんけんは、なぜグー・チョキ・パーの三種類なのか

加藤《かとう》 良平《りょうへい》

内容を確認して、整理しよう

じゃんけんは、ちょっとしたことを決めるとき、ほぼ公平に決定ができる、大変便利な決め方である。

じゃんけんは、グー・チョキ・パーの三種類で行うが、なぜ三種類でなくてはならないのだろうか。他の種類では成り立たないのか。

じゃんけんが成り立つための重要な条件は、全ての手が平等に勝ったり、負けたりするという関係であるかということである。そこで、二種類、四種類であった場合、このことを確かめてみる。

まず、二種類の場合、最初から勝つ手がわかっているので、物事を決めるのには役に立たないことになる。

次に、四種類の場合、二つの手に、勝つ手と負ける手の数が異なってくる。そのため最初から負ける手がわかっているので、結局三種類のじゃんけんと同じことになる。

したがって、グー・チョキ・パーの三種類で行うじゃんけんは、誰にも平等に勝つチャンスがあるので単純なルールでありながら、ちょっとしたことを簡単に決めるときの理想的なしくみといえる。

文章の構成や論の展開の仕方を捉えよう。

内容のまとまりに着目して、文章の構成を確認しよう

読み方を学ぼう　発展的な論の展開

序論

背景説明
・じゃんけんは、大変便利な決め方である。
・じゃんけんは、グー・チョキ・パーの三種類で行う。

問い（問題提起）
・じゃんけんは、三種類でなければならないのか。

本論

本論1
・じゃんけんは、二種類だと成り立つか。
→決める手段にならない。

本論2
・じゃんけんは、四種類だと成り立つか。
→三種類のじゃんけんと同じになる。

結論

・三種類のじゃんけんは、簡単なことを決めるのに理想的なしくみである。

まとまりごとの展開を確認しよう

1 序論　じゃんけんとは　教 P.40・1行め〜P.41・1行め

〈じゃんけんのルール〉（矢印は勝ちから負けに向けてある）

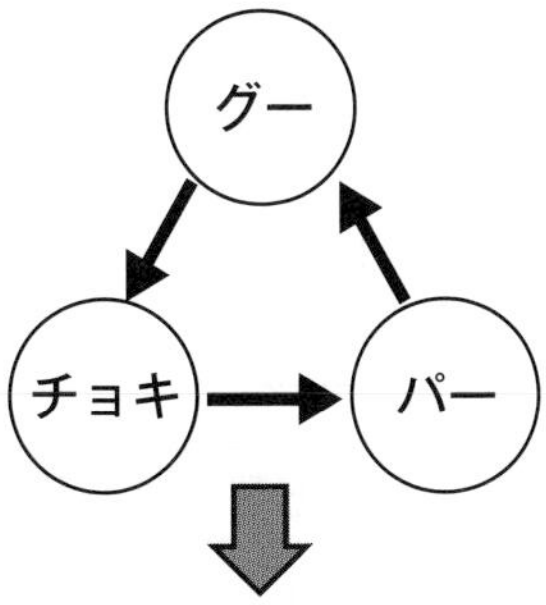

3手とも勝つ数と負ける数が同じ

問題提起

じゃんけんは三種類でなければならないのか。

2 本論1　二種類の場合　教 P.41・2行め〜9行め

条件の提示→じゃんけんが成り立つ条件

段階的な問い→二種類だとどうだろう。

例

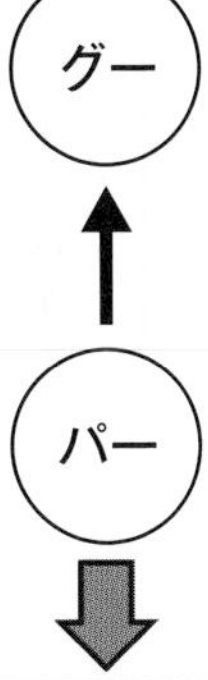

2手の勝つ数と負ける数が同じではない。

ポイントを確認しよう

①じゃんけんのよさは何だろうか。

例　道具も何も使わずに、ほぼ公平な決定ができること。

教 P.40・1〜4行めに、ちょっとしたことを決めるときに、手軽で公平に行える便利な決め方とある。

②グー・チョキ・パーはそれぞれ、勝敗の数はいくつだろうか。

すべて二回ずつ。

三種類の場合、それぞれの手の勝敗の数が同じで二回ずつとなっている。このことによって、公平な決定ができるのである。

③じゃんけんが成り立つための重要な条件は何だろうか。

例　全ての手が平等に勝ったり、負けたりするという関係であること。

二種類の場合、例えば、グーとパーだけの場合では、常にパーが勝ち、グーが負けるので、この条件に合わないことになる。したがって、じゃんけんは成り立たないことになる。

3 本論2 四種類の場合

教 P.41・10行め～P.42・11行め

段階的な問い→四種類だとどうだろう。

四種類目の手「ピン」を加える
⇐
「パー」と「グー」の関係、「チョキ」と「ピン」の関係を決める
⇐
じゃんけんを行う
⇐
勝ち数と負け数が異なる
↓
・不公平
・三種類のじゃんけんと同じ

例

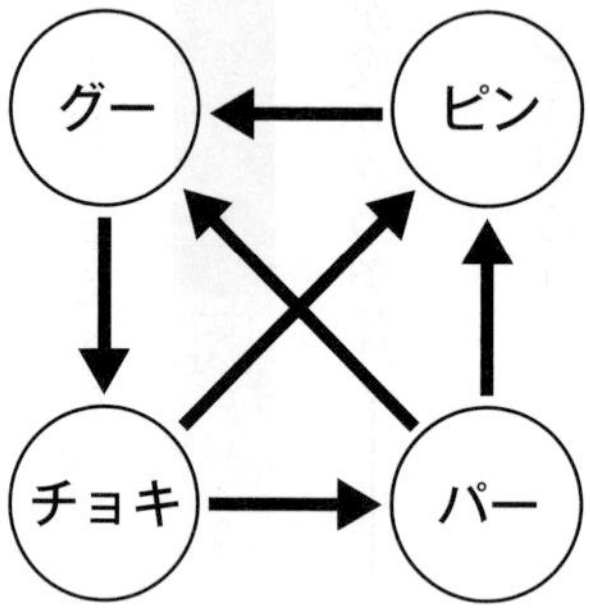

	勝ち数	負け数
グー	1	2
チョキ	2	1
パー	2	1
ピン	1	2

①この結果から、四種類の場合の問題点は何だろうか。

例 全ての手の勝ちと負けの数が違うということ。

「グー」と「ピン」の勝ち数が少ないので、じゃんけんが成り立つ条件に合わない。

②「三種類のじゃんけんと同じ」とあるが、同じになることを、例を使って説明しよう。

例 ピンもパーもグーに勝ってチョキに負ける。そうすると、パーは勝ち数が多いしピンに勝つので、パーを出すほうが有利になることがわかる。したがって、ピンを出す人はいなくなることが考えられるので、三種類でじゃんけんをすることと同じになる。

どの手を出すと有利になるかをポイントに説明し、結局、三種類のじゃんけんと同じことになるようにまとめる。

この文章は、問い→条件の提示→段階的な問い→問題点とその解説→問いの答え　と展開されていることを捉えよう。

4 結論 教P.42・12行め～14行め

〈単純なルール〉

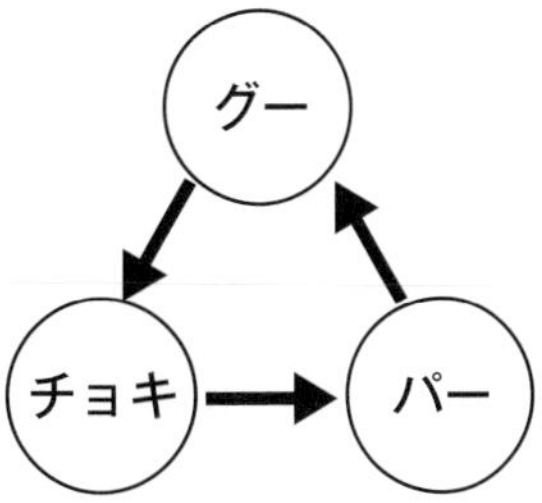

答え →三種類のじゃんけんは文句のつけようがない決定のしくみ

5 五種類・七種類の場合 教P.43

五種類の場合

	勝ち数	負け数
グー	2	2
チョキ	2	2
パー	2	2
ピン	2	2
サン	2	2

七種類の場合

	勝ち数	負け数
グー	3	3
チョキ	3	3
パー	3	3
ピン	3	3
サン	3	3
バン	3	3
オー	3	3

①単純なルールとはどのようなルールだろうか。

例 グーがチョキに勝ち、チョキがパーに勝ち、パーがグーに勝つというルール。

とても単純であるが、道具も何もいらず、ちょっとした簡単なことを決めるときに大変便利な決め方といえる。

②五種類と七種類の場合、じゃんけんは成り立つだろうか。その理由を含めて答えよう。

例 全ての手の勝ち数と負け数が同じなので、じゃんけんは成り立つ。

じゃんけんが成り立つための重要な条件は、全ての手が平等に勝ったり、負けたりするという関係であることを思い出そう。

③②が成り立つ場合、なぜ三種類でじゃんけんが行われるようになったのだろうか。

例 五種類と七種類の場合でも成り立つが、手の数をたくさん覚える必要があるから。

奇数《きすう》手の場合は成り立つことがわかる。ちょっとしたことを決める場合には、三種類が、もっとも手軽に行えるからである。

読む

わかりやすく伝える　説明

人間は他《ほか》の星に住むことができるのか

渡部《わたなべ》　潤一《じゅんいち》

教科書　P.44～51

内容を確認して、整理しよう

地球は生物の命を育《はぐ》む環境が整っているが、環境汚染や気候変動など で将来人類は地球に住むことができなくなるかもしれない。では、人間は地球以外の星に住むことができるのだろうか。

人間が他の星に移り住むための重要な条件は、地球からの距離が近いことと人間が生きていける環境であること、つまり人間が生きていくために必要な水や大気があり、星のもつ重力が人間が暮らすのに適しているかどうかである。この条件に最も近いのは、大気と水がある火星である。火星の地下に眠る氷を溶かして水にできれば、人間が移り住む可能性が広がるが、地球と同じような惑星になるには数百年かかるといわれている。

私たちは、生命が育まれる条件がそろった地球を大切にしていかなければいけない。そして、いずれは火星が第二の地球になる可能性もあるだろう。

内容のまとまりを大きくつかんで、
文章の組み立てを捉えよう。

内容のまとまりに着目して、文章の構成を確認しよう

	大段落1	大段落2					大段落3
	【序論】	【本論】					【結論】
	私たち人間は、地球以外の星に住むことができるのだろうか。	条件を提示（中段落①）	月を検討（中段落②）	金星を検討（中段落③）	水星を検討（中段落④）	火星を検討（中段落⑤）	地球を大切にしていくことが重要だ。
小段落	①②③	④	⑤⑥	⑦⑧	⑨	⑩⑪⑫⑬⑭⑮⑯	⑰

まとまりごとの展開を確認しよう

1 地球と人類

教 P.44・1行め～12行め

恵まれた環境 ＝ 生物の命を育《はぐく》む環境 が整っている。

- ・太陽との距離
- ・地球自身の大きさや質量

地球 ＝「命の星」「緑の惑星」「奇跡の星」

環境汚染
地球規模の戦争
食糧危機
天然資源の枯渇《こかつ》
気候変動

↓

将来

人類は地球に住むことができなくなってしまうかもしれない。

問題提起

もしもそうなったとしたら、私たち人間は、地球以外の星に住むことができるのでしょうか。

ポイントを確認しよう

①筆者はどのようなことから「地球の恵まれた環境」と述べているだろうか。

例 生物の命を育《はぐく》むのに恵まれた環境。

地球以外の天体で生命を発見できていないことからも、地球が生命を育むのに恵まれた環境であることがわかる。

②地球は、なぜ「奇跡の星」と呼ばれるのだろうか。

例 太陽との距離や地球自身の大きさや質量などいろいろな条件が奇跡のように重なり、地球上に生命が生まれ、育ってきたから。

地球上に生物の命を育《はぐく》む条件（太陽との距離・地球自身の大きさや質量など）がそろったことは、奇跡的なことであると筆者は述べている。

③「もしもそうなったとしたら」とは、どんなことを指しているのだろうか。

例 将来、人類が地球に住むことができなくなったとしたらということ。

環境汚染、地球規模の戦争、食糧危機、天然資源の枯渇《こかつ》、気候変動などで、将来、人類が地球に住めなくなるかもしれないといわれている。

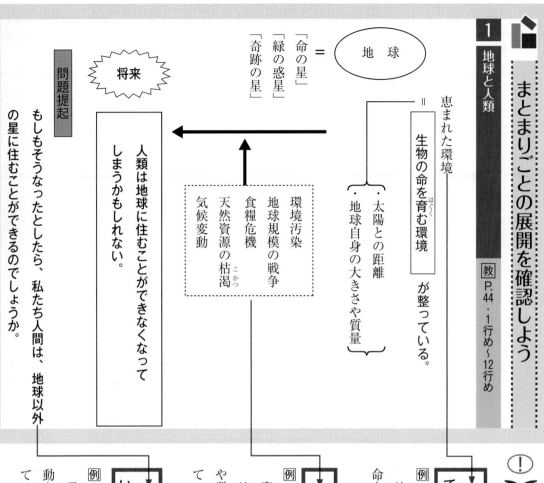

2 地球以外の星の可能性

教 P.45・1行め～P.48・13行め

人間が他《ほか》の星に移り住むための重要な条件

○地球からの距離

○生きていける環境

・**水**……人間の体をつくるもの

・**大気**…熱を逃さない毛布のような役割 ＝ 星の温度を安定させる

・**重力**…人間がものの重さと感じているもの

◆「月」に移り住めるかどうかを検討する。

〈検討内容〉

地球からの距離	生きていける環境
○地球から最も近い。 ○人間が既に到達したことがある唯一の星。	×水はほとんどない。 ×大気はほとんどない。 ×重力は地球の六分の一。

〈判断〉月は人間が生きていける環境の条件を満たしていない。

＝ **月には移り住めない**

①筆者は、人間が他《ほか》の星に移り住むための重要な条件として何をあげているだろうか。

例 **地球からの距離と生きていける環境。**

地球から他《ほか》の星に人間自身が移動しなければならないので、移動距離が短いほどよい。また、水や大気、重力という環境が必要である。

②筆者が「生きていける環境」の要素としてあげているものを、三つ答えなさい。

水・大気・重力

月に住むことができるかを検討している部分に着目する。「水」「大気」「重力」について、月の環境と人間が生きることにどう関係し、月が条件を満たしていないことを説明している。

③筆者は、大気がない星が人間が生きていくのに厳しい理由をどのように説明しているのだろうか。

例 **大気がないと、星の温度が急激に下降したり上昇したりして安定しないから。**

大気は、星の周りを覆う気体の層で、星の熱を逃さない役割をしている。気温が低すぎても高すぎても、また急激に変化しても、人間には生きていくのが困難になるのである。

◆「金星」に移り住めるかどうかを検討する。

〈検討内容〉

地球からの距離	生きていける環境
○月の次に地球から近い。	○重力は地球とほぼ同じ。 ＝「地球の姉妹惑星」 ← 体への負担がほとんどない。 ×大気があるが、九六パーセントが二酸化炭素でできている。 ×水を確保できない。

〈判断〉 ← **金星には移り住めない**

◆「水星」に移り住めるかどうかを検討する。

〈検討内容〉

地球からの距離	生きていける環境
○移り住める可能性がある。	×太陽に最も近い。 ×大気はほとんどない。 ×水を確保できない。

〈判断〉 ← **水星には移り住めない**

①金星は、どのような理由で「地球の姉妹惑星」と呼ばれているのだろうか。

例 **大きさや質量が地球に近く、重力も地球とほぼ同じだから。**

ここでは、互いに類似点をもっているという意味で「姉妹」と言い表している。

②金星に水があっても、確保することができないのはなぜだろうか。

例 **五〇〇度近い金星の表面温度で、たとえ水があっても全て蒸発してしまうから。**

金星の大気は、ほぼ二酸化炭素でできているため、ほとんど熱を逃さない（＝温室効果）ので、金星の表面温度はとても高くなる。その高温の表面温度のせいで、水は全て蒸発してしまい、確保できないのである。

③水星で水を確保できないのはなぜだろうか。

例 **表面温度が昼間は四〇〇度、夜にはマイナス一七〇度と温度の変化が激しいから。**

昼夜の温度差がおよそ五七〇度にもなる水星の厳しい環境では、安定して水を確保することはできないのである。

◆「火星」に移り住めるかどうかを検討する。

〈検討内容〉

地球からの距離

地球のすぐ外側を回っている。
＝
地球から近い

生きていける環境

・大気　△とても薄いがある。
　　← 人体に有害な宇宙線などを多少和らげる。

・重力　△地球の四割ほどの重力。
　　← ・火星の重力が人間の健康にどれほど影響を及《およ》ぼすかはまだ不明。
　　　 ・月に比べれば、比較的安定して暮らせそう。

・一日の長さ　○地球の一日に近い。
　　← 体内時計を大きく変えずに生活できる。

①「地球のすぐ外側を回っている」という説明で、筆者はどんなことを述べたいのだろうか。

例　火星も月や金星、水星と同じく、移り住める可能性のある星であるということ。

月や金星、水星の例でも、まず地球からの距離を条件に筆者は移り住める可能性のある星について考察を始めている点に注目する。

②なぜ、重力において月よりも火星の方が比較的安定して暮らせそうだと言えるのだろうか。

例　月よりも火星の重力の方が、地球の重力に近いから。

月の重力は地球の六分の一程度だが、火星の重力は地球の四割程度である。

③筆者は、火星の一日の長さが地球の一日に近いことが、なぜ利点になると言っているのだろうか。

例　地球に住んでいたときと同じようなリズムで生活することができるから。

生物は、一日の長さが変われば、体内時計もそれに合わせて変えなければならない。それが変わると、生活のリズムが乱れ、人体に悪影響を与《あた》えることが予測される。そのため、一日の長さが地球に近いことは、利点だといえる。

・水

△地下に氷として、水が存在する。

〔アメリカの長年の火星探査結果〕

表面に川のような地形があることがわかる。

→ 一九九七年、同じ方向を向く細長い岩を発見。

＝ 洪水が起こった証拠

→ 二〇〇九年、地下に氷として眠る水を発見。

＝ 海や湖があったことの証明

〈判断〉地下の氷を溶かして水にすることができれば

火星に移り住む可能性が広がる

現在、研究中 → **しかし**

・火星の大気を増やす。

・地表温度を上げる。

温暖な空気と水をもった惑星になるには、少なくとも数百年はかかる。

①筆者は、「形の細長い岩が同じ方向を向いている」という発見が、洪水が起こったことの証明だと言っているが、なぜだろうか。

例 **洪水が起きたことにより岩が細長く削《けず》られ、その流れによって岩が同じ方向を向いたと考えられるから。**

岩を削《けず》り、向きを変える力をもつ現象として洪水が考えられる。その洪水が起きたということは、大量の水をとどめる海や湖があったことの証明にもなる。

②なぜ、火星の水は氷として地下に眠っているのだろうか。

例 **火星の表面温度は非常に低く、水を凍らせてしまうから。**

火星は太陽からの距離が遠く、表面に届く太陽のエネルギーが少ない。そのため、平均表面温度がマイナス四三度になり、水が液体ではなく、氷としてしか存在できないのである。

③筆者は、火星を地球と同じような温暖な空気と水をもった惑星にするには、どうすればよいと言っているだろうか。

例 **火星の大気を増やし、地表温度を上げる。**

火星の大気を増やし、地表温度を上げる研究が進められているのは、火星の氷を溶かして海や川をつくるためである。そのことが、地球と同じような環境をもつ惑星にすることにつながると筆者は言っている。

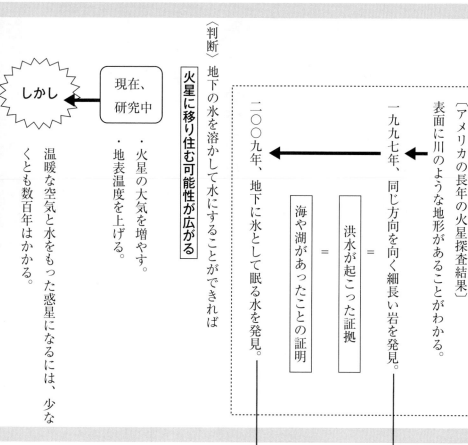

3 私たちがすべきこと
教 P.48・14行め～17行め

地球 ＝ かけがえのない星 ＝ 奇跡の星

筆者の考え

・私たちはまず、地球を大切にすることが重要である。
・火星が 第二の「奇跡の星」 になる可能性がある。

①なぜ、筆者は、まず地球を大切にすべきだと述べているのだろうか。

例 地球ほど、生命が育《はぐく》まれる条件がみごとにそろった星は他《ほか》にないから。

「月」「金星」「水星」「火星」を検討した結果から、地球がいかに恵まれた環境をもった星であるかがわかる。そのため、筆者は地球を何よりも大切にすべきだと述べているのである。

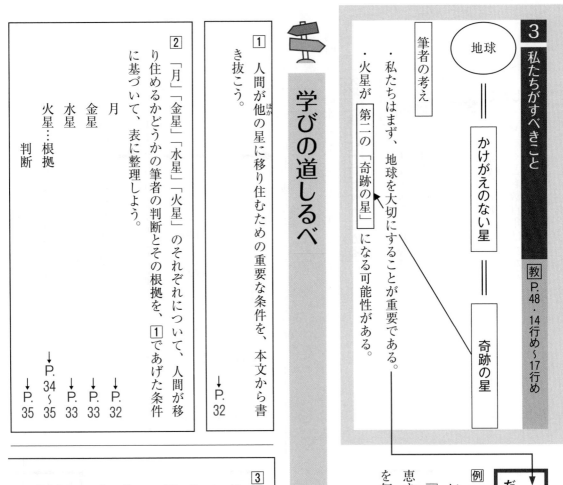

学びの道しるべ

▼教科書 P.50～51

1 人間が他《ほか》の星に移り住むための重要な条件を、本文から書き抜こう。 ↓P.32

2 「月」「金星」「水星」「火星」のそれぞれについて、人間が移り住めるかどうかの筆者の判断とその根拠を、1であげた条件に基づいて、表に整理しよう。

月 ↓P.32
金星 ↓P.33
水星 ↓P.33
火星…根拠 ↓P.34～35
判断 ↓P.35

3 「月」から「金星」「水星」「火星」へと、人間が地球以外の星に住む可能性について探っている筆者の論の進め方にはどのような効果があるか。「読者の興味」「わかりやすさ」の観点から考えよう。

■解答例■
最も身近な天体である月に移り住む可能性からはじめて、読者の興味をひきつけたうえで、天体ごとに、二つの「移り住むための条件」に基づいて説明している。先に条件が示されているため、わかりやすくなっている。また、「地球の姉妹惑星」と呼ばれるほど地球と共通点のある金星を二番めに取り上げ、水星を挟んで最後に、最も移り住む可能性が高い火星について論じている。この順序で論を進めることで、前の三つの天体の可能性が一つずつ否定されていき、最後の火星に向けて読者の興味を高めることができる。さらに、段落の最初に「次に」や「また」のような接続語が置かれているので、論の展開がわかりやすい。

4 「私たち生物の命を育む環境がみごとに整っています」（44ページ・1行め）、「いろいろな条件が奇跡のように重なって」（44ページ・4行め）の傍線《ぼうせん》部の表現は、どのような効果をあげているか。最終段落の内容をふまえて考えよう。

■解答例■

月や金星など、地球以外の天体は人間が住むための条件を満たしておらず、暮らすことが難しい。しかし人間が何気なく暮らしているこの地球は、人間が生きていくうえで欠かせないさまざまな条件が重なり合っている。傍線《ぼうせん》部の表現は、地球という天体が特別な存在であることを強調している。

5 「人間は他《ほか》の星に住むことができるのか」という問いに対する筆者の「答え」について、あなたが考えたことをまとめ、グループで話し合おう。

■解答例1■

人間は他《ほか》の星に住むことができると思う。火星は人間が住むための条件を満たしている。地球から移り住むことができ、水も氷として地下に存在しているので、研究や技術の進歩によって火星での暮らしがいつか実現する日が来ると思う。

■解答例2■

人間は他《ほか》の星に住むことはできないと思う。確かに火星は人間が住むための二つの重要な条件を満たしているが、重力が地球の約四割しかないことによる人体への影響がまだ解明されていない。また、人間が生きていくためには、人間以外の生物の存在が必要だが、火星の気候や重力の問題などを考えると現実的でないと思う。

重要語句の確認

▼44ページ

1 **惑星《わくせい》** 自ら熱と光を出す恒星《こうせい》の周囲を公転する、比較《ひかく》的大きな天体。太陽系では恒星《こうせい》の太陽に近い順に、水星・金星・地球・火星・木星・土星・天王星・海王星の八つの惑星《わくせい》がある。

2 意 **探索《たんさく》** 未知の事柄《ことがら》について探《さぐ》り調べること。

4 **奇跡《きせき》** 常識で考えては起こり得ない不思議な現象や出来事。

7 **恵《めぐ》まれる** よい機会や条件、環境《かんきょう》、才能などが運よく与《あた》えられること。

8 **汚染《おせん》** 有毒物質などによって汚《よご》れること。または、汚《よご》されること。

8 **天然資源** 自然の中に存在して、人間の生活や生産活動に利用する物質やエネルギーの総称《そうしょう》。土地や水、森林、鉱物、水産物などを指す。

8 意 **枯渇《こかつ》** 物が尽《つ》きてなくなること。

12 **探《さぐ》る** 未知の物事を明らかにするために、調査や観察をする。

▼45ページ

4 **到達《とうたつ》** ある状態や目的に行き着くこと。

4 **唯一《ゆいいつ》** ただ一つで、それ以外にないこと。

16 **姉妹《しまい》** お互《たが》いに類似点《るいじてん》をもつ二つ以上のもの。

▼46ページ

3 **蒸発** 液体がその表面から気体に変わる現象。

14 **和《やわ》らげる** おだやかになるようにする。

19 **利点** 他《ほか》よりも条件や状態がよい点。

▼47ページ

8 **えぐれる** 刃物《はもの》などをさし入れて回し、取り去ったように（穴に）なっている。

8 意 **堆積《たいせき》** 日光や空気、水や生物などの作用で、砂や泥《どろ》、鉱物、火山噴火物《ふんかぶつ》などが破壊《はかい》され、それらが海底や地表に積み重なること。

▼48ページ

14 意 **かけがえのない** 他《ほか》に代わりになるものがないこと。この上なく大切なこと。

16 **いずれ** そのうちに。近々。

17 意 **秘《ひ》める** 外には表れないが、内にもっている。

新出漢字のチェック✓

奇 ページ 44 8画
キ
奇跡・奇才
奇数〈⇔偶数《ぐうすう》〉
数奇・奇怪《きかい》
4級

恵 44 10画
ケイ
エ
めぐ-む
恩恵を受ける
互恵関係・恵方
恵まれた生活
4級

字形に注意しよう！
「恵」の右上に「丶」をつける間違いが多いよ。「丶」をつけないように注意しよう。

糧 44 18画 （トメ）
リョウ
*ロウ
*かて
食糧が不足する
兵糧《ひょうろう》が尽きる
生活の糧を得る
3級

同音異義語に注意しよう。
「糧」を使った「食糧」は「主食物」、「食料」は「食料品全般」を指すよ。

噴 44 15画
フン
ふ-く
噴火・噴水
噴出・噴射
クジラが潮を噴く
4級

形の似た漢字に注意しよう。
「古墳《こふん》」の「墳」や「憤慨《ふんがい》」の「憤《フン》」とは、左の偏《へん》が異なるよ。注意しよう。

到 45 8画
トウ
到達・到着
到来・到底
周到・未到
4級

唯 45 11画
ユイ
*イ
唯一
唯識
唯我独尊
準2級

読みに注意しよう！
「唯一」を「ゆいつ」と読む間違いが多く見られるよ。正しくは「ゆいいつ」。注意しよう。

影 46 15画
エイ
かげ
影響・陰影にとむ
撮影現場
建物の影に潜む
4級

同訓異字に注意しよう。

「影」と「陰」は使い分けが難しいので、熟語や用例で覚えよう

ページ46 **響** 20画 ×「良」
キョウ
ひび-く
影響・大音響
音の響き
胸に響く
4級

47 **撮** 15画
サツ
と-る
撮影・撮要
撮土・盗撮
花の写真を撮る
3級

よくある間違いに注意しよう。

「撮影」を「撮映」と書く間違いが多く見られるよ。しかし、「撮映」という熟語は存在しないんだ。注意しよう。

47 **堆** 11画
タイ
堆積（＝集積）
堆肥
2級

同音異義語に注意しよう。

「堆積」は、「積み重なる」、「滞積《たいせき》」は「（問題や荷物などが）滞《とどこお》ってたまる」という意味だよ。

47 **洪** 9画
コウ
洪水（＝大水）
洪積層
洪大・洪業
準2級

47 **凍** 10画
トウ
こお-る
こご-える
シベリアの凍土
水蒸気が凍る
寒さに凍える
3級

47 **埋** 10画
マイ
う-める
う-まる
う-もれる
埋没《まいぼつ》・埋蔵
種を埋める
席が埋まる
雪で埋もれる
3級

48 **眠** 10画 ×「良」
ミン
ねむ-る
ねむ-い
仮眠・冬眠
早くから眠る
眠そうな目
4級

48 **溶** 13画
ヨウ
と-ける
と-かす
と-く
水溶液・溶解
水に溶かす
卵を溶く
4級

新出音訓の確認

ページ41 **探** さぐ-る　探る

44 **染** セン　汚染

45 **姉** シ　姉妹

45 **妹** マイ　姉妹

46 **和** やわ-らぐ　やわ-らげる　なご-む　なご-やか　和らげる

48 **秘** ひ-める　秘める

書く

わかりやすく伝える

手紙・メール　心をこめてわかりやすく書く

教科書 P.52～56

1 「誰に」「何を」伝えるのかを決める

○誰に伝えるか（相手）

例 ・転校した友人に

○何を伝えるか（目的）

例 ・自分の近況《きんきょう》（情報）

・会う機会を作りたいと思っていること（気持ち）

◆手紙やはがきの種類

・案内状　・招待状　・通知状

・督促《とくそく》状　・依頼状　・お祝い状

・わび状　・お見舞い状　・お礼状

・断り状　・季節の挨拶状　・紹介状　など

手紙やはがきの種類によって、注意するべきことがあるよ。相手に気持ちを伝える書き方を学ぼう。

2 「どのように」書くかを考えながら、下書きをする

下書きのポイント

○手紙の形式（作法）にならって書く。

前文 はじめの挨拶

例 ①拝啓　②立春が過ぎても、まだまだ寒い日が続いています。お変わりなくお過ごしでしょうか。

①**頭語**……「拝啓」「拝復」「前略」「謹啓」などの頭語で書き始める。

②**時候・安否の挨拶**…季節や天候に合わせて書く。

例 ・新緑の鮮やかな季節になりました。（夏）

・天高く秋空が広がっています。（秋）

主文 手紙の中心となる部分

書き起こし…挨拶から本文に入ることを示す言葉から主文を書き始める。

例 「さて」「つきましては」　など

本文…手紙の趣旨《しゅし》を述べる部分。

末文 **結びの挨拶**

例 ①まだまだ寒い日が続くようです。風邪《かぜ》などお召《め》しになりませんように。 ②敬具

①**結びの言葉**……お礼や、相手の健康を気づかう言葉で終える。

②**結語**…頭語に対応する結びの言葉。

例 （拝啓・拝復）→「敬具」「かしこ」
（前略）→「草々」
（謹啓《きんけい》）→「敬白」

後付け **日付・署名・宛名**

日付→署名→相手の名前の順に改行して書く。

日付…本文より二～三字下げて書く。

署名…自分の姓名を行末をそろえて書く。

宛名…相手の名前を行の上に書く。

例 「森川様」「○○新聞社御中《おんちゅう》」など

手紙の形式にならって書くことで、相手に失礼のない丁寧な手紙になるよ。

○丁寧な書き言葉を使う。

○伝えたい情報を、正しく、わかりやすく書く。

○伝えたい気持ちを、心をこめて書く。

メールの場合

○件名は、メールを開かなくても内容がわかるように、具体的に短く書く。

○形式にはきまりはないが、改行や行をあけて読みやすくする。

○差し出し人（送信者）の名前を書く。

3 下書きを推敲《すいこう》する

推敲《すいこう》のポイント

○**手紙の形式に間違いはないか。**
・頭語と結語は対応しているか。
・季節にあった時候の挨拶になっているか。
・後付けの書き方はあっているか。 など

○**事実や用件は、正しく、わかりやすく書かれているか。**
・あいまいな表現はないか。
・日付や場所の名称に誤りはないか。 など

○**書き手の心がこめられているか。**
・丁寧な言葉づかいか。
・敬語は正しく使われているか。
・相手を不快にさせるようなことを書いていないか。 など

○**誤字や脱字がないか。**

4 清書して、投函《とうかん》（送信）する

○丁寧に清書する。

○宛先・差し出し人、郵便番号、切手の有無などを確認する。

わかりやすく伝える

言葉発見② 言葉のはたらきとコミュニケーション

教科書 P.57

内容を確認して、整理しよう

言葉のはたらき

・自分の気持ちや情報などを伝える
・考えたり認識したりする
・相手の行動を促す
・相手との関係を表す
・文学作品を創造する　など

↓

万能なコミュニケーションツールではない

うまく伝える言葉→コミュニケーションを円滑にする

手伝いを頼むとき……押しつけにならないように

配慮《はいりょ》（小→大）

・お願い、手伝って。
・手伝ってくれないかな。
・手伝ってくれるとうれしいな。
・お手伝いいただけるとうれしいです。
・お手伝いいただけないでしょうか。
・お手を貸していただけますか。

関係（近い→遠い）

手伝いの頼みを断るとき……申し訳ない気持ちが伝わるように

配慮《はいりょ》（小→大）

・ごめん、今は無理だよ。
・わるい、今いそがしいんだ。
・申し訳ないけど、都合悪いみたい。
・あいにくですが、無理のようです。
・せっかくですが、今、手がふさがっております。
・申し訳ありませんが、お断りいたします。

関係（近い→遠い）

頼む人
気持ちが和らぐ

↑

うまく伝える言葉

↓

断る人
気持ちが軽くなる

相手との関係に距離があるほど、より配慮《はいりょ》をした言い方が必要になるよ。適切な敬語も使えるようにしよう。

本を借りるとき・断るとき

この本貸して。
ごめん、まだ読み終わっていないんだ。

この本貸してくれますか。
すみません、お貸しできません。

この本をお借りすることはできますでしょうか。
申し訳ありませんが、お貸しすることはできかねます。

お茶のお代わりを尋ねるとき・断るとき

お茶のお代わり、どう。
もう十分だよ、ありがとう。

お茶のお代わり、いかがですか。
ありがとうございます。でも、結構です。

お茶のお代わり、いかがなさいますか。
ありがとうございます。十分いただきました。

そのほかのとき

ものを尋ねるとき	・教えてもらいたいのだけど、……。 ・失礼ですが、……。 ・今、よろしいですか。
反論するとき	・言いたいことはわかるけど、……。 ・確かにその通りだと思いますが、……。
申し出るとき	・私にできることがあれば手伝うよ。 ・もしよろしければ、何かお手伝いをしましょうか。

確かめよう

相手の頼みを断るときも、「嫌だ。」「無理。」のように言うと、相手との関係が気まずくなることがある。相手から手伝いを頼まれ、それを断るとき、どのような言い方をすればよいか、考えよう。

→P.42下段

※相手との関係（親しい間柄《あいだがら》か、目上の人か、など）によって、言い方を使い分けます。親しい間柄《あいだがら》なのに、丁寧すぎる言い方は、相手によそよそしい感じを与《あた》えてしまうことがあります。

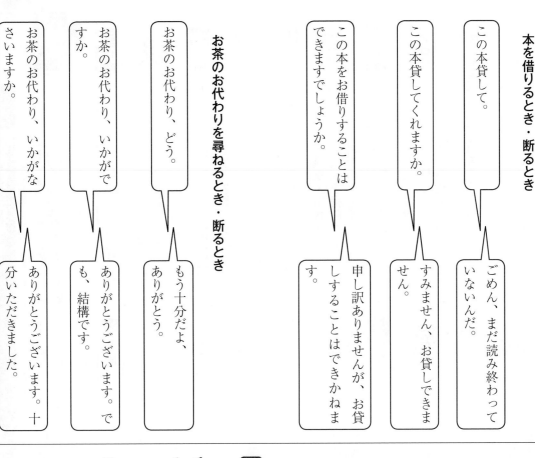

言葉

わかりやすく伝える

漢字を身につけよう❷

教科書 P.58

ページ	画数	漢字	読み	用例	級
58	13画	該	ガイ	該当する・該当者／当該事項をあたる	3級
58	9画	契	ケイ／＊ちぎ-る	契約・契機となる	3級
58	10画	扇	セン／おうぎ	扇風機・扇状地／換気扇を掃除する／扇形のケーキ	4級
58	10画	倹	ケン	倹約〈⇔浪費〉（＝節約）／江戸時代の倹約令	3級
58	9画	恒	コウ	恒星・恒久の平和／恒温動物／毎年恒例の行事	4級
58	8画	苛	カ	苛酷・苛烈な争い	2級
58	14画	酷	コク	苛酷・酷評される／目を酷使する／残酷なやりかた	準2級
58	11画	隆	リュウ	隆起／隆盛を極《きわ》める／文化が興隆する	3級
58	8画	尚	ショウ	尚早／高尚な趣味／世間の好尚	準2級
58	8画	枢	スウ	中枢・枢密院／枢要な部分	準2級
58	8画	盲	モウ	盲導犬・盲学校／盲点を突く／全盲のピアニスト	準2級
58	9画	削（×「ッ」）	サク／けず-る	誤字を削除する／添削を受ける／鉛筆を削る	3級
58	7画	呈	テイ	贈呈する・露呈《ろてい》／見本を進呈する／粗品《そしな》を呈する	準2級
58	10画	捕	ホ／と-らえる／と-らわれる／と-る／つか-まえる／つか-まる	捕手・犯人逮捕《たいほ》／獲物を捕らえる／鬼《おに》に捕まる	4級

注 同音の漢同字に注意しよう。

「倹」「験」「検」「剣」「険」はどれも「ケン」と読むよ。「倹」は「つつましやか」という意味の時に使うよ。

叫
58ページ　6画
丨 ㄇ 口 口' 口ㄐ 叫
キョウ
さけ-ぶ
絶叫コースター
阿鼻《あび》叫喚《きょうかん》の現場
がけの上で叫ぶ
4級

沃
58　7画
丶 丷 氵 氵' 氵二 汘 沃
ヨク
肥沃・沃野を耕す
2級

浸
58　10画
丶 丷 氵 氵' 氵⺕ 氵彐 氵⺕ 浔 浸 浸
シン
ひた-す
ひた-る
浸水の被害《ひがい》
みつばのお浸し
喜びに浸る
4級

剰
58　11画
一 二 三 乒 乒 乖 乗 乗 乗 乗' 剰
ジョウ
過剰
余剰人員を減らす
剰余金を蓄える
準2級

痢
58　12画
丶 亠 广 广 疒 疒 疒 疒 疒 痢 痢 痢
リ
下痢・疫痢・赤痢
準2級

症
58　10画
丶 亠 广 广 广 疒 疒 疒 症 症
ショウ
炎症《えんしょう》・軽い症状
症例を挙げる
花粉症に悩《なや》む
準2級

新出音訓の確認

ページ	漢字	読み	用例
58	室	むろ	室町時代
58	茶	サ	茶道
58	宗	ソウ	宗家
58	蔵	くら	蔵
58	厳	おごそ-か	厳か
58	童	わらべ	童歌
58	滋	ジ	滋養

教科書問題の答え

1
① がいとう　けいやく
② せんぷうき　けんやく
③ こうせい
④ かこく　りゅうき
⑤ しょうそう
⑥ ちゅうすう
⑦ もうてん
⑧ さくじょ
⑨ しんてい
⑩ ほしゅ　さけ
⑪ ひよく　ひた
⑫ かじょう　げり　しょうじょう

2
① むろ　② さ　そう
③ くら　④ おごそ
⑤ わらべ　⑥ じ

読む

ものの見方・感性を養う　解説／短歌

短歌の世界／短歌十首

俵《たわら》万智《まち》ほか

教科書 P.60〜69

内容を確認して、整理しよう

短歌は、千三百年以上前から、日本で作られてきた詩である。人々は、五七五七七という短歌の定型に、さまざまな思いをこめてきた。そして、今も多くの人が短歌を作っており、日本が自慢できる文化の一つといえる。

短歌の大きな特徴は、「短いこと」である。そのため、言葉を厳しく選び、磨かなければならない。また、「リズムがあること」も大きな特徴であり、五音七音のリズムは日本語を心地《ここち》よく聞かせてくれる。

短歌を作る初めの一歩は、心の揺れである。小さな心の揺れであってもメモをするとよい。そして、五七五七七の定型は、言葉を「詩」にしてくれる、心強い味方でもある。

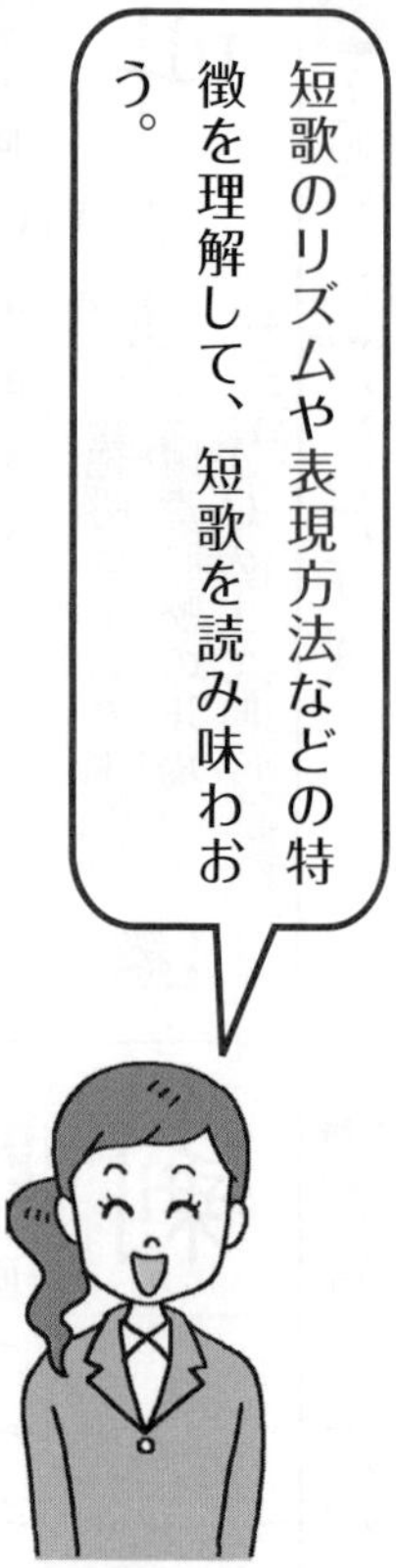
短歌のリズムや表現方法などの特徴を理解して、短歌を読み味わおう。

内容のまとまりに着目して、文章の構成を確認しよう

小段落	大段落	構成	内容
①②③④⑤	大段落 1	【序論】	短歌は、日本が自慢できる文化の一つである。短歌の特徴は、短いことと、リズムがあること。
⑥⑦⑧⑨	大段落 2	【本論】	〈中段落①〉俵《たわら》万智《まち》の短歌と解釈
⑩⑪			〈中段落②〉栗《くり》木《き》京《きょう》子《こ》の短歌と解釈
⑫	大段落 3	【結論】	短歌を作る初めの一歩は、心の揺れである。

まとまりごとの展開を確認しよう

1 短歌とは

教 P.60・1行め～P.61・1行め

短歌 ＝ 日本が自慢できる文化

千三百年以上前から日本で作られてきた

さまざまな思いをこめてきた

- 季節の変化
- 人を恋する気持ち
- 旅の心
- 人を悼《いた》む気持ち
- 日常の中のささやかなできごと

現在

- ・多くの人が短歌を作っている
- ・新聞や雑誌に投稿欄がある
- ・普通の新聞に普通の人たちが短歌を投稿している

＝

世界の中でも非常に珍しいこと

ポイントを確認しよう

①短歌はどのような定型をもつ詩だろうか。

五七五七七

短歌は、五七五七七の三十一音から成る伝統的な定型詩である。自然の様子や日々のできごとを描くことで、さまざまな心の様子が表現されている。

②短歌は、いつごろから作られてきたのだろうか。

例 千三百年以上前から。

短歌は、千三百年以上前から作られ、今もなお多くの人たちに親しまれている。

③現在の短歌のあり方で、世界の中でも非常に珍しいこととはどんなことだろうか。

例 新聞や雑誌に、短歌の投稿欄があり、普通の人たちが短歌を作って投稿していること。

「これは世界の中でも非常に珍しいこと」とあるので、「これ」の指す内容を探す。短歌を作ることが特別なことではなく、普通の人々に文化として根づいていることが珍しいのである。

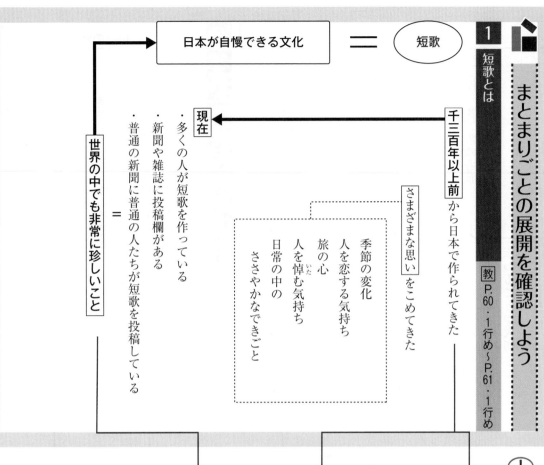

2 短歌の特徴と鑑賞

教 P.61・2行め〜P.62・2行め

短歌の特徴

◆短歌の大きな特徴

特徴① 短いこと ＝ 言葉を厳しく選び、磨く必要性

特徴② リズムがあること ＝ 日本語を心地《ここち》よく聞かせる魔法のようなもの ／ 調子がよくなる

① 俵万智《たわらまち》の短歌

◆短歌は短い

×全てを説明できない

○想像力をはたらかせて読む ＝ 短歌の楽しみ

「寒いね」と話しかければ
「寒いね」と答える人のいる あたたかさ

〈作　者〉恋の場面
〈読　者〉家族のやりとり
旅先での会話

それぞれの「あたたかさ」が伝わることが大切

①なぜ、筆者は、短歌では言葉を厳しく選び、磨かなくてはいけないと言っているのだろうか。

例 短歌は、三十一音で表現しないといけないから。

短歌は、三十一音の中で作者のさまざまな思いを表現しなければならない。そのため、言葉を厳選する必要性が生まれると言っているのである。

②筆者は、短歌のもつ五音七音のリズムを何にたとえているだろうか。

魔法（のようなもの）

「……ような」という直喩を表す言葉に着目する。筆者は、日本語を心地《ここち》よく聞かせてくれる五音七音のリズムの不思議さを魔法にたとえているのである。

③筆者は、「短い」という短歌の特徴から生まれる楽しみとは、どんなことだと言っているだろうか。

例 全てを説明することができないので、読者が想像力をはたらかせて読む楽しみがあるということ。

短歌は、短いために小説などのように全てを言葉で説明することができない。しかし、それは欠点ではなく、それゆえに、読者が想像力をはたらかせて読むという楽しさにつながると述べている。

② 栗木京子《くりききょうこ》の短歌

観覧車回れよ回れ　想《おも》ひ出は君には一日《ひとひ》我には一生《ひとよ》

〈場面〉遊園地でのデート

君（相手）……一日の想《おも》い出

対比　温度差　＝　せつない恋

我（自分）……一生の想《おも》い出

3 短歌を作るには

教 P.62・3行め〜5行め

短歌を作る初めの一歩

＝ 心の揺れ
- ・感動　・喜び
- ・悔《くや》しさ　・発見
- ・悲しみ　・驚き　など

※小さなことでもメモしよう

五七五七七の定型 ＝ 心強い味方　言葉を「詩」にしてくれる

①この短歌を「せつない恋の歌」だと、筆者が読み取ったのはなぜだろうか。

例 遊園地でのデートが、相手にはたった一日の想《おも》い出でも、自分にとっては一生の想《おも》い出だというように二人の気持ちに差があるから。

相手（君）と自分（我）のデートに対する思いの違いを、作者は「温度差」と言っている。自分の思いに比べて、相手の思いがそれほどでもないことから、「せつない恋心」を読み取ろう。

②筆者は、短歌を作るとき、そのスタートはどんなことだと述べているだろうか。

心の揺れ

「心の揺れ」とは、感動したり驚いたりして心が動くことである。そんな心の揺れが短歌を作る材料になるので、どんな小さなことでも書き留めておくことを筆者は勧《すす》めている。

③短歌のもつ五七五七七の定型は、どのような点で「心強い味方」だと筆者は述べているのだろうか。

例 五七五七七の形にすれば、言葉を「詩（短歌）」に変えてくれる点。

五七五七七の定型は、言葉の連なりをたちまち「短歌（＝詩）」に変身させてくれる力をもっている「心強い味方」だというのである。

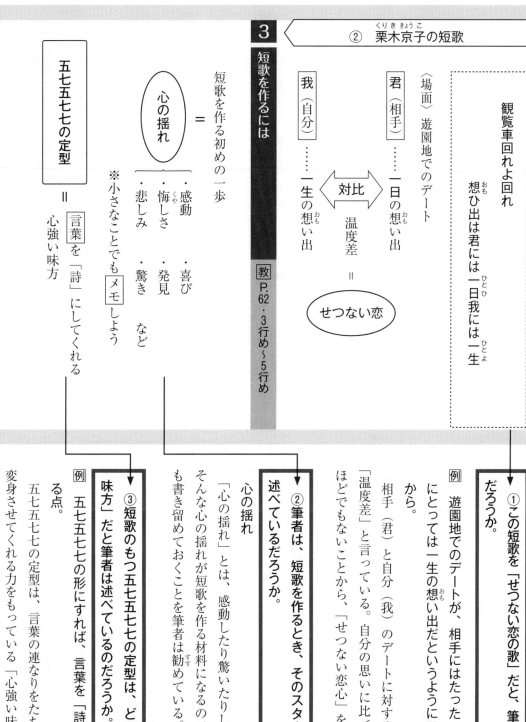

内容を確認して、整理しよう

4 音《おん》の数え方と区切れ　教 P.63

句のまとまり……五・七・五・七・七が基本の形。

五音・七音より
- 多い……**字余り**
- 少ない……**字足らず**

句切れ……短歌の中で、意味や内容、調子のうえから切れるところ。（初句切れ、二句切れ、三句切れ、四句切れ、句切れなし）

初句（五音）「寒いね」と　**二句**（七音）話しかければ
三句（五音）「寒いね」と　**四句**（七音）答える人の
五句（七音）いる あたたかさ → **体言止め**（余韻を残す）
＝ 心の安らぎ・喜び
俵《たわら》万智《まち》

観覧車　回れよ回れ／想《おも》ひ出は　君には 一日《ひとひ》　我には 一生《ひとよ》
栗木《くりき》京子《きょうこ》
対比（君 ⇔ 我）　対比（一日 ⇔ 一生）
＝ 温度差・恋のせつなさ

ポイントを確認しよう

①「『寒いね』と～」の短歌には、どんな心情が込められているだろうか。

例 **心が通い合う人がいることのうれしさ。**

「あたたかさ」という言葉が心が通い合う人がいることの喜びを表現している。口語表現が読み手に親しみを感じさせる。

意味 「寒いね」と話しかけると「寒いね」と答えてくれる人がいる。そのあたたかさがなんともうれしい。

句切れ なし

②「観覧車～」の短歌は、何句切れだろうか。

二句切れ

意味の切れめから、「回れよ回れ」という部分が句切れになる。

意味 観覧車、回れよ回れ。今日という日は、あなたには何でもない一日かもしれないけれど、私には一生の想《おも》い出です。

③「観覧車～」の短歌の中で、対比されている言葉はどれとどれだろうか。二組探そう。

・「君」と「我」　・「一日《ひとひ》」と「一生《ひとよ》」

「君」と「我」、「一日《ひとひ》」と「一生《ひとよ》」が対比され、君と我の対照的な様子が恋のせつなさを示す。また、この対比と「回れよ回れ」という命令形の繰り返しが、弾んだリズムを作っている。

短歌十首

くれなゐの　二尺伸びたる　薔薇《ばら》の芽の　針やはらかに　春雨《はるさめ》のふる
正岡《まさおか》子規《しき》

くれなゐ＝赤色
二尺＝約六十㎝
春雨＝春の雨

その子　二十《はたち》／櫛《くし》にながるる　黒髪の　おごりの春の　うつくしきかな
与謝野《よさの》晶子《あきこ》

その子＝私（作者）
おごりの春＝自信に満ちた青春
かな＝詠嘆「〜よ」

みちのくの　母のいのちを　一目見ん　一目みんとぞ　ただにいそげる
斎藤《さいとう》茂吉《もきち》

みちのく＝現在の東北
一目見ん　一目みんとぞ＝母を思う気持ちと焦《あせ》り

草わかば／色鉛筆の　赤き粉《こ》の　ちるがいとしく　寝て削るなり
北原《きたはら》白秋《はくしゅう》

草わかば＝若葉の緑 ⟷ 赤　対比
なり＝詠嘆「〜よ」

① 「くれなゐの〜」の短歌には、どんな特徴があるだろうか。

例 目で見た様子をそのまま短歌に詠《よ》んでいるという特徴。

写生するかのように、見たままの薔薇《ばら》の様子を詠《よ》んでいる。

意味 六十センチほどの高さに伸びた、赤い薔薇《ばら》のやわらかなとげに春の雨が降っている。 句切れ なし

② 「その子〜」の短歌の「春」は、何を表しているだろうか。

例 青春

意味 その子は、今二十歳。櫛《くし》でとくと黒髪が豊かに流れる、自信に満ちた青春の美しさよ。 句切れ 初句切れ

③ 「みちのくの〜」の短歌で「ただにいそげる」とあるが、作者はなぜ急いでいるのだろうか。

例 余命わずかの母が生きているうちに一目だけでも会いたかったから。

「母のいのち」から、母親が余命幾ばくもないことがわかる。

意味 東北にいる余命わずかの母に、一目会いたい一心で、ひたすらに急いで故郷へ向かう。 句切れ なし

④ 「草わかば〜」の短歌に歌われている季節はいつだろうか。

春

「生《は》え出て間もない葉」という意味の「草わかば」に着目しよう。

草わかば（緑）と色鉛筆（赤）が対比して詠《よ》まれている。

意味 削った赤い色鉛筆の粉が若い緑の草の上に散り、ふといとしく感じられ、寝ころんで削ってしまうよ。 句切れ 初句切れ

白鳥《しらとり》は　哀《かな》しからずや／空の青　海のあをにも　染まずただよふ

若山《わかやま》牧水《ぼくすい》

対比（白鳥 → 空の青・海のあを）
や＝疑問または反語

不来方《こずかた》の　お城の草に　寝ころびて
空に吸はれし
十五の心

石川《いしかわ》啄木《たくぼく》

三行書き
不来方＝盛岡《もりおか》城のこと
十五の心＝十五歳の心

葛《くず》の花　踏みしだかれて、色あたらし。／この山道を　行きし人あり

釈《しゃく》迢空《ちょうくう》

一字空き
句読点の使用
色あたらし＝色が鮮やかである

列車にて　遠く見ている　向日葵《ひまわり》は　少年のふる　帽子のごとし

寺山《てらやま》修司《しゅうじ》

比喩
ごとし＝「〜のようだ」

①「白鳥《しらとり》は〜」の短歌では、何と何が対比されているだろうか。

例　「鳥の白さ」と「空と海の青さ」。

鳥（白）が空と海（青）に浮かび上がる様子を歌っている。

意味　白鳥《しらとり》は哀《かな》しくないのだろうか。空と海の青さにも染まることなく漂《ただよ》っていることよ。

句切れ　二句切れ

②「不来方《こずかた》の〜」の短歌に込められている心情は、どのようなものだろうか。

例　哀《かな》しみや悩《なや》みなどが消えていく爽快感《そうかいかん》。

「十五の心」とは、哀《かな》しみと希望の交《ま》ざった十五歳のときの心を指す。

意味　不来方《こずかた》の城跡の草原に寝ころび、空を見ていると、十五歳の心が吸い込まれそうに思えた。

句切れ　なし

③「葛《くず》の花」は、なぜ踏みしだかれてしまったのだろうか。

例　少し前に山道を通った人がいるから。

それは、「この山道を行きし人あり」から、読み取れる。

意味　葛《くず》の花が踏まれて、一層鮮やかな色をしている。先に、この山道を歩いた人がいるのだなあ。

句切れ　三句切れ

④「列車にて〜」の短歌に詠《よ》まれている季節はいつだろうか。

夏

「向日葵《ひまわり》」が咲いていることから、夏だとわかる。

意味　列車の窓から遠くに見える向日葵《ひまわり》は、まるで少年が振っている帽子のようだ。

句切れ　なし

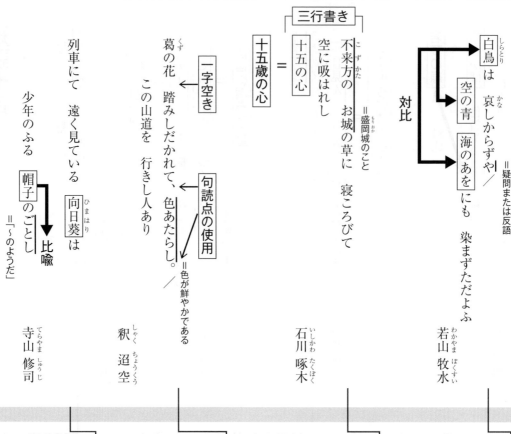

何でもない日常の様子 → 変化するもの

＝

シャボンまみれの　猫が逃げだす　午下《ひる》がり／
永遠なんて　どこにも無いさ　　穂村《ほむら》弘《ひろし》

細胞の　なかに奇妙な　構造の
あらわれにけり／夜の顕微鏡　　永田《ながた》紅《こう》
＝詠嘆「～ことよ」

① 「シャボンまみれの～」の短歌で、作者の感想が書かれている部分はどこだろうか。

永遠なんてどこにも無いさ

前半の三句は作者の見たもので、後半の二句に、作者が感じたことが詠《よ》まれている。

意味　せっけんの泡まみれの猫が逃げだすのを見た昼下がり。全ては変化し、永遠に同じものなどないのだ。　句切れ　三句切れ

② 「細胞の～」の短歌は、何句切れだろうか。

四句切れ

意味　細胞の中に奇妙な構造を発見したよ。夜に顕微鏡をのぞいていたら。

学びの道しるべ

▼教科書 P.67～68

1 「短歌の世界」を読んで短歌の特徴を確かめ、二首の短歌を音読しよう。
→P.50①～③

2 「短歌十首」について、意味の切れめや調子に注意しながら音読しよう。
→P.51～53

3 「短歌十首」の中から、印象に残った短歌を選び、どのような情景や心情が詠《よ》まれているかをまとめよう。
→P.51～53

重要語句の確認

▼60ページ

1　定型　決まったかた。

2　意 悼《いた》む　人の死を嘆《なげ》き悲しむ。類 哀悼《あいとう》する。

3　意 ささやか　わずか。少し。

4　投稿欄《とうこうらん》　読者の意見などを掲載《けいさい》する、新聞や雑誌の紙面の区分。

9　磨《みが》く　いっそう立派なものにする。

11　意 心地《ここち》よい　気分がよい。類 快適

12　調子　ここでは、リズムや拍子《ひょうし》のことを意味する。

▼61ページ

5　詠《よ》む　詩歌を作る。

6　絞《しぼ》る　限定する。

13　温度差　ある事柄《ことがら》についての認識《にんしき》や反応などの違《ちが》い。

14　意 せつない　恋《こい》しさなどで胸《むね》がしめつけられるような気持ちである。類 やるせない

14　対比　反対の性質のものを並べて、違《ちが》いを際立《きわだ》たせる表現法。

14　効《き》く　効果的である。

▼64ページ

・「くれなゐの……」

くれなゐ　紅色《べにいろ》。

尺　尺貫法《しゃっかんほう》における長さの単位。二尺はおおよそ六十センチメートル。

春雨《はるさめ》　春にしとしとと静かに降る雨。

・「その子二十《はたち》……」

おごり　思い上がった振《ふ》る舞《ま》い。

・「草わかば……」

草わかば　若草。

▼65ページ

・「白鳥《しらとり》は……」

哀《かな》しい　心に痛《いた》みを感じ、泣きたくなるような気持ち。

・「不来方《こずかた》の……」

不来方《こずかた》　「不来方」は岩手県盛岡《もりおか》市の旧称《きゅうしょう》。ここでは不来方《こずかた》城のこと。

・「葛《くず》の花……」

葛《くず》　山野に生える、つる性の植物。

読み方を学ぼう　想像　教 P.69

創作物を読むときは、書かれていることから、心の中でさまざまなことを思い描いてみましょう。たとえば、どんな場所なのか、登場人物はどんな気持ちか、登場人物の言動の理由は何かなどを想像してみましょう。自分の心のなかで思い描くことで、登場人物や作者の経験や気持ちを、自分のことのように味わうことができます。

短歌や俳句は、文字数が限られています。そこに盛り込まれた情報が少ないため、作者が言いたいことを想像して補いながら読むことが重要になります。

想像する力をつけて、詩・短歌・俳句、小説を、読み味わいましょう。

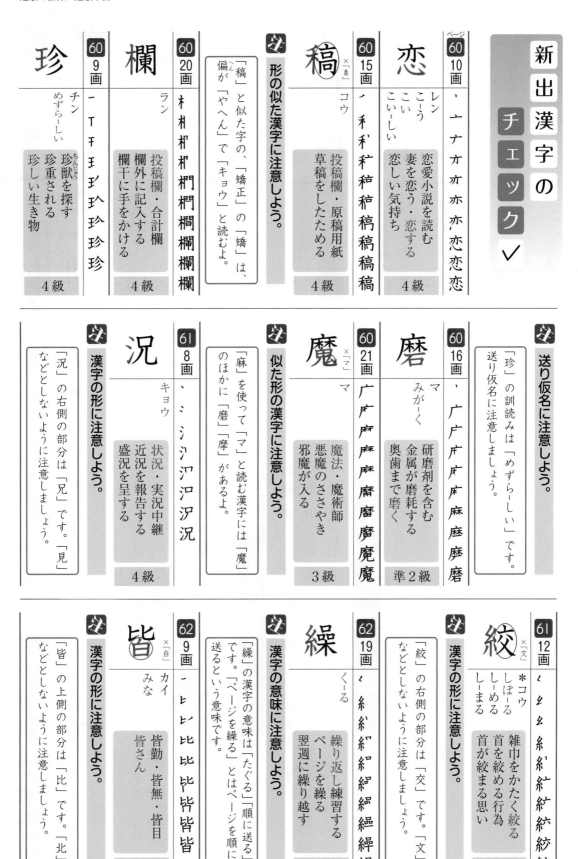

新出漢字のチェック✓

恋
ページ 60　10画

レン／こ-う／こい／こい-しい

恋愛小説を読む
妻を恋う・恋する
恋しい気持ち

4級

稿
60　15画　×「喬」

コウ

投稿欄・原稿用紙
草稿をしたためる

4級

形の似た漢字に注意しよう。

「稿」と似た字の、「矯正」の「矯」は、偏《へん》が「やへん」で「キョウ」と読むよ。

欄
60　20画

ラン

投稿欄・合計欄
欄外に記入する
欄干に手をかける

4級

珍
60　9画

チン／めずら-しい

珍獣《ちんじゅう》を探す
珍重される
珍しい生き物

4級

送り仮名に注意しよう。

「珍」の訓読みは「めずら-しい」です。送り仮名に注意しましょう。

磨
60　16画

マ／みが-く

研磨剤を含む
金属が磨耗する
奥歯まで磨く

準2級

魔
60　21画　×「マ」

マ

魔法・魔術師
悪魔のささやき
邪魔が入る

3級

似た形の漢字に注意しよう。

「麻」を使って「マ」と読む漢字には「魔」のほかに「磨」「摩」があるよ。

況
61　8画

キョウ

状況・実況中継
近況を報告する
盛況を呈する

4級

漢字の形に注意しよう。

「況」の右側の部分は「兄」です。「見」などとしないように注意しましょう。

絞
61　12画　×「文」

*コウ／しぼ-る／し-める／し-まる

雑巾をかたく絞る
首を絞める行為
首が絞まる思い

3級

漢字の形に注意しよう。

「絞」の右側の部分は「交」です。「文」などとしないように注意しましょう。

繰
62　19画

く-る

繰り返し練習する
ページを繰る
翌週に繰り越す

4級

漢字の意味に注意しよう。

「繰」の漢字の意味は「たぐる」「順に送る」です。「ページを繰る」とはページを順に送るという意味です。

皆
62　9画　×「自」

カイ／みな

皆勤・皆無・皆目
皆さん

4級

漢字の形に注意しよう。

「皆」の上側の部分は「比」です。「北」などとしないように注意しましょう。

書く

ものの見方・感性を養う

短歌・俳句　表現の仕方を工夫して豊かに表す

教科書 P.70〜73

内容を確認して、整理しよう

【短歌・俳句とは】

●定められた音数で、情景や思いなどが伝わるように表現する短い詩。

●五音や七音の言葉の組み合わせ→心地《ここち》よいリズムを生み出す。

〈短歌〉五七五七七の三十一音で作る短い詩。

〈俳句〉五七五の十七音で作る短い詩。……季語（季節を表す言葉）を入れる約束がある。

【短歌の作り方】

1 題材を選び、短い文章を書く

◆心に残っていることや、気づいたこと（＝体験の中で生じた「心の揺れ」）などについて、短い文章を書く。

※日常の中で、何気なく思ったことを選ぶ。特別なできごとでなくてもよい。

※日記や作文などを読み返したり、学校内を探索《たんさく》してみる。

〈題材の例〉

・きれいだなと思ったもの

・最近よかったなと思ったこと

・夏休みの思い出

・いつも不思議に思っていること

例　去年の夏、弟は初めて海に行って、波にものすごく興奮してはしゃいでいた。寄せては返す波を追いかけたり、跳びはねたり、海水を手ですくって投げたり、砂浜《すなはま》で転げまわったりして遊んでいた。きゃっきゃと声をあげて喜んでいた。

2 言葉を取り出す

◆1で書いた文章から短歌に使いたい言葉を取り出す。

例・弟・初めての海・寄せては返す波・追いかける

・跳びはねる・海水・砂浜《すなはま》・喜んだ

3 言葉を組み合わせる

① 取り出した言葉をもとに、五音・七音の言葉にする。

例・五音……夏の海・弟が・初めての・寄せる波・白い波

・七音……砂浜の波・追いかけはねて・駆け出していく

・歓声あげて

② 言葉を組み合わせて並べて、五七五七七の形にする。

例・弟が駆け出していく夏の海初めての波しぶきがはねて

・弟の初めての海白い波追いかけはねてすくって投げて

・夏の海駆け出していく弟に初めての波白く光って

③　順序を入れ替《か》えたり、別の言葉に替《か》えたり、たとえたりしてみる。

〈順序立てのポイント〉

・感動の中心を明確にし、それが最もよく伝わるように言葉の順序を並べ替《か》える。

弟が駆け出していく夏の海
しぶききらめく初めての波

夏の海駆け出していく弟に
負けじとはしゃぐ初めての波

「夏の海の美しさ」を強調する

初めての波のしぶききらめいて
駆け出していく夏の弟

「初めて海を見た弟の喜び」の印象を強める

4　短歌とはじめの短い文章とを比べる

◆五七五七七の短歌の形に整ったら、はじめに書いた文章と読み比べる。

※三十一音の中で、「心の揺れ」の中心をうまく表現できているか。

◆納得できる表現になるまで、推敲《すいこう》したり、別の作品に作り替《か》えたりする。

5　作品を発表する

◆発表会や合評会を開いて交流する。

〈「短歌合評会」のポイント〉→手順

①　それぞれが作った短歌を短冊《たんざく》に書く。

②　短冊《たんざく》を集めて、一枚ずつ順番に司会者が読みあげる。

③　一首読みあげられるごとに、その短歌のよさや自分の受け止め方、表現の工夫としてよかったところなどを発表し合う。

④　作者を公開し、その短歌を詠《よ》んだ意図や情景の説明、受けた評価についての感想などを述べる。

◆次の観点から短い感想を書き、作者に伝える。

〈観点のポイント〉

・言葉のリズムはよいか。

・言葉の使い方や順序は工夫されているか。

・どのような気持ちや様子が伝わったか。

◆それぞれが作った短歌のよいところを見つけて、自分の表現に生かす。

俳句を作ることにも挑戦《ちょうせん》してみよう。表現方法に磨《みが》きがかかるし、語彙も豊かになるよ。

言葉

ものの見方・感性を養う

文法の窓1 用言の活用

教科書 P.75・228〜231

1 用言

用言

- 動詞……
  - 人や物事の動作、作用、状態、存在を表す
  - 言い切りの形が**ウ段の音**で終わる
  - 例 走る、着る、学ぶ、聞く 伸びる、生きる など
- 形容詞……
  - 物事の性質や状態、人の感情を表す
  - 言い切りの形が「**い**」で終わる
  - 例 白い、固い、若い、美しい 悲しい、うれしい など
- 形容動詞……
  - 物事の性質や状態、人の感情を表す
  - 言い切りの形が「**だ・です**」で終わる
  - 例 静かだ、元気だ、きれいだ 静かです、元気です など

2 動詞の活用の種類

①五段活用……活用語尾《ごび》が五十音図の五段にわたって活用する。

基本形	語幹	活用形 未然形	連用形	終止形	連体形	仮定形	命令形
歩く	ある	か こ	き い	く	く	け	け
続く主な言葉		ナイ・ウ（ヨウ）など	マス・テ（デ）・タ（ダ）など	言い切る	体言・ノなど	バ	命令で言い切る

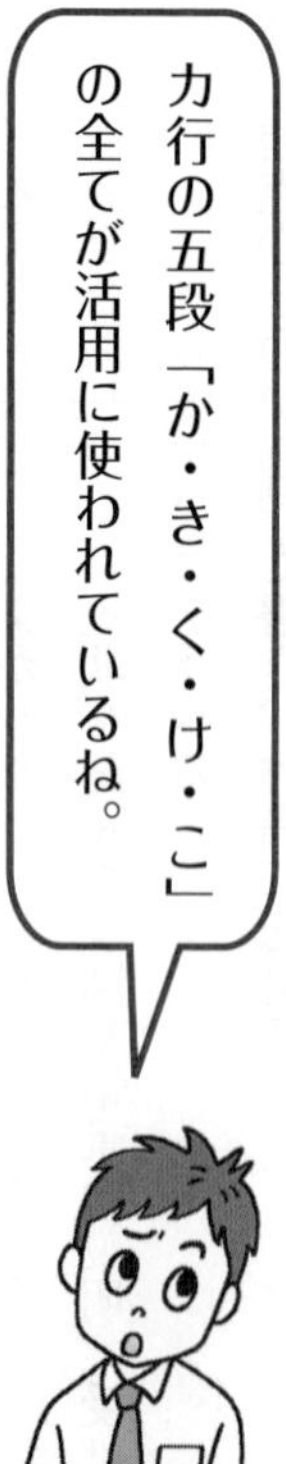
カ行の五段「か・き・く・け・こ」の全てが活用に使われているね。

②上一段活用……活用語尾《ごび》が五十音図のイ段だけに活用する。

基本形	語幹	活用形 未然形	連用形	終止形	連体形	仮定形	命令形
借り	か	り	り	りる	りる	りれ	りろ（りよ）

③下一段活用……活用語尾《ごび》が五十音図のエ段だけに活用する。

基本形	語幹	未然形	連用形	終止形	連体形	仮定形	命令形
出る	(で)	で	で	でる	でる	でれ	でろ（でよ）

カ行変格活用……活用語尾《ごび》が五十音図のカ行で特別な活用をする。「来る」のみ。

基本形	語幹	未然形	連用形	終止形	連体形	仮定形	命令形
来る	○	こ	き	くる	くる	くれ	こい

サ行変格活用……活用語尾《ごび》が五十音図のサ行で特別な活用をする。「する」「○○する」のみ。

基本形	語幹	未然形	連用形	終止形	連体形	仮定形	命令形
する	○	し さ せ	し	する	する	すれ	しろ（せよ）

カ行変格活用は「カ変」、
サ行変格活用は「サ変」とも呼ぶよ。

3 形容詞と形容動詞の活用

・形容詞の活用……一種類のみ。
・形容動詞の活用……「だ」「です」の違いによる二種類。
※形容詞と形容動詞には「命令形」がない。

確認しよう（→教 P.231）

※設問文は省略してあります。

1

	語例	語幹	未然形	連用形	終止形	連体形	仮定形	命令形
①	読む	よ	＝ま ＝も	＝み ＝ん	＝む	＝む	＝め	＝め
②	借りる	か	＝り	＝り	＝りる	＝りる	＝りれ	＝りろ（＝りよ）
③	寝る	(ね)	＝ね	＝ね	＝ねる	＝ねる	＝ねれ	＝ねろ（＝ねよ）
④	練る	ね	＝ら ＝ろ	＝り ＝っ	＝る	＝る	＝れ	＝れ
⑤	暑い	あつ	＝かろ	＝かっ ＝く ＝う	＝い	＝い	＝けれ	○
⑥	静かです	しずか	＝でしょ	＝でし	＝です	（＝です）	○	○

2
①形 明るかっ―連用形
②形 深けれ―仮定形・形 深い―連体形・動 増す―終止形
③動 通る―連体形・形 軽く―連用形・動 そうじし―連用形
④形動 冷静で―連用形・形動 穏《おだ》やかだ―終止形

3
①本来の動詞　②補助動詞　③本来の動詞
④補助動詞　⑤補助形容詞　⑥本来の形容詞

4

可能動詞	もとの動詞
①売れる	売る
③聞ける 話せる	聞く 話す
②打てる	打つ
④作れる	作る

5
①開く…自動詞　開ける…他動詞
②届く…自動詞　届ける…他動詞
③直す…他動詞　直る…自動詞

ものの見方・感性を養う　報告

教科書 P.76～83

壁に残された伝言

井上《いのうえ》恭介《きょうすけ》

内容を確認して、整理しよう

一九九九年の春、広島市の中心部にある袋町《ふくろまち》小学校の壁の下から「被爆の伝言」の一部が見つかった。

壁の文字が残っていた事情は、複数の条件が重なった奇跡的なものだった。第一の条件は、文字が煤《すす》で黒くなった壁面に白いチョークで書かれたこと、第二の条件は、その文字がある期間放置されたことである。文字は白黒逆転して残っていたのだが、それは、放置されて固まった白いチョークが、壁の煤《すす》を文字の形のまま五十数年も守ったのちに、戦後新たに塗られた壁といっしょに剝がれ落ちたためであった。

「被爆の伝言」は大きな反響となり、詳細な調査が行われることとなった。筆者は八月六日の原爆の日に放送する特別番組の取材を担当していたが、「伝言」に出会うまでは自信がもてなかった。しかし、「伝言」を前にして涙する人に出会い、「あの日」を確かに感じ取った。

「被爆の伝言」は、「あの日」を力強く語ってくれる遺産なのである。

「被爆の伝言」に関する事実と、それを取材した筆者の思いを読み取ろう。

内容のまとまりに着目して、文章の構成を捉えよう

前書き	序論	本論		結論
	大段落1	大段落2	大段落3	大段落4
「あの日」をたどる取材の始まり	問題提起 ・どのように保存されたか。 ・どういった事情で白黒逆転して現れたのか。	伝言が保存された条件と白黒逆転のメカニズム	・「伝言」への反響 ・伝言が五十年後に見つかった意味	「被爆の伝言」が語りかけるもの
小段落 ①②	③④⑤⑥⑦⑧	⑨⑩⑪⑫⑬⑭⑮⑯⑰⑱	⑲⑳㉑㉒㉓	㉔㉕㉖㉗㉘㉙

まとまりごとの展開を確認しよう

1 前書き・剝がれ落ちた壁の下から　教 P.76・1行め〜P.77・21行め

筆者（広島に赴任《ふにん》）…テレビの特別番組を作るために
「あの日」の取材を始める

◆**「被爆の伝言」の発見**＝一九九九年の春

・校舎建て替え前の点検中、偶然《ぐうぜん》剝がれた壁の下から文字らしきものが出現。
・資料館で展示されていた写真で、多くの人が知っていたために文字が読めた。

→ いくつもの偶然《ぐうぜん》が重なった**奇跡的**な発見

◆**発見された文字と、資料館の写真の不一致**
発見された文字……黒い文字
写真の文字……白いチョークの文字
白黒逆転

筆者による問題提起
○壁の下の文字はどのように保存されたのか。
○どういった事情で、文字が白黒逆転して現れたのか。

ポイントを確認しよう

①筆者は「あの日」をたどる取材を始めたが、「あの日」とはいつのことだろうか。

例　広島に原爆が投下された日。

直後の文の「原爆で辺り一面焼け野原になり、地獄のような光景が広がっていた」から、広島に原爆が投下された、一九四五年八月六日のことを指すことがわかる。

②なぜ、筆者は「被爆の伝言」の発見を「奇跡的」だと言っているのだろうか。

例　多くの条件が偶然《ぐうぜん》に重なり、文字が発見されたから。

小段落⑥で「いくつもの偶然《ぐうぜん》」について述べられていることに注目しよう。いくつもの条件が偶然《ぐうぜん》に重なって、文字の発見につながったので、筆者は「奇跡的」だと言っているのである。

③見つかった文字が「写真の文字と一致しない」とは、どういうことだろうか。

例　写真の文字は白いのに、見つかった文字が黒かったこと。

小段落⑧の「実は、見つかった文字には……文字は黒かった。」に注目しよう。一致しないこととは、「文字の色」である。発見された文字の色が、白から黒へと逆転していることを捉えよう。

2 白黒逆転のメカニズム

教 P.78・1行め〜P.79・17行め

◆伝言が見つかった小学校の校舎

・爆心地に近かったが、コンクリート部分が焼け残った。
・原爆投下直後から、臨時の救護所になる。

→ 行方《ゆくえ》知れずの人の消息を求めて、多くの人が訪《おとず》れた。
連絡先などの伝言が壁に書かれた。

◆伝言が保存されることになった条件

〈条件①〉凹凸《おうとつ》の少ない、真っ黒なコンクリートの壁面に、白いチョークで書かれたこと

= 煤《すす》で真っ黒になっていた
= 床に転がっていた

〈条件②〉チョークで書かれた伝言が、ある期間放置されたこと

= 校舎が補修されるまでの数か月の間

→ チョークの主成分が、空気中の水分を吸って変質し、固まった。

①筆者は、小学校の校舎が、原爆投下直後から臨時の救護所になったのは、なぜだと言っているだろうか。

例 雨露を防げる建物は貴重だったから。
当時は、木造建築がほとんどで、焼け残った建物は少なかった。そのため、コンクリート造りの校舎が重宝されたのである。

②なぜ、小学校の校舎の壁に伝言が書かれたのだろうか。

例 行方《ゆくえ》がわからない人への連絡を残すため。
教 P.77下の写真を見ると、発見された「寮内」を含む連絡先のほか、「木村先生来校／皆様によろしくとの傳《でん》（伝）言《ごん》あり」などの言葉が読み取れる。電話などの通信手段がないなか、校舎の壁が「伝言板」として機能していたことを捉えよう。

③筆者は何を「第二の条件」の具体的な例としてあげているだろうか。

例 黒板の端に書かれたままの「日直」という文字の例。
伝言が「放置」されたことと、チョークが固まって「保存」されたことを結びつけるために、筆者は読み手にもわかりやすい身近な例をあげて説明している。

◆伝言の文字が白黒逆転して現れたメカニズム

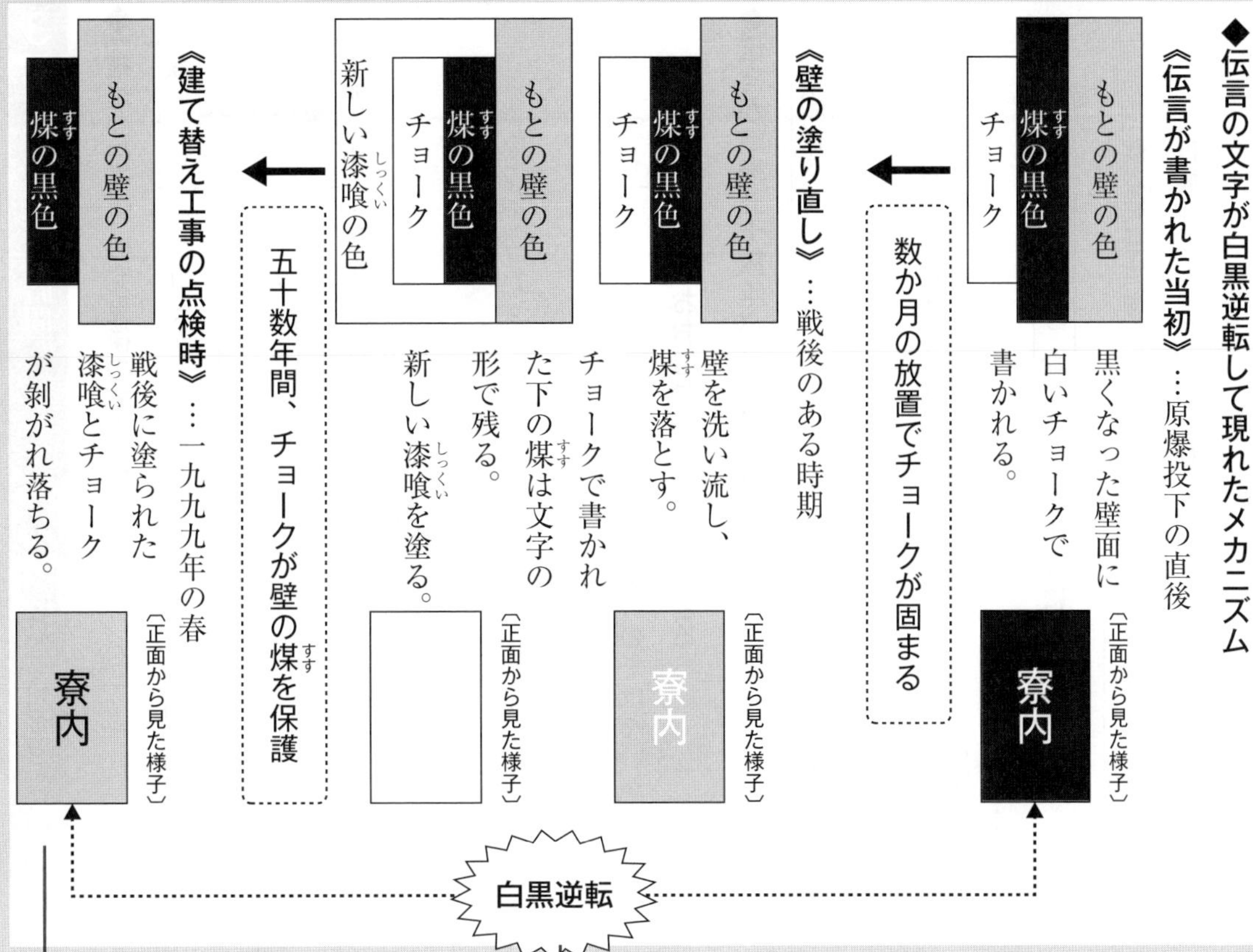
《伝言が書かれた当初》…原爆投下の直後
もとの壁の色
煤《すす》の黒色
チョーク
黒くなった壁面に白いチョークで書かれる。
〔正面から見た様子〕
寮内
数か月の放置でチョークが固まる
《壁の塗り直し》…戦後のある時期
もとの壁の色
煤《すす》の黒色
チョーク
壁を洗い流し、煤《すす》を落とす。
〔正面から見た様子〕
寮内
もとの壁の色
煤《すす》の黒色
チョーク
新しい漆喰《しっくい》の色
チョークで書かれた下の煤《すす》は文字の形で残る。
新しい漆喰《しっくい》を塗る。
〔正面から見た様子〕
五十数年間、チョークが壁の煤《すす》を保護
《建て替え工事の点検時》…一九九九年の春
もとの壁の色
煤《すす》の黒色
戦後に塗られた漆喰《しっくい》とチョークが剥がれ落ちる。
〔正面から見た様子〕
寮内
白黒逆転

上の図を見ながら、伝言が書かれてから発見されるまでの五十数年間に、校舎の壁がどんな変化をとげてきたのかを捉えよう。

①壁を塗り直して、補修する際、チョークが壁に残ったのは、どうしてだと筆者は考えているか。

例　洗い流されずに残ったチョークは、目立たず、塗り直しにも支障が少なかったので、チョークをそぎ落とさずに壁が塗り直されたから。

「こうした事情が重なって」より前に書かれた三つの文に注目しよう。「チョークは壁に残ったのであろう。」と述べていることから、事実をもとにして筆者が推論した部分であることをおさえておきたい。

②発見された「被爆の伝言」の文字が、黒かったのはどうしてだろうか。

例　壁の漆喰《しっくい》とともにチョークが剥がれ落ちたことで、チョークの文字で保護されていた壁の煤《すす》が、文字の形で現れたため。

五十数年間、チョークで書かれた文字が壁の煤《すす》を保護していたため、黒い文字として残ったのである。

3 五十数年という時間

教 P.79・18行め～P.80・16行め

◆「被爆の伝言」の発見後のできごと

報道　マスコミが、大きく取り上げる。

↓ 反響

計画変更
・校舎の一部保存
・伝言を見つけるための調査＝前代未聞《ぜんだいみもん》

→ 伝言がまとまって見つかったのは、一か所のみ

→ 筆者　成果は大きかったとみてよいのではないか。
＝おおむね満足・評価できる

◆伝言が戦後五十数年ぶりに出てきたことの意味

△ 戦後すぐ に発見
・被爆者がおおぜいいる。
・被爆した建物や遺跡が多く残る。

注目度㊛小
調査の実現？

◎ 二十世紀の終わり（戦後五十数年） に発見
・残る被爆建物が僅《わず》かになる。
・被爆体験の風化が叫ばれる。

注目度㊛大
詳細な調査の実現

①筆者は、マスコミの報道に対する反響の大きさについて、その理由をどう考えているだろうか。

例　被爆建物が僅《わず》かになり、被爆体験の風化が叫ばれる二十世紀の終わりだったから。

「伝言が五十数年という時間を超えて出てきたことの意味」に着目しよう。

②校舎の建て替え計画が変更されたのはどんな声がわきあがったからだろうか。二つ答えなさい。

・建物そのものの永久保存を訴《うった》える声。
・他にも眠っている伝言があるのではないかという声。

マスコミによる報道が、反響――つまり人々の声を呼び、校舎の一部保存と伝言の調査の実現へとつながったのである。

③戦後すぐに伝言が見つかったら、大きな反響を呼ばなかっただろうと筆者が考えるのは、どうしてだろうか。

例　戦後すぐでは、被爆のあとが多く残っており、伝言が必ずしも貴重なものだとは考えられなかっただろうから。

被爆のあとが生々しく残る戦後すぐに発見されていたら、伝言も数多く残る被爆のあとの一つとしてしか捉えられなかったということを読み取ろう。

4 無限に連鎖する「あの日」

教 P.80・17行め～P.81・16行め

◆「被爆の伝言」が語りかけるもの

伝言を初めて見たとき、**正直途方にくれた**

・どこからどこまでが一つの伝言か。
・書いた人の名前か、探している人の名前か。
・その人がその後どうしたか。
→疑問がわいてくるばかり。

取材が進む

家族などの関係者と会う……「伝言」を前に涙する

もう一度伝言を見たら、**涙が出た**

＝

「あの日」があふれ出た瞬間

◆「被爆の伝言」とは

＝

「あの日」を語る遺産であり、証人

→「あの日」が伝わっていく無限の連鎖は今も続く。

①筆者は、伝言を初めて見たとき、なぜ途方にくれたのだろうか。

例 伝言を見て、疑問ばかりがわきあがってきたから。

「正直途方にくれた」よりあとに書かれた文に注目しよう。筆者は、伝言について疑問ばかりがわきあがり、どうしてよいかわからなくなってしまったのである。

②家族などの関係者が伝言の前に立ったときに起こった「驚くべきこと」とは、どんなことだろうか。

例 いとも簡単に文字を読み、内容を理解し、涙を流したこと。

小段落㉕に注目しよう。筆者は、家族などの関係者が、文字を読んだことだけでなく、そこにこめられた思いをすぐに感じ取ったことに驚いたのである。

③筆者が、「もう一度、その文字を眺めた。涙が出た」と述べているのは、どうしてだろうか。

例 伝言の文字の中から「あの日」があふれ出て心を揺さぶられたから。

関係者に出会い、新たな見方で伝言を見たときに、今までに感じることのできなかった、伝言を書いた人の思いに気づくことができたのである。

学びの道しるべ

▼教科書 P.82～83

1 「伝言」が「発見された経緯《けいい》」と「白黒逆転して現れた事情」について、時間の流れにそって、それぞれ箇条書きにして整理しよう。

「発見された経緯《けいい》」
○原爆投下の直後に東京の写真家が壁の伝言を撮影し、その写真が広島平和記念資料館に展示されていた。
○一九九九年春、校舎の建て替え工事に先立つ壁の点検中に、階段近くの壁が偶然《ぐうぜん》剥がれ、その下から文字らしきものが現れた。
○この文字らしきものは広島平和記念資料館に展示されていたものと同じではないかと思われた。
○写真に写っている文章の中身や、階段の手すりと壁の位置関係などを見比べた結果、写真で見た伝言と同じものであることがわかった。

「白黒逆転して現れた事情」
○原爆で木材は焼き払われたので、建物のコンクリート部分だけが真っ黒になって残った。
○床に落ちていた白いチョークで凹凸《おうとつ》の少ない真っ黒な壁を黒板代わりにして伝言を書いた。
○この伝言は書かれたあと校舎が補修されるまでの間、そのまま放置されたことでチョークの主成分が空気中の水分を吸って固まった。
○壁の補修の際、チョークをそぎ落とさずに新しい壁を塗り直した。
○五十数年間、チョークが壁の煤《すす》を保護した。
○壁が剥がれ落ちたときに、チョークは壁にくっついて取り除かれた。
○チョークの下の煤《すす》だけが文字として残った。

2 伝言の関係者たちが「いとも簡単にそのかすれた文字を読み、『ああそうだったのか。』とつぶやいた。」(81ページ・5行め)とあるが、それはなぜか話し合おう。

■解答例1■
五十年以上の時を経ても、そのときのことは関係者たちの心に強く残り続けている。壁に書かれたわずかな文字を手がかりにして、そのときの状況を理解することができたから。

■解答例2■
壁に書かれた文字が、見覚えのある文字というだけでなく、原爆投下直後の焼き尽くされた街で、愛する人の無事を祈り、街中を探し回っていたときに、必死の思いで書き残した伝言に自分への強い思いが感じられたから。

3 「伝言の『あの日』が伝わっていく無限の連鎖は、今も続いている。」（81ページ・15行め）にこめられた筆者の思いについて話し合おう。

■解答例1■

一見すると何が書かれているのか全くわからない壁の伝言であるが、伝言を残した人の愛する人の無事を祈る気持ちや、伝言を見た人の流した涙を見たときに、伝言の内容は理解できなくとも、戦争や原爆の被害にあった人々の無念や悲痛な思いを感じることができる。壁に残された伝言は時をこえて現代に生きる私たちに戦争の悲惨《ひさん》さを伝え続けており、私たちはその伝言を受け止め後世にも伝えていく義務があるということ。

■解答例2■

書かれた当時は身近な人に必要なことを伝える伝言だったが、五十数年間を経て発見されたとき、それは戦争の悲惨《ひさん》さを伝えるという意味で、現代を生きる私たちへの「伝言」になった。その「伝言」を受け取った私たちには、それを次の世代の人たちに伝えていくことが求められている。

■解答例3■

「伝言」は、たくさんの偶然《ぐうぜん》によって今も残され、広島に原爆が落とされた「あの日」のことを現代の私たちに伝えてくれている。そのことの意味を考え、「あの日」のことを過去のできごととして忘れてしまうのではなく、永遠に伝言し続けていかなければならない。

「連鎖」とは、「物事のつながり」のことだよ。筆者自身も体験したように、「被爆の伝言」には時をこえても人の心を揺さぶる力があり、それが限りなくつながっていくということを捉えよう。

重要語句の確認

▼76ページ

1 意 雑踏《ざっとう》 多くの人でごみあうこと。 類 人ごみ

3 意 赴任《ふにん》 職務として任命されたところへ行くこと。 類 転任

5 意 断片《だんぺん》 あるまとまったものの一部。 類 きれはし

9 袋町《ふくろまち》小学校 広島市立袋町《ふくろまち》小学校。一九四五年八月六日に被爆《ひばく》。原爆《げんばく》のすさまじい爆風《ばくふう》と高熱により、外部のみを残し廃墟《はいきょ》となった。二〇〇二年四月、「西校舎」の一部は「広島市立袋町《ふくろまち》小学校平和資料館」として開館した。

11 先立つ ある事柄《ことがら》の前に行う。

▼77ページ

1 痕跡《こんせき》 以前に何かあったことがわかるような跡《あと》。

17 意 鑑《かんが》みる 過去の事例や現在の一般《いっぱん》事情をよく考え合わせる。

▼78ページ

3 意 ことごとく 一つ残らず。 類 すっかり

5 爆心地《ばくしんち》 爆発《ばくはつ》・爆撃《ばくげき》の中心地。

6 意 辛《かろ》うじて ようやくのことで。 類 辛《から》くも

8 モダン 近代的であること。

11 救護所 困っている人や病人、けが人などを助け、看護するところ。

13 消息 連絡《れんらく》・便り。

19 意 忍《しの》びない 我慢《がまん》できない。

▼79ページ

1 主成分 その物質を構成している主な物質。

2 変質 性質や品質が変わること。

8 のり （塗料《とりょう》や化粧品《けしょうひん》などの）つき具合。

9 そぎ落とす けずり落とす。

▼80ページ

2 永久保存 この先ずっと現状のままに維持《いじ》すること。

2 訴《うった》える 要求や不平、苦痛などを人に告げる。

3 反響《はんきょう》 ある物事に影響《えいきょう》されて起こる動き。反応。

5 意 前代未聞《ぜんだいみもん》 今までに聞いたことがないほどに珍《めずら》しいこと。 類 未曽有《みぞう》

13 意 なまなましい その場で見ているような感じがする。

15 意 風化 印象や記憶《きおく》が長い年月を経《へ》て薄《うす》れること。

15 叫《さけ》ぶ 世間に向かってある意見を強く主張する。

19 途方《とほう》にくれる どうしてよいかわからなくて、困りきる。

▼81ページ

5 いとも 非常に。きわめて。

9 揺《ゆ》さぶる 動揺《どうよう》させる。

11 刻《きざ》む 深く記憶《きおく》する。

13 口をつぐむ 何も言わない。

15 遺産《いさん》 前代の人々が残した業績や文化財。

新出漢字のチェック✓

獄 76ページ 14画
ゴク
地獄・脱獄犯
獄中で日記を書く
天国と地獄
3級

被 ×「ネ」 76 10画
ヒ こうむ-る
被爆・被害者
被災者を救済する
損害を被る
4級

注 部首に注意しよう。
「被」の部首は「衤(ころもへん)」です。「ネ(しめすへん)」と間違えないようにしましょう。

剝 76 10画
ハク は-がす・は-ぐ は-がれる は-げる
剝奪・落剝
剝がす・剝ぐ
剝がれ落ちる
2級

替 ×「白」 76 12画
タイ か-える か-わる
交替・代替品
建て替え
主役が替わる
4級

注 同訓異字に注意しよう。
「替わる」は「あるものから別のものにかわる」、「変わる」は「前と違うものにかわる」という違いがあるよ。

寮 忘れない 76 15画
リョウ
寮内・寮母さん
学生寮に住む
寮生活になじむ
準2級

注 漢字の形に注意しよう。
「寮」の七・八画目を書き忘れないように注意しましょう。

痕 ×「良」 77 11画
コン あと
痕跡(=形跡)
戦争の爪痕《つめあと》
額の傷痕
2級

注 漢字の形に注意しよう。
「痕」の「艮」を「良」と間違えないようにしましょう。

致 77 10画
チ いた-す
一致・誘致《ゆうち》の話
大会を招致する
お願い致します
4級

注 部首に注意しよう。
「致」の部首名は「至(いたる・いたるへん)」です。「攵(のぶん)」ではないので注意しましょう。

炎 78 8画
エン ほのお
機体が炎上する
消炎剤
炎の勢い
3級

払 78 5画
*フツ はら-う
焼き払われる
今月分を払う
花粉を払い落とす
4級

露 78 21画
ロ ロウ つゆ
露骨な態度をとる
披露宴《ひろうえん》の案内
雨露をしのぐ
4級

廊 ×「月」 78 12画
ロウ
廊下・寺の回廊
画廊を経営する
3級

硫 79 12画
リュウ
硫酸・硫化水素
準2級

言葉

漢字を身につけよう③

教科書 P.86

ページ	漢字	画数	読み	用例	級
86	浪	10画	ロウ	波浪警報／予備校で浪人する／浪士	3級
86	勧	13画	カン／すす-める	勧誘《かんゆう》・勧善懲悪《ちょうあく》／勧告に従う／林業を勧める	4級
86	湾	12画	ワン	湾曲・東京湾の魚／湾岸道路を走る／湾内に停泊《ていはく》する	3級
86	疾	10画	シツ	疾走／疾駆／疾風が吹く	3級
86	薦	16画	セン／すす-める	推薦・自薦・他薦／会長として薦める	準2級
86	礎（×「疋」）	18画	ソ／＊いしずえ	基礎・定礎・礎石／建物の礎材	3級
86	萎	11画	イ／な-える	萎縮／気力が萎える／草木が萎える	2級
86	励（×「厉」）	7画	レイ／はげ-む／はげ-ます	激励会を催す／自主練習に励む／信じて励ます	3級
86	壮	6画	ソウ	壮大・壮観・壮健／悲壮感が漂《ただよ》う	準2級
86	勲	15画	クン	殊勲・勲位・勲功／春の叙勲式／勲章を授《さず》ける	準2級
86	簿	19画	ボ	名簿・簿記検定／帳簿を預かる／出席簿に記す	3級
86	賄	13画	ワイ／まかな-う	賄賂・収賄容疑／賄い付きの寮／小遣いで賄う	準2級
86	賂	13画	ロ	賄賂	2級
86	贈	18画	ゾウ／ソウ／おく-る	贈呈する・贈答品／母校に寄贈する／花束を贈る	4級

注 読み方に注意しよう。

「僧《そう》」「層」は「ソウ」と読むけれど、「贈る」は「ゾウ」と読むことが多いので注意しよう。

漢字	ページ	画数	筆順	読み	用例	級
隔	86	13画	フ 阝 阝 阝 阝 阝 隔 隔 隔 隔 隔 隔 隔	カク へだ-てる へだ-たる	間隔・隔世遺伝 壁を隔てる 心が隔たる	3級
駐	86	15画	丨 Γ Π 馬 馬 馬 馬 馬 馬 馬 馬 駐 駐 駐 駐	チュウ	駐輪場を利用する 常駐・駐車禁止	3級
薫	86	16画	艹 艹 艹 艹 艹 苩 莗 董 董 董 董 薫 薫 薫 薫 薫	＊クン かお-る	風薫る バラが薫る	準2級
刹	86	8画	ノ メ 乂 杀 杀 杀 刹 刹	＊サツ セツ	天台宗《てんだいしゅう》の名刹 刹那（＝瞬間）（＝一瞬）（＝瞬時）	2級
那	86	7画	フ ヨ ヨ 月 月 那 那	ナ	刹那・那覇市	2級
朴	86	6画	一 十 才 木 朾 朴	ボク	素朴・純朴な町人	準2級

新出音訓の確認

ページ	漢字	読み	用例
86	眼	まなこ	眼
86	暴	バク	暴露
86	災	わざわ-い	災い
86	静	ジョウ	静脈
86	耳	ジ	耳鼻科
86	鼻	ビ	耳鼻科
86	病	や-む	病みつき

教科書問題の答え

1

① はろう　かんこく
② わんきょく　しっそう
③ すいせん
④ きそ
⑤ いしゅく
⑥ はげ
⑦ そうだい
⑧ じょくん　めいぼ
⑨ わいろ　おく
⑩ かんかく　ちゅうしゃ
⑪ かお
⑫ せつな　そぼく

2

① まなこ　② ばく
③ わざわ　④ じょう
⑤ じび　⑥ や

論理的に考える　評論

一〇〇年後の水を守る

橋本《はしもと》　淳司《じゅんじ》

教科書 P.88～96

内容を確認して、整理しよう

地球は「水の惑星」だ。ここには、一四億立方キロメートルという想像できないほどの水がある。

しかし、今、深刻な水不足に直面している。その理由は、汚染が進み実際に人間が使える水の量が減り続けているからである。一方で、人口増加と産業の発達で「見える水」の使用量は増えている。さらに、食べ物や工業製品を作るのに必要な「見えない水（＝バーチャルウォーター）」も増加し続けている。

こうした水問題を解決するために私たちができることは、水の循環になるべく負担をかけない水の使い方をすることだ。それには、「節水」や「雨水利用」、「再利用」が大切になってくる。

水問題は、行きすぎた人間の行動を反映させたものである。自然の摂理の中で、一〇〇年後を見据えた水を育む生活がこの問題の解決につながる。

文章と図表との関連を確認しながら内容を捉えよう。

文章と図案を結びつけて、筆者の考えを捉えよう

例えば、食パン一斤を作るには、小麦粉三〇〇グラムを使う。その小麦粉三〇〇グラムを作るには、六三〇リットルの水が必要となる。（中略）

食べ物を作るのには、たくさんの水が必要だ。実際、地球にある利用可能な淡水のうち、七〇パーセントが、農業に使われている。

どんな効果があるのだろう。

一見するだけで、バーチャルウォーターの使用量が捉えられる。

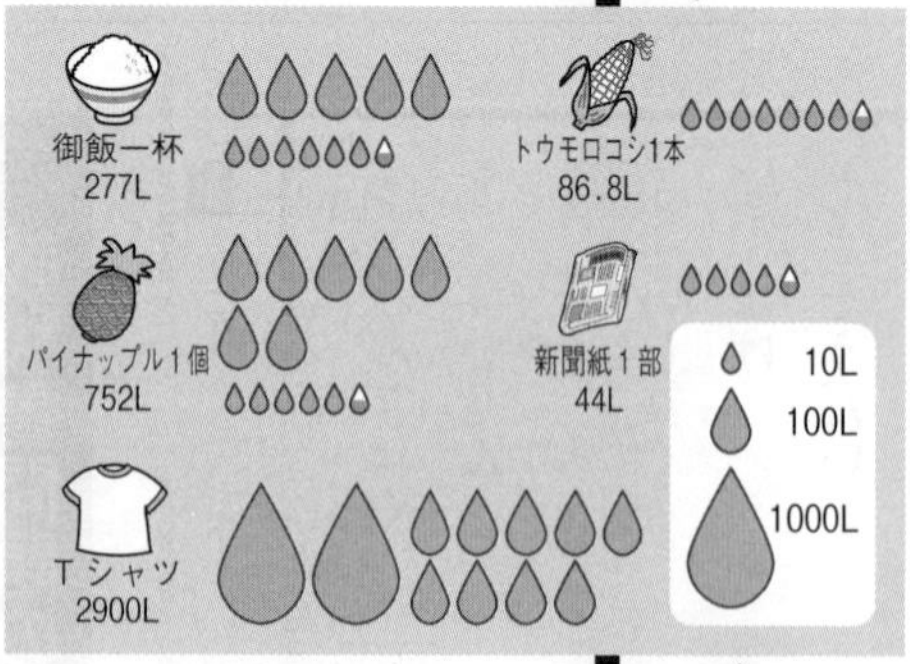
御飯一杯
277L
トウモロコシ1本
86.8L
パイナップル1個
752L
新聞紙1部
44L
Tシャツ
2900L
10L
100L
1000L

なぜこの図表を使うのだろうか。

筆者の意見に説得力が増す。

記述が簡潔になる。

まとまりごとの展開を確認しよう

1 地球は「水の惑星」

教 P.88・1行め〜9行め

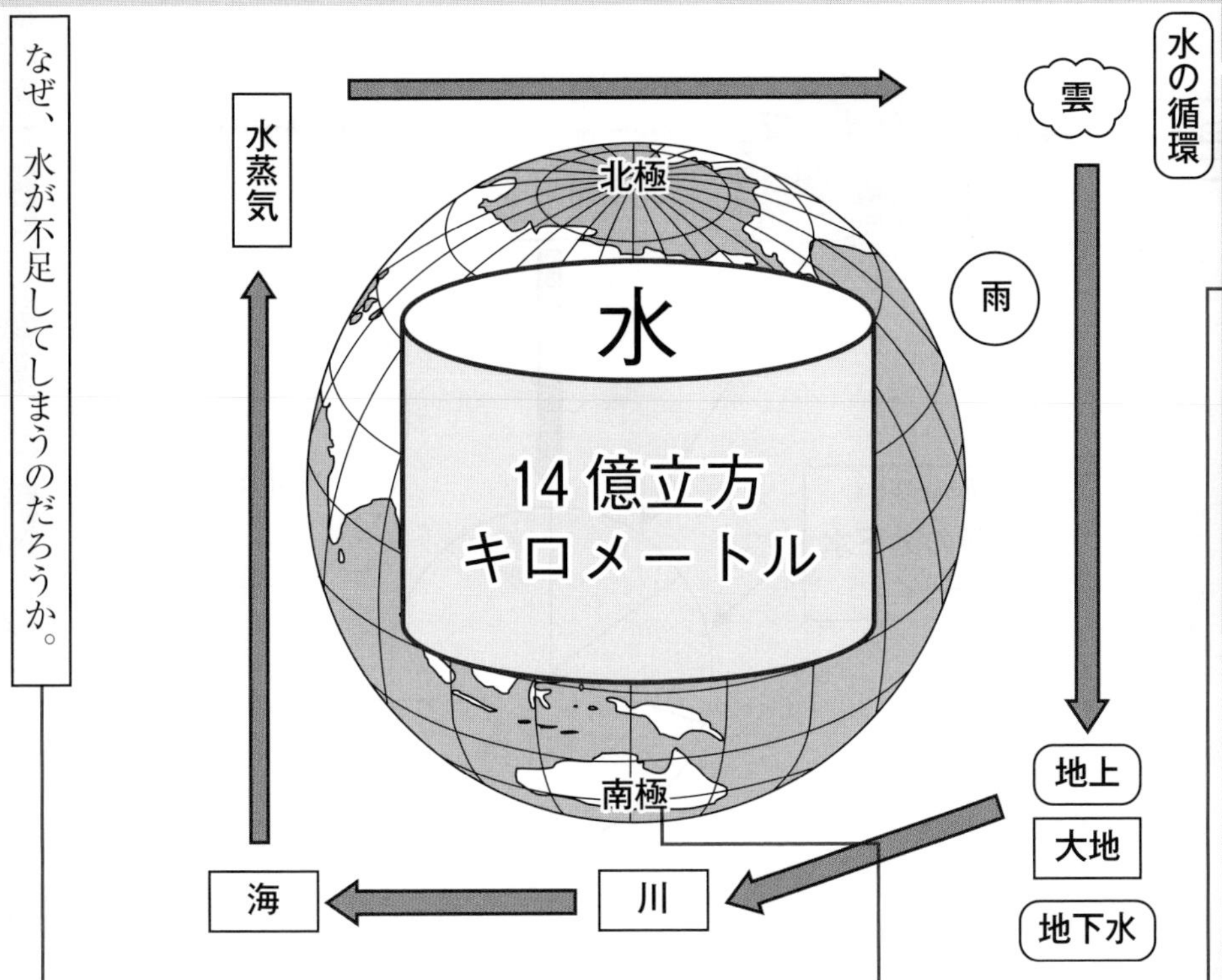
水の循環
雲
雨
地上
大地
地下水
川
海
水蒸気
北極
南極
水
14億立方
キロメートル
なぜ、水が不足してしまうのだろうか。

ポイントを確認しよう

① 「地球は『水の惑星』」と言うのはなぜだろうか。

例 地球には一四億立方キロメートルもの水があるから。私たちの周囲にはたくさんの水が存在していて、姿を変えながら地球をめぐっているのである。

② 北極や南極にある水はどのような形で存在しているのだろうか。

例 氷河や氷山。
地球では、たくさんの水が姿を変えながら循環しているが、寒冷な極地である北極や南極では、氷河や氷山という固体の形で存在している。

③ 水が不足してしまうのはなぜだろうか。

例 実際に人間が利用できる水は、ほんのわずかで、その総量は増えることがないうえに汚染が進んでいるから。
地球は「水の惑星」だとはいうものの、実際に人間が利用できる水は、地球全体の水の〇・〇一%とほんのわずかである。その総量は増えることがないうえに汚染が進んでいるのである。

2 深刻な水不足

教 P.88・10行め～P.91・17行め

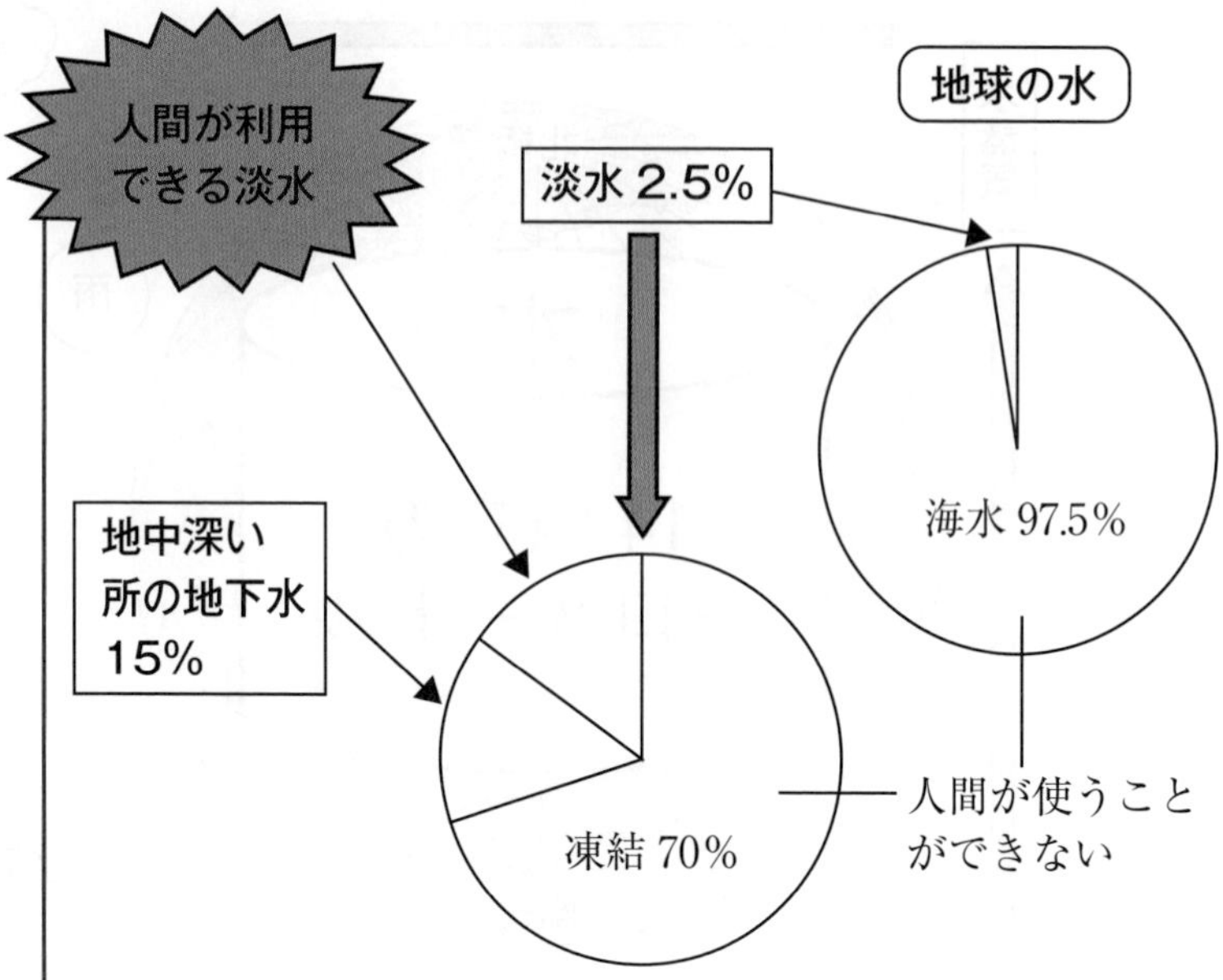
人間が利用できる淡水
淡水 2.5%
地球の水
地中深い所の地下水 15%
海水 97.5%
凍結 70%
人間が使うことができない

理由1

人間が利用できる淡水は、地球全体の水の○・○一%とわずかなうえに、汚染が進んでいるから。

①人間が利用できる淡水は、どのようなところにある水だろうか。

例 浅い層にある地下水と川や湖の水。

人間が利用できる淡水は、浅い層にある地下水と川や湖の水でそれは地球全体の水の○・○一%と非常に少ない。これは、地球の水をおふろ一杯分とすると使える水はスプーン一杯分に相当する程度である。（教 P.88図参照）

②「使える水」と「使う水」は、どのように変化しているのか。

例 「使える水」は減り続けていて、「使う水」は増え続けている。

汚染が進んで使える水の量は減り続けている。その一方で、人口増加と産業の発達によって、使う水は増え続けているのである。

「一方で」や「それだけではない」などの言葉に着目しながら理由を読み解こう。

人口増加と産業の発達

見える水

・生命維持に必要な最低限の水
・手洗いや洗面などの衛生保持に使用

→ 一日一人当たり五〇リットル必要

理由２

人口増加と産業の発達で、見える水の使用量が増えているから。

見えない水＝バーチャルウォーター

・穀物や食肉など食べ物を作るときに必要→利用可能な淡水の七〇％が農業に
・工業製品を作るときに必要→今後は急激に増加

理由３

食べ物や工業製品を作るときに必要なバーチャルウォーターの使用量が増加しているから。

日本の水事情

世界有数の水輸入国

＝世界最大の農作物純輸入国→食料自給率約四〇％

主な輸入相手国…中国、アメリカも水不足

→ 日本の食生活は、確実に外国の水に頼っている

①食肉を作る場合、どのようなところに水が使われているのだろうか。

例 **家畜が飲む水や餌となる穀物を育てるための水。**

肉を作る場合は、穀物を作る場合よりも、もっと大量の水を必要とする。小麦粉は一〇〇グラム当たり二一〇リットル必要である。一方、家畜《かちく》が育つまでに使う水は、豚肉の場合は、一〇〇グラム当たり五九〇リットル、牛肉では、一〇〇グラム当たり二〇六〇リットル必要である。

②なぜ「日本の食生活は、確実に外国の水に頼っている」と言えるのだろうか。

例 **日本は世界有数の水輸入国であり、世界最大の農作物純輸入国だから。**

日本は、完全に水を自給できているわけではなく、ボトル水の約一〇％は輸入に頼っている。また、食料自給率は約四〇％と低く、中国やアメリカなどから大量の食料を輸入している。輸入している食料を作るには大量の水が使われるので、日本の食生活は、確実に外国の水頼りと言えるのである。

数値と図表との関連を確認しながら読み進めよう。

3 水の循環に優しい水の使い方

教 P.91・18行め～P.93・3行め

◆水の循環に負担をかけない水の使い方とは？

節水→一人一人がすぐに実行でき、まとまると大きな力になる

見える水……必要以上の水を使わない。
・歯磨きであれば、コップ一杯の水があれば口をすすげるので、水を流しっぱなしにしない。

← 日本は世界一の残飯大国…供給量の三分の一を捨てる

← 一人当たり一日二・三トンの水を捨てているのと同じ

← **バーチャルウォーターの節水**……食品廃棄量を減らす。
・食べきれる分だけ作り、作った分は食べきる。

雨水利用→貴重な水資源と捉え、賢《かしこ》く使う

一つの住宅や一つのビルでためる雨水…地域全体としては大きな効果

①水の循環に負担をかけない水の使い方として「節水」の利点は何だろうか。

例 各家庭で、一人一人がすぐに実行でき、まとまると大きな力になる点。

節水は、歯磨きの時だけでなく、入浴時や洗濯《せんたく》などすぐ実行できるし、効果が目に見える点で取り組みやすい水の使い方である。

②バーチャルウォーターを節水する場合、私たちはどのようなことを心がけたらよいのだろうか。

例 食べきれる分だけ作り、作った分は食べきるようにして食品廃棄物を減らすこと。

日本は世界一の残飯大国で、捨てられる食べ物は供給量の三分の一にもなる。つまり、バーチャルウォーターが無駄に使用されているということになる。これを防ぐには、食べきれる分だけ作り、作った分は食べきるようにして廃棄物を減らすことである。

大きい数値が並びイメージしにくい場合は、数量関係を割合で捉えましょう。

緑のダム

森林・田んぼ…地下水を育む

雨→土壌→ろ過→地下水

再利用→使った水を繰り返し使う→工業用水の再利用率が七八%まで高まる

工業用水の再利用技術を発展させ、世界に発信することで、水問題に苦しむ国や地域に貢献できる。

4 一〇〇年後の水を守る

教 P.93・4行め~7行め

◆水問題の解決のために

水問題
- 行きすぎた人間の行動を反映
- 地域の問題でもあり、世界の問題でもある
- 現代の課題でもあり、長期的な課題でもある

・自然の摂理の中で、身近な水を大切に使う生活
・一〇〇年後、一〇〇年後の水を育む生活

→ 解決

①森林はなぜ「緑のダム」といわれるのだろうか。

例 森林は、雨水を地下水としてダムのように蓄えて、ゆっくりと川に流していくはたらきをしているから。

ダムは川の水をせき止め、川に流れる水の量を調整することで大雨による洪水や干ばつに対応するために作られた施設《しせつ》である。森林も大量の水を地下に蓄えておき、ゆっくりと時間をかけて川に流すことで洪水や干ばつを防いでいるのである。

②日本の水の「再利用」の技術には、国際社会に対してどのような期待がもてるのだろうか。

例 **工業用水の再利用技術を発展させ、世界に発信し、水問題に苦しむ国や地域に貢献すること。**

日本では、使った水の再利用技術が進んでおり、現在は七八%まで高まっている。今、汚れた水しか飲まざるをえない不衛生な環境にある国々にこの技術を紹介すれば水問題の解決に貢献できる。

③「水問題の解決のために」筆者は、何が必要だと考えているのだろうか。

例 **自然の摂理の中で、身近な水を大切に使う生活とともに、一〇〇年後、一〇〇年後の水を育む生活。**

筆者は、水問題は人間の行きすぎた行動が反映されたものだと考えている。したがって、これは、地域のみならず世界の問題であり長期的な視野で捉えるべきであると考えている。

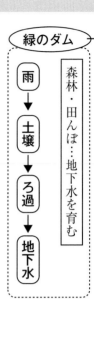

学びの道しるべ

▼教科書 P.94～95

1 「私たちは今、深刻な水不足に直面している。」（88ページ・8行め）とあるが、それはなぜか。本文から必要な情報を抜き出して、一五〇字程度《ていど》でまとめよう。 →P.74・75

■解答例■

地球の水全体のうち、淡水は二・五パーセントほどしかなく、人間が利用できる水は、地球全体の水の〇・〇一パーセントにすぎない。しかも、汚染が進みその量は減り続けている。一方で、人口増加と産業の発達によって、「見える水」の使用量が増加し、さらに、食べ物や工業製品を作る際に必要な「バーチャルウォーター」の使用量も増加しているから。

2 筆者は、「水の循環になるべく負担をかけない水の使い方をすること」（91ページ・19行め）が大切だと述べている。具体的にどのような使い方か、まとめよう。 →P.76・77

■解答例■

節水	見える水	必要以上の水を使わない。歯磨きであれば、コップ一杯の水で口をすすげるので、水を流しっぱなしにしない。
	バーチャルウォーター	食品廃棄量を減らす。食べきれる分だけ作り、作った分は食べきれば無駄にならない。
雨水利用		住宅やビルごとに雨水をためる。また、森林や田んぼは、雨水を蓄え地下水を育む場所となる。
再利用		一度使った水を繰り返して使う技術が進化。この技術を発展させ、世界に発信することで、水問題に苦しむ国や地域に貢献できる。

3 「物を作るのに必要な水（バーチャルウォーター）の量」の図表（90ページ）は、どのような効果を果たしているか。本文との対応に着目して考え、話し合おう。

■解答例1■

バーチャルウォーターの量は、本文の内容を捉えるうえで重要である。図表は視覚的・直観的に理解できるため、ひとめでバーチャルウォーターの量が捉えられる。また、本文を補足・補強するデータとして、筆者の意見の説得力を高めるためにも、図表は効果を果たしている。

■解答例2■

本文では、小麦粉や豚肉、牛肉、鋼鉄、レーヨンを取り上げ、具体的に必要なバーチャルウォーターの量を示している。図表では本文で示されなかったものを取り上げている。本文だけでバーチャルウォーターの量を示せば、数値に関する記述が多くなり読者は読みにくいという印象を受ける。一部を図表にすることで、本文の記述を簡潔にすることができると思う。

4 「一〇〇年後の水を育む」（93ページ・7行め）とはどういうことか、話し合おう。 ↓P.77③

■解答例■

「見える水」の使用量は、人口増加と産業の発達によって今後も増え続ける。また、もし、食品廃棄がこのまま続いたら、人間が使うことのできる淡水は枯渇してしまう。なぜなら、増えることのない限られた水のうち、御飯《ごはん》に換算すると年間一〇五一億トンもの水がバーチャルウォーターとして捨てられているからだ。一〇〇年後に生きる人たちへの水を残せるように、必要最小限の使用にとどめる長期的な取り組みが「一〇〇年後の水を育む」ということだと思う。

5 次のA・Bのどちらかの意見について、賛成か反対かを選び、その理由を二〇〇字程度でまとめよう。

A 節水を進めるために、水の使用量に制限を設けるべきだ。

B 「水問題」を解決するために最も重要なのは、水の再利用の技術開発だ。

■解答例1■

私は節水を進めるために、水の使用量に制限を設けるべきだと思う。なぜなら、節水は個人で取り組むには限界があるからだ。誰かが節水に励んでいても、一方で無駄づかいをする人がいては、節水は実現しない。節水は個人で取り組む問題ではなく、全体で取り組む課題だと思う。水の使用量を制限すれば、誰もが必然的に節水することになる。このように全員で取り組める方法で節水を進めていくべきだと思う。

■解答例2■

私は「節水を進めるために、水の使用量に制限を設けるべき」という意見に反対だ。なぜなら、節水のために水を管理するのにお金がかかるからだ。まず、水の使用量は、家族の場合、家族構成や年代、住む地域、住居などによっても変わってくる。それらを全て管理するのには多大な費用がかかるため、現実的ではない。節水は一人一人の心がけで実現できるので、使用量を制限するべきではない。

■解答例3■

私は「水問題」を解決するために最も重要なのは、水の再利用の技術開発だと思う。なぜなら、汚染が進んで使えなくなってしまった水を再利用できれば、人間が使うことのできる淡水の量は増えるからだ。技術が進歩すれば、今の水の使い方を変えずに、水不足の問題を解決することができるし、世界中の水不足問題を抱えている国や地域の助けになるので、再利用の技術開発に力をいれていくべきだと思う。

■解答例4■

私は「水問題」を解決するために最も重要なのは、水の再利用の技術開発ではないと思う。確かに、技術の進歩によって「見える水」はある程度、再利用が可能かもしれない。しかし、増え続けるバーチャルウォーターによる水不足を解消しない限り「水問題」は解決できない。そのため、「水問題」に最も重要なのは、世界中の人が、余分な物を買わない、持たないというライフスタイルを確立させてバーチャルウォーターの量を減らしていくことだと思う。

重要語句の確認

▼88ページ

4 意 循環《じゅんかん》 一回りして元に戻《もど》ることを繰《く》り返すこと。

▼89ページ

8 意 維持《いじ》 今までと同様に一定の水準を保ち続けること。類保持

8 意 最低限 最も低いほうの限界。類最小限

8 意 衛生 清潔に留意すること。

▼90ページ

3 意 穀倉 穀物を多く産出する地域。

8 意 バランス つり合いがとれること。類均衡 対アンバランス

13 意 一途《いっと》 もっぱらその方向ひとすじ。

18 意 四方 まわりを全部。類周囲

19 意 自給 自分に必要な物資を自力で自分の手元で生産してまかなうこと。

19 意 有数 ずばぬけていること。きわだっていること。類指折り

▼91ページ

2 流通 商品が生産者から消費者に渡ること。

14 意 危機 そのものの存立、基盤《きばん》が危《あや》うい状態。類ピンチ

15 意 実感 実際にそう感じること。実際に物事に直面したときに受ける感じ。類現実感

19 負担 仕事や責任が重くのしかかること。

▼92ページ

1 意 なおかつ それでもなお。そのうえさらに。類しかも

6 意 供給 商品を市場に出すこと。対需要《じゅよう》

7 意 廃棄《はいき》 必要としなくなったものを捨てること。

17 意 土壌《どじょう》 作物を育てる基盤《きばん》の土。

17 意 ろ過 液体をこして個体の粒《つぶ》を除くこと。

18 意 涵養《かんよう》 水が自然にしみ込《こ》むようにゆっくりと養成すること。類育成

19 浸透《しんとう》 液体がしみとおること。

▼93ページ

3 意 貢献《こうけん》 発展、繁栄（はんえい）に役立つようなことをすること。類寄与《きよ》

6 見据《す》える 事実をしっかりと見定める。

6 意 摂理《せつり》 自然界を支配している法則。

新出漢字のチェック✓

ページ	漢字	画数	筆順	読み	用例	級
88	循 ×「日」	12画	彳 彳 彳 … 循 循 循	ジュン	血液が循環する／悪循環	準2級
89	斤 ×「斤」	4画	ノ 厂 斤 斤	キン	一斤／正確な斤量	3級
89	鶏 ×「夭」	19画	ノ … 鶏 鶏 鶏	ケイ／にわとり	養鶏場・鶏卵／鶏口牛後／鶏の飼育	3級
89	豚 ×「豕」	11画	丿 刀 月 月 … 豚 豚	トン／ぶた	養豚場・豚汁／豚肉を食べる／豚に真珠	3級

注 形の似た漢字に注意しよう。

「斤」と字形の似た漢字には「斥」がある。「斤」は物の重さの単位を表す漢字だよ。

栽　ページ90　10画　×「衣」
サイ
花を栽培する　水耕栽培　植栽林
準2級

形の似た漢字に注意しよう
「栽」と字形の似た漢字には「裁」がある。「栽培」は野菜やくだもの、草木などを植えて育てることをいうよ。

培　90　11画　×「日」
バイ　*つちか-う
花を栽培する　細胞を培養する　向上心を培う
準2級

膨（ハラウ）　90　16画
ボウ　ふく-らむ　ふく-れる
膨張色を避ける　膨大な赤字　膨れあがる
3級

巨　90　5画　×「臣」
キョ
巨大な絵画　建築界の巨匠《きょしょう》　巨木・巨漢・巨益
4級

形の似た漢字に注意しよう。
「巨」と字形の似た漢字には「臣」がある。「巨」は「大きい、偉大」という意味があるよ。

枯　90　9画
コ　か-れる　か-らす
資源が枯渇する　枯れ草　草を枯らす
4級

杯　92　8画
ハイ　さかずき
コップ一杯の水　乾杯　杯を傾ける
4級

廃　92　12画
ハイ　すた-れる　すた-る
廃藩《はいはん》置県・廃棄　風習が廃れる　名が廃る
準2級

棄　92　13画　×「亠」
キ
廃棄・棄却　棄権
3級

壌　92　16画　×「亠」
ジョウ
土壌を改良する　壌土に恵まれる
準2級

据　93　11画
す-える　す-わる
将来を見据える　腰を据える　肝が据わる
準2級

読み方を学ぼう　図表と文章　教P.96

説明文などに用いられる図表は、文章に説得力をもたせるための根拠になったり、印象を強めたりする効果があります。さらに、情報を補ったりしています。

こうした文章を読むときは、図表にも着目し、それぞれの図表が文章のどの部分と関連しているかを確認し、どのような情報を示しているかを理解することが重要です。

文章と図表は、互いに内容を補完しあったり、文章が図表を解説する場合があるのです。

また、筆者はなぜその図表を用いているのか、また、その図表を用いるとどのような効果があるのかも考えることが大切です。

文章の内容を正確に読み取るためには、図表の役割も理解することが重要です。

論理的に考える

言葉発見③ 上位語・下位語

教科書 P.97

内容を確認して、整理しよう

上位語・下位語とは

上位語……集めた言葉をまとめる言葉 →指し示し方が広い 抽象《ちゅうしょう》的

下位語……まとめる言葉に含まれる言葉→指し示し方が狭《せま》い 具体的

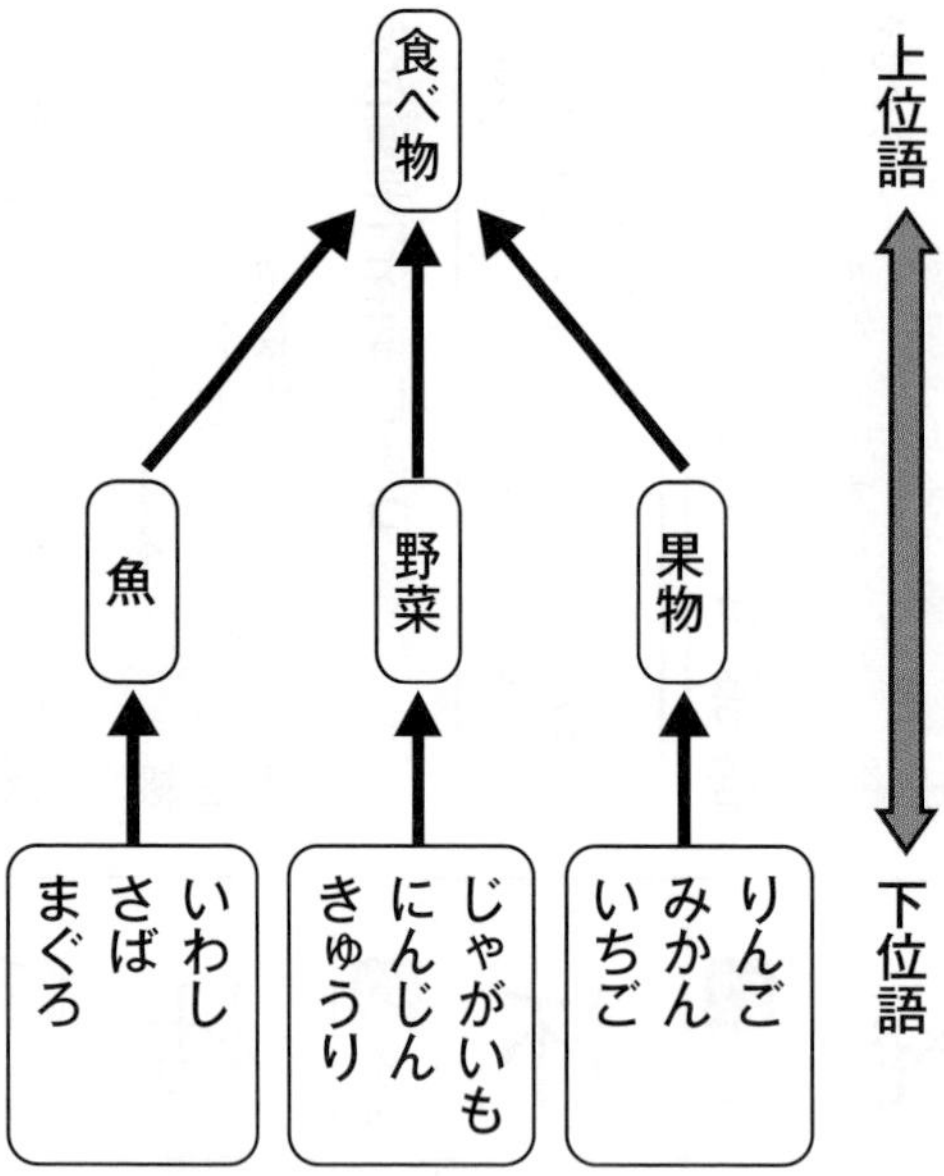
上位語
下位語
食べ物
果物
野菜
魚
りんご
みかん
いちご
じゃがいも
にんじん
きゅうり
いわし
さば
まぐろ

上位語	下位語	その下の下位語
動物	哺乳《ほにゅう》類	ヒト・イヌ・クジラ・ラッコ
	鳥類	ツバメ・ウミネコ・ペンギン・カラス
	は虫類	ヘビ・トカゲ・カメ・ヤモリ・ワニ
	両生類	カエル・イモリ・オオサンショウウオ
	魚類	イワシ・マンボウ・タイ・タツノオトシゴ

など

「その下の下位語」の上位語になる。

「生き物」という言葉の下位語になる。

「食べ物」→「魚」という別の「上位語」の下位語になる。

気持ちを伝える上位語・下位語

上位語……いくつかの語をまとめるだけでなく、はっきりと対象を決めにくい場面で用いられる

例

「方言を研究してみたいと思います。」 ← 東北方言や関東方言、沖縄方言などを含む

私は甘いものに目がないのです。 ← チョコレート、マシュマロ、おはぎなどを含む

ここ十年間で近辺にはたくさんの建物が建った。 ← デパート、病院、学校などを含む

下位語……わかりやすく、「他の物ではなく」という気持ちを伝える

例

「スポーツは得意ですか。」
「はい。テニスやサッカーが得意です。」 ← 野球や水泳などではなく

「国語文法では用言の活用を覚えるのが難しいです。」 ← 助動詞の活用や助詞の種類などではなく

自分の考えを整理するときの上位語・下位語

例

エネルギー資源には熱・再生可能エネルギー・原子力がある。再生可能エネルギーの中の風力発電については、祖父の住む地域に日本最大の風力発電所が建てられるそうで興味深い。

- エネルギー資源
  - 熱
  - 再生可能エネルギー
    - 風力発電
    - 太陽光発電
    - ……
  - 原子力

普段、使われている言葉の上位語・下位語が何があるかを考えてみましょう。

確かめよう

「食べ物」以外の言葉を一つ選び、その言葉を上位語としたときの下位語と、更にその下位語を集め、表に整理しよう。

→P.82下段

論理的に考える

プレゼンテーション 資料や機器を活用して効果的に発表する

教科書 P.98～103

内容を確認して、整理しよう

【プレゼンテーションとは】

●資料や機器を使いながら研究や調査結果を発表したり、企画《きかく》を提案したりすること。

【プレゼンテーションにおいて大切なこと】

●内容の価値や魅力が伝わる資料を作る。

●資料を効果的に用いる。

●相手や目的に応じた伝え方を工夫する。

【プレゼンテーションにおいて気をつけること】

1 相手と目的を決める

◆誰に向けて、何のために発表するのか、決める。

例 クラスのみんなに
まだ知られていない日本のよさを知ってもらう

2 テーマを探す

身のまわりのできごと
・私たちの食生活
・「漫画」文化
・四季に合わせた年中行事

社会生活の中
・日本の観光名所
・日本にある世界遺産
・世界で活躍する日本人アスリート
・伝統的な建築物

3 アイデアを出し合って、内容を考える

◆テーマごとにグループを作り、具体的なアイデアを出し合う。

具体化・抽象《ちゅうしょう》化の例

具体的な人物
・大谷翔平《しょうへい》
・大坂なおみ
・渋野《しぶの》日向子《ひなこ》

共通する魅力《みりょく》
日本が誇《ほこ》る
世界で活躍する
アスリート

具体化 ↑
抽象《ちゅうしょう》化 ↓

4 情報を収集する

◆**具体的な事例**

・実物の写真
・調査結果
・専門家による紹介文や解説文
・人々の意見や意識の傾向

〈情報探しの方法〉

・インターネットで探す
・図書館で探す
・アンケートをとる
・インタビューをする

他人の書いた文章を引用する場合、著作権に注意しよう。（教P.286～287）

5 効果的な伝え方を考える

◆**わかりやすく、説得力があり、印象に残る発表の仕方を考える。**

① スライドやフリップを作成する

〈注意すること〉

・色使い…キーワードが引き立つように。
・文字の大きさ…目立たせたい内容を大きく示す。離れた場所からも読めるように。
・文字の量…一行5～15字、一枚に1～5行程度。
・展示資料に書いてあることを読むだけでなく表示していない情報も加えて伝える。

② 構成を考える

・役割分担
・時間配分
・スライドやフリップの枚数、提示するタイミング
・ナレーションとの組み合わせ方
・発表者の立つ位置

内容の要点を手短にまとめたスピーチメモを作っておくのもいいんだね。

〈リハーサルのポイント〉

・機器の操作方法を確認する。
・時間を計測する。
・よい点、改善点を見つけながら、繰り返し練習する。

6 プレゼンテーションを行う

◆**評価の観点にもとづいて、プレゼンテーションの評価をする。**

〈評価の観点〉

・資料や機器は効果的に使用されていたか。
・話の構成は効果的だったか、展開が工夫されていたか。
・話し方や表情、身振りはどうだったか。
・魅力が伝わる発表だったか。

言葉

論理的に考える

漢字を身につけよう４

教科書 P.104

遡　ページ 104　13画
*ソ　さかのぼ-る
小川を遡る
小学生まで遡る
遡ることで分かる
2級

隻　104　10画
セキ
二隻・隻眼
片言隻語
3級

舶　104　11画
ハク
船舶・船舶無線
舶来品を扱う
準2級

楼（×「ツ」）　104　13画
ロウ
楼閣を見上げる
摩天楼《まてんろう》・楼門
3級

塔（忘れない）　104　12画
トウ
仏塔・管制塔
立派な五重の塔
鉄塔に登る
4級

紡　104　10画
ボウ　*つむ-ぐ
紡績産業
紡織工場
絹と毛の混紡
準2級

禍　104　13画
カ
戦禍・台風の惨禍《さんか》
禍根を断つ
準2級

伺　104　7画
*シ　うかが-う
体験談を伺う
新築祝いに伺う
ご機嫌伺い
4級

慰　104　15画
イ　なぐさ-める　なぐさ-む
慰霊碑・慰謝料
友人を慰める
犬と遊ぶと慰む
3級

霊（×「亜」）　104　15画
レイ　*リョウ　*たま
慰霊碑・霊感
心霊現象
先祖の霊をまつる
3級

碑（×「十」）　104　14画
ヒ
慰霊碑を建てる
碑文を解読する
記念碑を献上する
3級

潤　104　15画
ジュン　うるお-う　うるお-す　うる-む
潤沢・湿潤
潤う・潤す
目が涙で潤む
3級

沢　104　7画
タク　さわ
沼沢
潤沢な資源
沢を歩く
4級

注　**形の似た漢字に注意しよう。**
「採択」「択一」などと用いる「択」とは、左の偏が異なるよ。注意しよう。

坑　104　7画
コウ
炭坑・坑道を歩く
廃坑になった山
坑内を調査する
3級

漢字	ページ	画数	音訓	用例	級
併	104	8画	ヘイ / あわ-せる	併記・合併政策 / 三つの町を併せる / 才色を併せ持つ	準2級
舗	104	15画	ホ	店舗・老舗 / 舗装された道路	4級
匠	104	6画	ショウ	意匠を凝らす / 名匠・師匠 / 刀匠・巨匠	3級
凝	104	16画	ギョウ / こ-る / こ-らす	凝固・凝視 / 衣装《いしょう》に凝る / 工夫を凝らす	3級
緻	104	16画	チ	緻密・精緻な線画 / 細緻な考察 / 巧緻《こうち》な細工	2級
陶	104	11画	トウ	陶磁器・陶芸教室 / 自己陶酔《とうすい》する / 陶工を取材する	3級

新出音訓の確認

漢字	ページ	音訓	用例
川	104	セン	河川
州	104	す	三角州
星	104	ショウ	明星
次	104	シ	次第
干	104	ひ-る	干上がる
何	104	カ	幾何学的
紅	104	ク / くれない	真紅《しんく》 紅《くれない》

教科書問題の答え

1
①さかのぼ　せんぱく
②にせき　ぶっとう
③ろうかく
④ぼうせき　うかが
⑤せんか
⑥いれいひ
⑦じゅんたく
⑧こうどう
⑨がっぺい
⑩てんぽ
⑪いしょう　こ
⑫せいち　とうじき

2
①せん　す　②じょう
③し　④ひ
⑤か　⑥くれない

読む

古典に学ぶ　古文

枕草子《まくらのそうし》・徒然草《つれづれぐさ》

教科書 P.106〜113

内容を確認して、整理しよう

枕草子《まくらのそうし》【第一段】

春は明け方がすばらしい。山ぎわが少し明るくなって、紫がかった雲が、細くたなびいているのがよい。

夏は夜がよい。月の夜はもちろんだが、闇夜《やみよ》にたくさんの蛍が飛びかうのも、一、二匹が飛んでいくのも趣がある。また、雨が降る夜もよい。

秋は、夕暮れがよい。数羽の烏《からす》がねぐらへ帰ろうと、急いで飛んでいくのも、雁《かり》などの群れがとても小さく見えるのも風情《ふぜい》がある。風や虫の音が聞こえるのも、またいうまでもない。

冬は、早朝がよい。急いで火をおこして炭火を持って歩くのは、冬の朝の様子にふさわしいが、昼になって寒さがゆるみ、炭も灰ばかりになってしまうのは、よくない。

【第百四十五段】

かわいらしいもの。瓜《うり》に描いてある幼児の顔。すずめの子が、ねずみの鳴きまねをすると踊るように来る姿。二、三歳の子が、小さなほこりをつかまえて、大人などに見せている様子も、かわいらしい。

おかっぱにしている子が、目にかかる髪を払いもせず、首を少しかしげて何かを見ているのも、かわいらしい。

「枕草子《まくらのそうし》」第百四十五段の例示から筆者の考えを捉えよう

うつくしきもの

↓ 例示

【具体例①】瓜《うり》に描きたるちごの顔

【具体例②】すずめの子
「ねず鳴きするに踊り来る」

【具体例③】二つ三つばかりなるちご
「急ぎてはひ来る道に、いと小さきちりのありけるを、目ざとに見つけて、いとをかしげなるおよびに捕らへて、大人ごとに見せたる」

【具体例④】頭《かしら》は尼そぎなるちご
「目に髪の覆へるを、かきはやらで、うちかたぶきて物など見たる」

↓ 支える

筆者の考え＝小さなものは、かわいらしい

まとまりごとの展開を確認しよう

1 春、夏

教 P.106・1行め～5行め

「枕草子《まくらのそうし》」＝現存する**日本最古の随筆**。
三大随筆（＝枕草子《まくらのそうし》・徒然草《つれづれぐさ》・方丈記《ほうじょうき》）の一つ。
成立…平安時代中期
筆者…**清少納言《せいしょうなごん》**（皇后定子《ていし》に仕えた）

◆季節 **春** は **あけぼの** 時間帯。 ＊明け方

【具体例】
○やうやう《しだいに》白くなりゆく山ぎは《空が山に接するあたり》、少しあかりて、紫だちたる雲の細くたなびきたる。

◆季節 **夏** は **夜** 時間帯。

【具体例】
○月の頃はさらなり《いうまでもない》。
○闇《やみ》もなほ、蛍の多く飛びちがひたる。また、ただ一つ二つなど、ほのかにうち光りて行くもをかし《趣がある》。
○雨など降るもをかし。

ポイントを確認しよう

①「紫だちたる雲の細くたなびきたる」ことを、筆者はどのような言葉で評していると考えられるだろうか。

をかし

「をかし」は、「枕草子《まくらのそうし》」の美的感覚を代表する言葉で、「趣がある、おもしろい、すばらしい」という意味をもつ言葉である。「春はあけぼの」「夏は夜」「飛びちがひたる」も省略されているが「をかし」と評していると考えられる。

②「夏は夜。」の中で、筆者が趣深いものとしてあげている「夜」はどのような夜だろうか。三つ、現代語訳で答えなさい。

例 ・月の出ている夜　・蛍が飛びかう闇夜《やみよ》　・雨が降る夜

月の輝《かがや》く夜もよいが、蛍の光を楽しめるので、闇夜《やみよ》もよいと対比して書いている。また、雨の降る夜もよいと最後の文で述べている。

筆者が「すばらしい」と思っていることを読み取りましょう。現代の私たちの感性と通じるものがあるね。

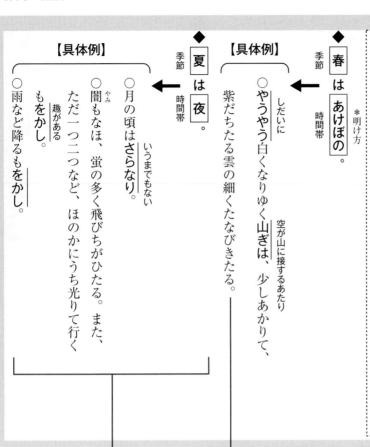

2 秋、冬　教 P.106・6行め～P.107・7行め

◆ **秋**（季節）は**夕暮れ**（時間帯）。

【具体例】

○からすの寝所《ねどころ》へ行くとて、三つ四つ、二つ三つなど飛び急ぐさへ**あはれなり**（しみじみとした風情《ふぜい》がある）。

○かりなどの連ねたるが、いと小さく見ゆるは、**いとをかし**。

○風の音《おと》、虫の音《ね》など、はた**言ふべきにあらず**（いうまでもない）。

◆ **冬**（季節）は**つとめて**（早朝）（時間帯）。

【具体例】

○火など急ぎおこして、炭持て渡るも、いと**つきづきし**（似つかわしい）。

×ぬるくゆるびもていけば、火をけの火も、白き灰がちになりて**わろし**（よくない）。

① 「秋」について述べた部分で、筆者の聴覚《ちょうかく》で捉えたものは何だろうか。二つ答えよう。

例 ・風の音《おと》　・虫の音《ね》

「秋」の段落では、視覚でとらえた烏《からす》と雁《かり》が空を飛ぶ様子と、聴《ちょう》覚《かく》でとらえた風の音《おと》と虫の音《ね》について述べている。

② 筆者が「わろし」と述べているのは、何のどんな様子のことだろうか。

例 火桶《ひおけ》の炭が白く灰になってしまう様子。

炭が灰になる様子を「わろし」と評価して、趣深いものばかり並べた段に変化をもたらしている。「炭持て渡る（炭火をあちこちへと持っていく）」ことに関しては、寒い冬の朝に似つかわしいのでよいと考えている。

四季のそれぞれによさを感じているんだね。筆者が、具体的にどんなものがよいと言っているか、まとめてみよう。

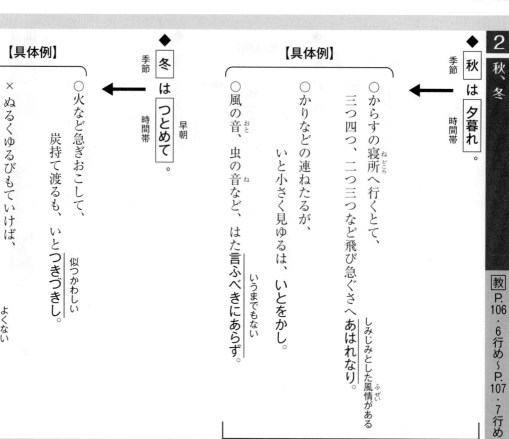

3 うつくしきもの

教 P.108・1行め〜6行め

うつくしきもの ＝かわいらしいもの

【具体例】

○瓜《うり》に描きたるちご《幼児》の顔。

○すずめの子の(が)、ねず鳴きするに踊り来る。

○二つ三つばかりなるちごの(が)、急ぎてはひ来る道に、いと小さきちりのありけるを、目ざとに見つけて、いとをかしげなる《かわいげな》およびに捕らへて、大人ごとに見せたる、

○頭《かしら》は尼そぎなるちごの(が)、目に髪の覆《おほ》へるを、かきはやらで、うちかたぶきて《首をかしげて》物など見たる

【筆者の考え】

うつくしきもの とは、小さいものへの愛情である。

① 「うつくし」に近い意味をもつ言葉は何だろうか。古文中から六字で探そう。

をかしげなる

「うつくし」は、「かわいらしい」、「をかしげなる」は「かわいげな」という意味の古語である。現代語の「美しい」「おかしい」とは意味が異なるので、それぞれ注意しよう。

② なぜ、ちごは「うちかたぶきて」物を見ているのだろうか。

例 髪が目にかかって邪魔だから。

目にかかる髪を手で払うのではなく、首をかしげて物を見ている幼児の描写から、子どもの無邪気な様子が伝わってくる。

〈現代語訳〉 かわいらしいもの。瓜《うり》に描いてある幼児の顔。すずめの子が、ねずみの鳴きまねをすると踊るように来る（姿）。二歳か三歳ぐらいの幼児が、急いではって来る道に、とても小さなごみがあったのを、目ざとく見つけて、とてもかわいげな指につまんで、大人一人一人に見せているのは、とてもかわいらしい。

髪をおかっぱにしている幼児が、目に髪がかぶさっているのを、払いのけもしないで、首をかしげて何かを見ているのも、かわいらしい。

内容を確認して、整理しよう

徒然草《つれづれぐさ》【序段】

なすこともないままに、一日中硯《すずり》に向かい、心に浮かんでは消えていく何でもないことを、とりとめもなく書きつけていると、あきれるほど気分がたかぶってくることだ。

【第五十二段】

年をとるまで石清水八幡宮《いわしみずはちまんぐう》を参拝しなかった仁和寺《にんなじ》にいる僧《そう》が、あるとき思い立ってただ一人でお参りしたが、極楽寺《ごくらくじ》と高良《こうら》神社だけを拝んで、山頂の八幡宮《はちまんぐう》までは行かずに帰ってしまった。

僧《そう》は仲間に「参拝者たちがみな山に登っていたが、私は神にお参りすることが本来の目的だと思い、山の上までは見なかった。」と話した。ちょっとしたことにも、指導者はあってほしいものである。

【第九十二段】

ある人が弓の稽古で、二本の矢を持ち、的《まと》に向かった。先生は、「初心者は二本の矢を持ってはならない。次の矢があると、一本めの矢をおろそかにしてしまう。一本の矢で決着をつけようと思え。」と言った。

自分では気がつかない怠《なま》け心を、先生は知っている。この戒めは何事にもあてはまるはずだ。

「徒然草《つれづれぐさ》」第五十二段の構造を確認して、展開を捉えよう

序論

仁和寺《にんなじ》の法師の勘違《かんちが》い

「極楽寺《ごくらくじ》・高良《かうら》などを拝みて、かばかりと心得て帰りにけり。」

本論

仁和寺《にんなじ》の法師の考え

「そも、参りたる人ごとに山へ登りしは、……、神へ参るこそ本意《ほい》なれと思ひて、山までは見ず。」

結論

筆者の考え

「少しのことにも、先達《せんだち》はあらまほしきことなり。」

仁和寺《にんなじ》の法師の発言を受けて、最後の段落で、筆者がまとめの言葉を述べているよ。

まとまりごとの展開を確認しよう

1 つれづれなるままに

教 P.109・1行め〜3行め

徒然草《つれづれぐさ》＝**三大随筆**の一つ。
成立…鎌倉《かまくら》時代末期
筆者…**兼好法師《けんこうほうし》**（吉田《よしだ》兼好《けんこう》）

つれづれなるままに、（つれづれなり＝することがなく退屈だ）
日暮らし硯《すずり》に向かひて、（一日中）
心にうつりゆく**よしなし**ごとを、（つまらない・たわいもない）
そこはかとなく書きつくれば、（とりとめもなく）
あやしう **こそ** **ものぐるほし** **けれ**。（あやし＝不思議だ）（気分がたかぶる）
係り結び（強調）

ポイントを確認しよう

① 「つれづれなるままに」とは、どんな状態のことだろうか。

例 することがなく、退屈な状態。

筆者は、することがなく退屈だったので書き始めたと執筆の動機を述べている。また、「つれづれなるままに」は、「徒然草《つれづれぐさ》」の書名の由来でもある。

② 「そこはかとなく書きつくれば」とあるが、筆者はどのようなことを書いたのだろうか。

例 心に浮かんでは消えていくたわいもないこと。

「心にうつりゆくよしなしごと」の部分を現代語訳しよう。「心にうつりゆく」は、「心に浮かんでは消えていく」という意味である。筆者が、「徒然草《つれづれぐさ》」に書きつづる内容を表している。

「徒然草《つれづれぐさ》」の序段は、とても有名なので、しっかりおさえよう。

2 仁和寺《にんなじ》にある法師

教 P.110・1行め〜11行め

①法師の勘違《かんちが》い　②法師の考え　③筆者の考え

仁和寺《にんなじ》の法師 ― 年寄るまで、石清水《いはしみず》を拝まざりければ、心うく《残念に》覚えて

理由

一人で石清水《いわしみず》へ参拝に行く。

勘違《かんちが》い ― かばかり《これだけ》と心得て《思いこんで》

＝ 極楽寺《ごくらくじ》と高良《こうら》神社 だけを拝んで帰った。

仲間に「山までは見ず」と話す。

「神へ参るこそ本意《ほい》なれ」

筆者 ― 少しのことにも、先達《せんだち》はあらまほしきことなり。

＝ わずかなことでも、その道の指導者は必要だ。

①仁和寺《にんなじ》の法師の勘違《かんちが》いとは、どのようなことだろうか。

例 極楽寺《ごくらくじ》と高良《こうら》神社だけを拝んで、石清水八幡宮《いわしみずはちまんぐう》に参拝したと思って帰ってしまったこと。

「かばかり」が何を指すのかを捉える。法師は、ふもとにある極《ごく》楽寺《らくじ》と高良《こうら》神社を石清水八幡宮《いわしみずはちまんぐう》だと思ったのである。

②なぜ、「参りたる人ごと」は山へ登って行ったのだろうか。

例 石清水八幡宮《いわしみずはちまんぐう》に参拝するため。

法師は「人々が山に登る理由は知りたかったが、八幡宮《はちまんぐう》に参拝することが目的だから」という理由で、山に登らなかった。しかし、石清水八幡宮《いわしみずはちまんぐう》は山頂にあったのである。

〈現代語訳〉 仁和寺《にんなじ》にいる僧《そう》が、年をとるまで、石清水八幡宮《いわしみずはちまんぐう》を参拝しなかったので、残念に思って、あるとき思い立って、たった一人、徒歩でお参りした。極楽寺《ごくらくじ》や高良《こうら》神社などを拝んで、これだけだと思いこんで帰ってしまった。

さて、仲間に向かって、「長年思っていたことを果たしました。聞いていたのにもまさって、まことに尊くていらっしゃいました。それにしても、参拝しているどの人も山へ登っていたのは、なにかあったのだろうか、知りたかったけれど、八幡宮《はちまんぐう》をお参りすることこそが目的だと思って、山までは見ませんでした。」と言った。

わずかなことにも、その道の指導者はあってほしいものである。

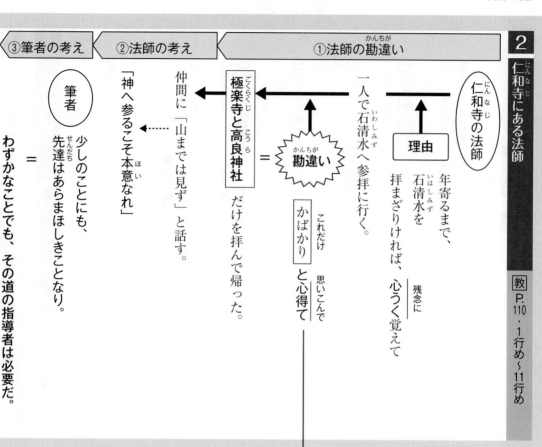

3 弓《ゆみ》射ることを習ふ

教 P.111・1行め～8行め

①「ある人」のエピソード

師 ―助言→ ある人

・先生に弓を習っている。
・二本の矢を持って、的《まと》に向かった。

（師）「初心の人、二つの矢を持つことなかれ。（禁止）後の矢を頼みて、初めの矢になほざりの心あり。毎度ただ得失なく、この一矢に定むべしと思へ。」

なほざりの心 → **おろそかにする心**

②筆者の考え

筆者

懈怠《けだい》の心…無意識のうちに生まれ、自分では気づかない。
＝**怠《なま》け心**

この戒め、万事にわたるべし。

①なぜ、師は「二つの矢を持つことなかれ。」と言ったのだろうか。

例 二本目の矢をあてにして、一本目の矢をおろそかにしてしまうから。

筆者は、この戒めを万事にあてはまるものと評価している。つまり、何事においても一瞬一瞬を真剣に行い、次をあてにしてはいけないと述べているのである。

②「なほざりの心」と同じ意味の言葉を抜き出しなさい。

懈怠《けだい》の心

「なほざり」は「おろそかにする」、「懈怠《けだい》」は「怠《おこた》る」という意味で、同じ心の状態を指している。

〈現代語訳〉 ある人が、弓《ゆみ》を射ることを習うのに、二本の矢を手に持って、的《まと》に向かった。先生が言うことには、「初心者は、二本の矢を持ってはならない。二本めの矢をあてにして、一本めの矢をいいかげんにしてしまう心があるからである。毎回、当たるか当たらないかを考えず、この一本の矢で決着をつけようと思え。」と言った。

たった二本しかない矢を、先生の前でその一本をいいかげんに射ようと思うだろうか。（いや、思わないだろう。）しかし、怠《なま》け心というものは自分では気づいていなくても、先生にはわかっているものだ。この戒めは、万事にあてはまるはずである。

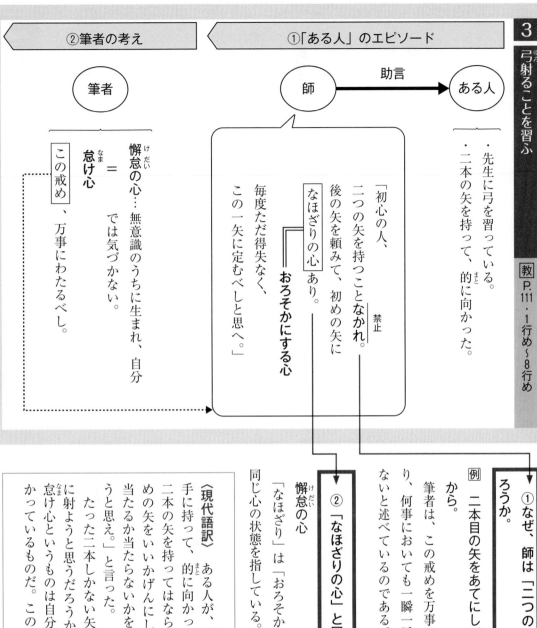

学びの道しるべ

▼教科書P.113

2 「枕草子」第一段で、筆者が「をかし」と評価しているものを季節ごとに整理し、筆者がそれぞれの季節に対してどのように感じているか、考えよう。 →P.89・90

※筆者は、それぞれの季節において、よいと思う時間帯を選び、そのときにどのようなものが見えるか、どのような音が聞こえるかなどを示すことで、その季節特有の趣を見いだしている。

3 「枕草子」第百四十五段で、筆者が「うつくし」と指摘するものを確認し、自分の感じ方と比べよう。 →P.91

■解答例1■

清少納言《せいしょうなごん》は、小さな子供が何かに興味を示したときのふとした言動や仕草を「うつくし」と述べている。私も小さな子供に対してかわいらしさや愛くるしさを感じる。小さい子には、いつまでも見ていたいかわいさがあると思う。

■解答例2■

私は、瓜《うり》に描いてある幼児の顔を「うつくし」とは思わないだろう。どのような点が「うつくし」なのかは書かれていないので、瓜《うり》に幼児の顔が描かれている様子を想像しても「うつくしさ」がわからず、難しいと感じた。

4 「徒然草」第五十二段で、筆者はなぜ「少しのことにも、先達《せんだち》はあらまほしきことなり。」といっているのか、考えよう。 →P.92下・94

5 「徒然草」第九十二段で、「この戒め」が指す内容を説明しよう。

■解答例■

矢を二本手にして的に向かうという行為には、一本目を失敗しても二本目があるという、怠《なま》け心が隠れている。心に隙《すき》をもつことなく、常にこの一本の矢で決着をつけようという気持ちで向かうべきだということ。

6 清少納言と兼好法師のものの見方や感じ方について共感できるところを探し、自分の考えを一二〇～一五〇字程度の文章にまとめよう。

■解答例■

清少納言《せいしょうなごん》の秋の見方に共感した。秋は空が美しくなる。夕暮れがよいというのは同感だ。それに、虫の音もいい。すっかり涼しくなった秋に、部活動が終わって友達と語りながら帰る道のわきから、虫の声がひっそりと聞こえてくると、ああ今年も秋が来たなと、しみじみとした感じになる。

重要語句の確認

▼106ページ

下1　**しだいに**　時がたつにつれて。

下2　**たなびく**　雲などが細く横に漂《ただよ》う。

下6　**ほのか**　わずかに感じられる様子。かすか。

下9　**ねぐら**　鳥が寝《ね》る場所。巣。

下11　**雁《かり》**　ガンの別名。マガンなどのカモ科の大型の鳥。

▼107ページ

下6　**おこす**　炭《すみ》に火をつける。

下10　**うせる**　なくなる。

▼109ページ

下1　**なすこと**　すること。

下2　**たわいもない**　取るに足らない。

下2　**とりとめもない**　まとまりがない。

新出漢字のチェック✓

紫　ページ106　12画　×「木」

筆順：丨 ト 止 止 止 此 此 些 毕 紫 紫 紫

シ　むらさき

紫外線を浴びる／紫がかった雲／青紫に染める

4級

趣　106　15画

筆順：一 + 土 丰 走 走 走 赴 赶 趄 趣 趣 趣 趣 趣

シュ　おもむき

物語の趣旨／趣味に没頭《ぼっとう》する／趣・趣深い短歌

4級

蛍　106　11画　×「ッ」

筆順：丶 ⺍ ⺍ 尚 尚 尚 尚 労 蛍 蛍 蛍

ケイ　ほたる

五色の蛍光ペン／蛍の光を眺める／蛍狩《が》り

準2級

霜　107　17画

筆順：一 ⼀ 雨 雨 雨 雨 雨 雨 霁 霜 霜 霜 霜 霜 霜 霜 霜

＊ソウ　しも

岩に霜が降りる／陰暦《いんれき》の霜月／畑の霜よけ

準2級

尼　108　5画

筆順：フ コ 尸 尸 尼

＊ニ　あま

尼そぎ・尼寺／尼の姿で暮らす

準2級

詣　110　13画

筆順：丶 ⺀ 言 言 言 言 言 詐 詣 詣 詣 詣 詣

＊ケイ　もう-でる

氏神《うじがみ》様に詣でる／初詣でをすます

2級

戒　111　7画　×「井」

筆順：一 二 于 开 戒 戒 戒

カイ　いまし-める

訓戒・戒名・戒律／親の戒めを守る

4級

注　形の似た漢字に注意しよう

「戒」と字形の似た漢字に「械」がある。「戒」は「教え、いましめる」という意味があるよ。

古典に学ぶ　古文

平家物語《へいけものがたり》

教科書 P.116〜130

内容を確認して、整理しよう

平家が一《いち》の谷《たに》の戦《いくさ》に敗れ、源氏方《げんじがた》の武将熊谷次郎直実《くまがえのじろうなおざね》は、身分の高い大将軍と戦って手柄《てがら》をあげたいと思っていた。そこへ船へ逃げようとする武者（＝敦盛《あつもり》）の姿を見つける。

熊谷《くまがえ》が呼び止めると、その武者は引き返してきた。組み伏《ふ》せて顔を見てみると、まだ十六、七歳ほどの美しい若武者であった。

熊谷《くまがえ》は、若武者と我が子小次郎《こじろう》の姿が重なり、若武者を逃がそうとする。しかし、後ろには源氏《げんじ》の大軍が迫っていた。せめて自分の手で討ち取り、死後の供養《くよう》をしようと、熊谷《くまがえ》は泣く泣く若武者の首を取ったのだった。

しばらくして、若武者の腰の袋の中から一本の笛を見つけた。戦場に笛を持参するという若武者の優雅さは、武将たちの心を打った。のちに、その若武者が敦盛《あつもり》だと熊谷《くまがえ》は知る。熊谷《くまがえ》は、これをきっかけに出家を願うようになった。

場面や状況を正確に捉え、その時々の登場人物の心情を読み取ろう。

「敦盛《あつもり》の最期《さいご》」における物語の転換点を捉えよう

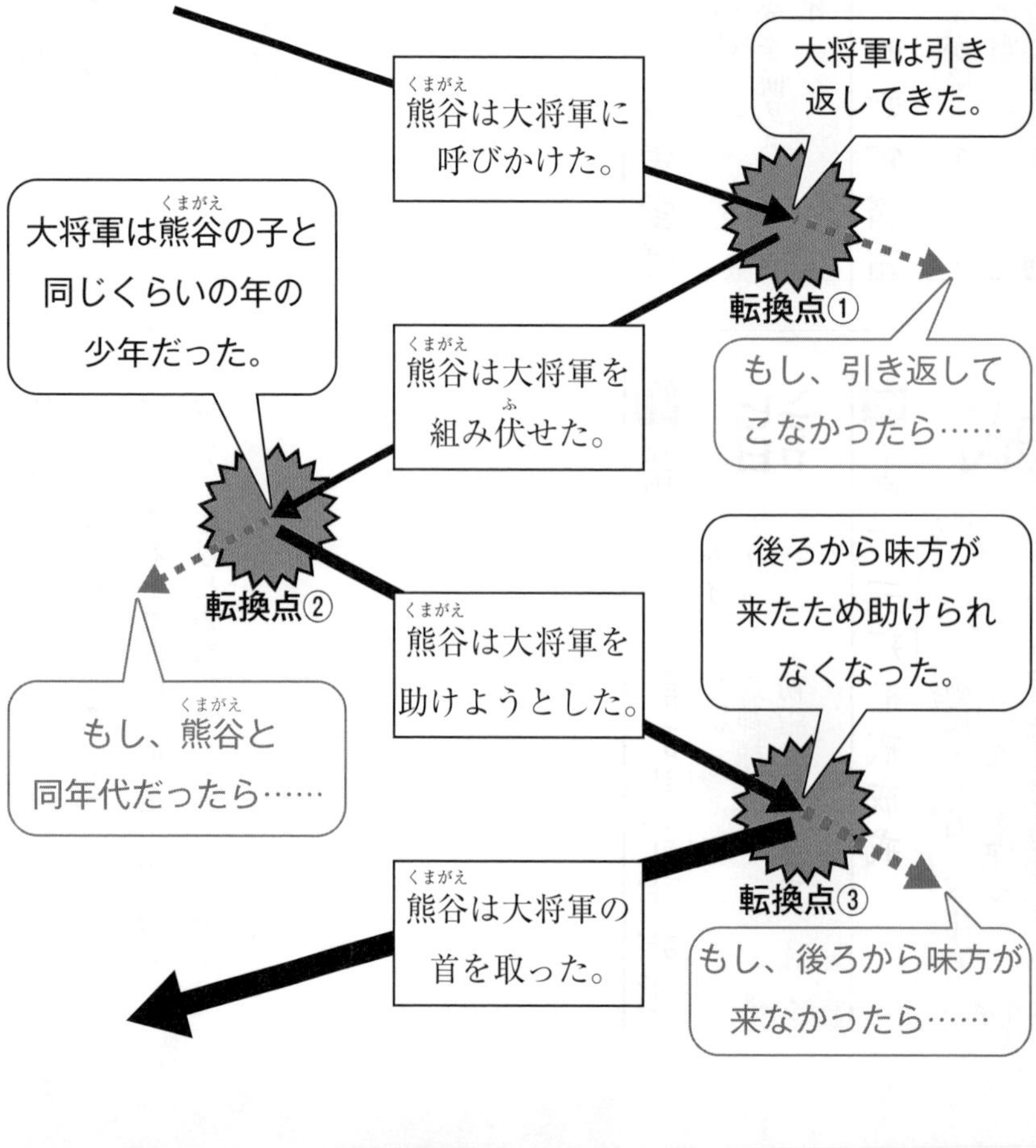
熊谷《くまがえ》は大将軍に呼びかけた。
大将軍は引き返してきた。
転換点①
もし、引き返してこなかったら……
熊谷《くまがえ》は大将軍を組み伏《ふ》せた。
大将軍は熊谷《くまがえ》の子と同じくらいの年の少年だった。
転換点②
もし、熊谷《くまがえ》と同年代だったら……
熊谷《くまがえ》は大将軍を助けようとした。
後ろから味方が来たため助けられなくなった。
転換点③
もし、後ろから味方が来なかったら……
熊谷《くまがえ》は大将軍の首を取った。

まとまりごとの展開を確認しよう

1 祇園精舎《ぎおんしょうじゃ》の鐘の声
教 P.116・1行め～8行め

平家物語《へいけものがたり》＝成立…鎌倉《かまくら》時代前期　作者…不詳
内容…平氏《へいし》一門の栄枯盛衰を記した**軍記《ぐんき》物語**。
琵琶法師《びわほうし》によって語られた「**平曲《へいきょく》**」。

対句
祇園精舎《ぎをんしやうじや》（お寺の名前）の鐘の声、諸行無常《しよぎやうむじやう》の響きあり。
娑羅双樹《しやらさうじゆ》（インド原産の木）の花の色、盛者必衰《じやうしやひつすい》のことわりをあらはす。

対句
おごれる人も久しからず（長くない）、ただ**春の夜《よ》の夢**（＝はかないもののたとえ）の**ごとし**（～のようだ）。
たけき者（勢いのある）もつひには滅びぬ、ひとへに**風の前の塵《ちり》**（＝すぐになくなるもののたとえ）に同じ。

○**諸行無常《しょぎょうむじょう》**…「すべての物は常に移り変わっていく」という意味
○**盛者必衰《じょうしゃひっすい》**…「今勢いの盛んな者も必ず衰える」という意味
→ **無常観**
＝**平家物語《へいけものがたり》の主題**

ポイントを確認しよう

①「祇園精舎《ぎをんしやうじや》の鐘の声」と対句《ついく》になる部分はどこだろうか。

娑羅双樹《しやらさうじゆ》の花の色

「対句《ついく》」とは、形や意味の似た句を対照的に並べることである。「諸《しよ》行無常《ぎやうむじやう》の響きあり」と「盛者必衰《じやうしやひつすい》のことわりをあらはす」、「おごれる人も久しからず」と「たけき者もつひには滅びぬ」、「ただ春の夜《よ》の夢のごとし」と「ひとへに風の前の塵《ちり》に同じ」も対句《ついく》である。

②冒頭部で、「平家物語《へいけものがたり》」の主題を的確に示している言葉はどれだろうか。二つ答えよう。

・諸行無常《しよぎやうむじやう》
・盛者必衰《じやうしやひつすい》

「人も物も、いつかは必ず滅びて消えてゆく」という考え方を「無常観」と呼ぶ。「平家物語《へいけものがたり》」には、この「無常観」が全体を通して描かれていると言われている。

2 大将軍と熊谷《くまがえ》との出会い　教 P.118・1行め～P.120・5行め

〈背景〉平家《へいけ》が一《いち》の谷《たに》の戦《いくさ》に敗れる

熊谷次郎直実《くまがえのじろうなおざね》
＝この話の主人公

・源氏《げんじ》の武将
・平家《へいけ》の身分の高い武将を討ち取り、手柄《てがら》をたてたい。

転換点① 引き返す（熊谷次郎直実 → 平家の大将軍）
挑発《ちょうはつ》（平家の大将軍 ← 熊谷次郎直実）

「あれは大将軍と**こそ**見まゐらせ**候《さうら》へ**。（係り結び）
まさなうも敵《かたき》に後ろを見せさせたまふものかな。
返させたまへ。」
＝ **喜び と 野心**

平家《へいけ》の大将軍
・ねりぬきに鶴を縫い取った直垂《ひたたれ》
・もえぎにおいのよろい
・くわ形を打ったかぶと
・黄金《こがね》づくりの太刀《たち》
・切斑《きりふ》の矢、しげどうの弓《ゆみ》
→ **大将軍らしい格好**
・連銭《れんぜん》あしげの馬
→ **立派な馬**

①なぜ、熊谷《くまがえ》は武者を大将軍だと判断したのだろうか。

例 **武者の武具や乗っている馬が立派だったから。**

武者が鶴を縫い取った直垂《ひたたれ》や黄金《こがね》づくりの太刀《たち》など、とても立派なものを身に着けていたこと、また立派な馬に乗っていたことから、熊谷《くまがえ》は身分の高い武将だと思ったのである。

②熊谷《くまがえ》はどんな気持ちで「大将軍とこそ見まゐらせ候《さうら》へ」と言ったのだろうか。

例 **大将軍の首を取り、なんとかして手柄《てがら》をたてたいという気持ち。**

待ち望んでいた大将軍を目の前にして喜びも入り交じり、この大将軍を倒して手柄《てがら》をたてたいと思っている。「まさなうも敵《かたき》に後ろを見せさせたまふものかな。返させたまへ。」には、大将軍を逃がすまいと焦る気持ちと、大将軍を挑発《ちょうはつ》して戦わせようという思惑がうかがえる。

3 大将軍と熊谷《くまがえ》のやりとり

教 P.120・6行め～P.121・12行め

熊《くま》谷《がえ》

大将軍を取り押さえる

〈大将軍の容貌《ようぼう》〉

・十六、十七歳くらいの若武者
　→小次郎《こじろう》（熊谷《くまがえ》の息子）ほどの年齢
・薄化粧、お歯黒《はぐろ》　→　身分が高い
・美しい顔立ち

＝

息子と同じくらいの年齢の美しい若武者

転換点②　→　**熊《くま》谷《がえ》**

（理由）

熊《くま》谷《がえ》
「名のらせたまへ。助けまゐらせん。」

大将軍（若武者）
「なんぢにあうては名のるまじいぞ。なんぢがためにはよい敵《かたき》ぞ。」

＝

名のって敵に助けられるくらいなら、平家《へいけ》の武将としていさぎよく死にたい、という誇《ほこ》り。

① 「いづくに刀を立つべしともおぼえず」と熊谷《くまがえ》が思ったのは、どうしてだろうか。

例　わが子の小次郎《こじろう》と同じくらいの年齢で、顔立ちがとても美しかったから。

熊谷《くまがえ》が刀を向けるのをためらったのは、自分の息子と同じほどの年齢の美しい少年を殺すことに罪の意識を感じたからである。

② 「なんぢがためにはよい敵《かたき》ぞ」という言葉から、若武者がどんな人物だとわかるだろうか。

例　身分が高い人物。

堂々とした態度で「なんぢ」と、同じ位の者か目下の者に使う言葉から、身分の高さがうかがえる。

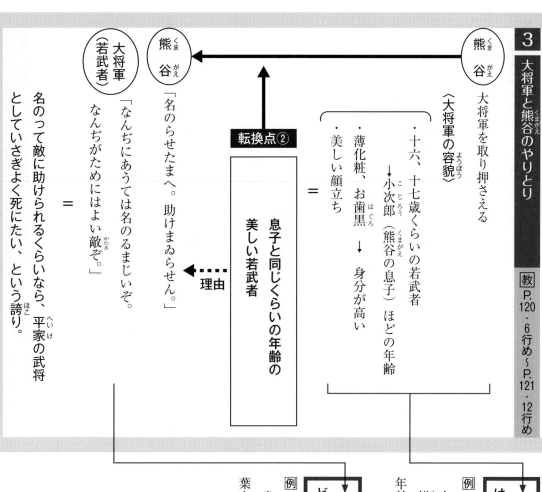

4 熊谷《くまがえ》の苦悩《くのう》と決断

教 P.122・1行め～P.124・4行め

熊《くま》谷《がえ》

「あはれ、助けたてまつらばや。」

理由1

「この人……負くることもよもあらじ。」

→ 大将軍を討たなくても戦には勝てるので、討たなくてよいだろう。

理由2

「小次郎《こじらう》が……嘆きたまはんずらん。」

→ 同年代の子をもつ親として、若武者を討ちたくない。

↓

父親としての情

後ろをきつと見ければ、土肥《とひ》・梶原《かぢはら》五十騎ばかりで続いたり。

転換点③

後方から、味方が来たため、助けることができなくなる。

熊《くま》谷《がえ》

「よも逃れさせたまはじ。」

→ 若武者を助けることはできない。

①熊谷《くまがえ》が「あはれ、助けたてまつらばや。」と思ったのは、どうしてだろうか。二つ答えよう。

例 ・若武者を討たずとも戦《いくさ》には勝てるから。

・同年代の子をもつ親として若武者を討ちたくないから。

熊谷《くまがえ》は、若武者の態度が立派であったために、その父親が息子を失う無念さを思わずにはいられない。同年代の息子をもつ父親としての心の動揺が見られる。

大将軍（若武者）と自分の息子の姿が重なったことが「助けたい」という思いにつながっていることをおさえよう。

②「土肥《とひ》・梶原《かぢはら》五十騎ばかりで続いたり。」という様子を見たとき、熊谷《くまがえ》はどのように思ったのだろうか。

例 若武者を逃がすことがもうできないのならば、せめて自分の手で討ち取って死後の供養《くよう》をしてあげよう。

味方である源氏《げんじ》の軍勢がたくさん集まってきたため、若武者を逃がすことができないと熊谷《くまがえ》は判断し、「よも逃れさせたまはじ。」と言ったのである。さらに、他の者ではなく、自分の手で若武者を討ち取ろうという決心にもつながっていると思われる。

熊谷《くまがえ》 → **大将軍（若武者）** → **熊谷《くまがえ》**

熊谷《くまがえ》

「人手にかけまゐらせんより、……後の御孝養《おんけうやう》をこそつかまつり候《さうら》はめ。」

他の者よりも、自分の手で討ち取って、死後の供養《くよう》をしてあげたい。

＝ **苦渋の決断**

大将軍（若武者）

「ただ、とくとく首を取れ。」

＝ **武者としてのいさぎよさ**

熊谷《くまがえ》

泣く泣く若武者の首を切った。

「弓矢取る身（＝武士）ほど口惜しかりける（悔やまれる）ものはなし。武芸の家に生まれずは、なにとてかかる憂《う》きめをば見るべき。」

＝ **武者であることを悔やむ気持ち**

①「ただ、とくとく首を取れ。」という言葉から、若武者がどんな人物だとわかるだろうか。

例 **誇《ほこ》りを大切にする、いさぎよい人物。**

武士として、死をいさぎよく選ぼうとする態度が読み取れる。

②熊谷《くまがえ》は、若武者を討ち取ったことをどのように捉えているのだろうか。古文中から六字で探そう。

かかる憂《う》きめ

武者という立場であるために、若武者を討ちとらなければならなかった、という嘆きが込められている。

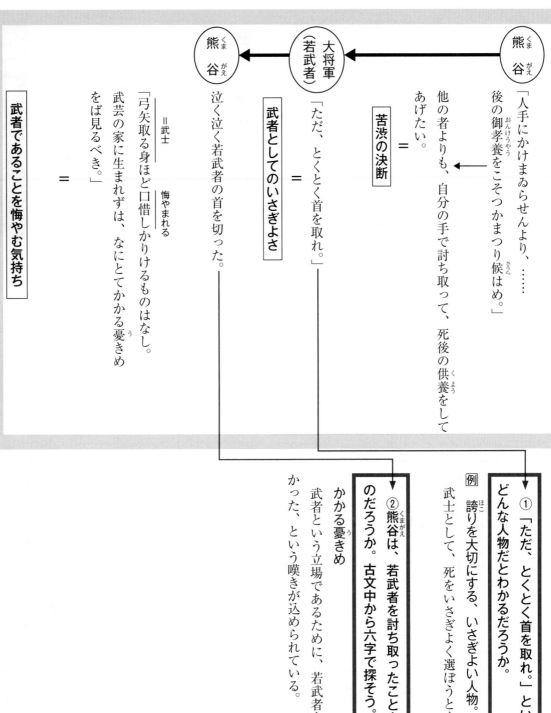

5 大将軍の正体 教 P.124・5行め～10行め

熊《くま》谷《がえ》

大将軍が**敦盛《あつもり》**であることを知る。

＝ ・平経盛《たいらのつねもり》の息子
・十七歳

出家を願うようになる

①熊谷《くまがえ》は、どうして「出家」を願うようになったのだろうか。

例 敦盛《あつもり》を討ってしまったことを深く後悔していたから。

敦盛《あつもり》を助けたいという気持ちを抱きながらも、武者として敵を討たねばならなかった熊谷《くまがえ》の苦悩《くのう》を捉えよう。出家を願うようになったのは、争いの中に生きること自体への疑念が強く生じたからであろうと考えられる。

学びの道しるべ

2 熊谷次郎直実《くまがえのじろうなおざね》の行動や心情について、次の観点からまとめ、話し合おう。

①「あれは大将軍とこそ見まゐらせ候《ざうら》へ。」（120ページ・2行め）と、大将軍（敦盛《あつもり》）を見つけたときの気持ち。 →P.100②

②「あはれ、助けたてまつらばや。」（122ページ・8行め）と思った理由。 →P.102①

③「土肥《とひ》・梶原《かぢはら》五十騎ばかりで続いたり。」（122ページ・9行め）を見たときの気持ち。 →P.102②

3 「冒頭（祇園精舎《ぎおんしょうじゃ》）」と「敦盛《あつもり》の最期《さいご》」とに共通したものの見方・考え方について、自分の考えを文章にまとめよう。

▼**教科書** P.128～129

■**解答例**■

「冒頭（祇園精舎《ぎおんしょうじゃ》）」で、おごれる人も春の夜の夢のように長くは続かない、はかないものだと述べているように、「敦《あつ》盛《もり》の最期《さいご》」で、かつては栄華を誇《ほこ》った平家一門はしだいに衰え、大将軍である敦盛《あつもり》が源氏方の武将に討たれる様子が描かれている。また、十六、七歳ほどの若さで美少年だった敦盛《あつもり》が命を落としてしまうのは盛者必衰《じょうしゃひっすい》の理《ことわり》であると思う。

読み方を学ぼう　物語の転換点 教 P.130

物語の転換点では、出来事が大きく変化します。それに伴って、登場人物の行動や心情も変化するので、物語を読み解くには、とても重要であるといえます。

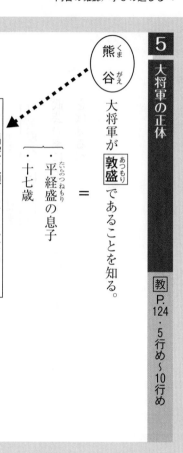

重要語句の確認

▼116ページ

下3 **おごりたかぶる**　自己の才能・権勢などに得意になる。

▼117ページ

2 **公家**《くげ》　朝廷《ちょうてい》や朝廷《ちょうてい》に仕える身分の高い者。

3 **栄華**《えいが》　権力をもって栄えること。

4 **横暴**《おうぼう》**さ**　わがままで乱暴《らんぼう》なこと。

6 **東国**《とうごく》　関東。

9 **落ちる**　戦いや勢力争いに負けて他の場所に逃《に》げていく。

11 **陣**《じん》**を敷**《し》**く**　軍勢がとどまる場所を配置する。

▼118ページ

6 **磯**《いそ》　海・湖などの波打ちぎわの岩石の多いところ。

6 **ねりぬき**　縦糸を生糸《きいと》、横糸を練り糸（柔軟性《じゅうなんせい》と光沢《こうたく》のある絹糸）で織った高級な絹織物。

7 **もえぎにおい**　よろいのおどし（鉄や革《かわ》の小さな板を糸でつづりあわせたもの）の一種。もえぎ色（薄緑《うすみどり》）のおどし糸を、上から下に向かって濃《こ》い色から薄《うす》い色にぼかしたもの。

8 **くわ形**《がた》　かぶとの前面につける物。銅に金めっきをしたものか、にかわで固めたねり革《かわ》で作る。

9 **切斑**《きりふ》**の矢**　白羽に黒いまだらが横切ったように入った羽を用いた矢。

10 **しげどうの弓**《ゆみ》　下地《したじ》を黒塗《くろぬ》りにし、その上に籐《とう》を幾重《いくえ》にも巻いた弓《ゆみ》。

10 **連銭**《れんぜん》**あしげ**　馬の毛色の名。白毛に黒毛が混じった葦毛《あしげ》に灰色の円い斑点《はんてん》のまじったもの。

11 **金覆輪**《きんぷくりん》**の鞍**《くら》　ふち飾《かざ》りを金めっきした鞍《くら》。

▼120ページ

下10 **むずと**　急に力をこめる様子。

▼121ページ

下8 **ものの数**　数えたてるほどのもの。

▼123ページ

下8 **首を取る**　首を切って殺す。

▼124ページ

下7 **さめざめ**　涙《なみだ》を流して静かに泣き続けるさま。

7 **戦陣**《せんじん》　戦場。

7 **心を打つ**　強く感動する。

8 **子息**《しそく》　他人の息子《むすこ》を敬って言う言い方。

新出漢字のチェック✓

鐘　ページ116　20画
ショウ
かね
警鐘が鳴り響く
除夜の鐘をつく
釣鐘を磨く
3級

読み方に注意しよう。
「童」は「ドウ」と読むけれど、「鐘」は「ショウ」と読むよ。

衰　116　10画
スイ
おとろ-える
衰弱・盛者必衰
神経衰弱ゲーム
体力が衰える
3級

華　忘れずに　117　10画
カ
＊ケ
はな
栄華を極《きわ》める
華美な服装
華のある役者
3級

陣　117　10画
ジン
背水の陣で臨む
初陣《ういじん》を飾る
4級

敷　×「万」　117　15画
＊フ
し-く
陣を敷く・敷物
下敷きになる
敷地内で遊ぶ
4級

鶴　×「亠」　118　21画
つる
鶴の模様
鶴の一声
折り鶴を飾る
2級

縫　×「夆」　118　16画
ホウ
ぬ-う
丁寧な縫製
ミシンで縫う
間を縫って進む
3級

騎　×「奇」　118　18画
キ
武者一騎・騎馬戦
騎手を養成する
白馬の騎士
3級

粧　×「上」　120　12画
ショウ
薄化粧《うすげしょう》・化粧台《けしょうだい》
雪化粧《ゆきげしょう》した山々
準2級

麗　忘れずに　120　19画
レイ
＊うるわ-しい
美麗・美辞麗句
男装の麗人
麗筆に感動する
4級

字の形に注意しよう。
「麗」は画数が多くて難しそうだけれど、下の部分は「鹿」だよ。

悔　×「母」　124　9画
カイ
く-いる
く-やむ
くや-しい
後悔・悔い改める
悔やみきれない
悔し紛れにたたく
3級

袖　×「ネ」　124　10画
＊シュウ
そで
袖を押し当てる
無い袖は振れぬ
半袖シャツ
2級

袋　×「衣」　124　11画
＊タイ
ふくろ
袋小路《こうじ》に入り込む
手袋・シューズ袋
巾着袋を縫う
3級

新出音訓の確認

ページ	漢字	読み	例
117	討	う-つ	討つ
118	戦	いくさ	戦に敗れる

あの人の歌

教 P.131

たより（頼り／便り）ある　風もや吹くと　松（待つ）島に
よせて久しき　海人《あま》のはし舟《ぶね》

清少納言《せいしょうなごん》

【解釈】
舟出《ふなで》の頼りになる風が吹くかと松島《まつしま》に舟《ふね》を寄せて待っている海人《あま》の小舟《こぶね》
←（のように）
あなたからの便りがないかと、永く待ちわびております。

住めばまた　憂《う》き世なりけり（なものだなあ）／よそながら
思ひしままの　山里もがな（があってほしい）

二句切れ

兼好法師《けんこうほうし》

【解釈】
住んでみたところ、ここもまた暮らしにくいところであった。
←（そのため）
住みよいと思い描いた山里があってほしい。

旅衣《たびごろも》　夜な夜な袖を　かたしきて（恋しい人と別れ、一人寂しく寝ることを意味する）
思へば我は　遠く行きなん

平経正《たいらのつねまさ》

露と落ち　露と消えぬる　我が身かな（であることよ）／
難波《なには》のことも　夢の世の中

三句切れ

豊臣秀吉《とよとみひでよし》

世の人は　われをなにとも　ゆはばいへ（言うならば言え）／
わがなすことは　われのみぞしる

三句切れ

坂本龍馬《さかもとりょうま》

古典に学ぶ　漢文

漢詩の世界

教科書 P.132〜135

内容を確認して、整理しよう

【題名】春暁《しゅんげう》
【作者】孟浩然《まうかうねん》……唐《とう》時代の詩人。
【形式】五言絶句《ぜっく》（→P.112）
【押韻《おういん》】暁（gyô）、鳥（chô）少（syô）

※五言詩の押韻《おういん》は偶数句《ぐうすうく》の末尾《まつび》。この詩は例外的にこのような扱いとなっている。

【訓読文】

春 眠 不《ず》レ 覚エレ 暁ヲ
処 処 聞ク二 啼 鳥ヲ一
夜 来 風 雨ノ 声
花 落ツルコト 知リヌ 多 少ゾ

【書き下し文】

春眠暁《しゅんみんあかつき》を覚えず
処処啼鳥《しょしょていてう》を聞く
夜来《やらい》風雨の声
花落つること知りぬ多少ぞ

【現代語訳】

春の眠りは心地《ここち》よく、夜明けにも気づかないほどである。
あちらこちらで鳥のさえずりが聞こえる。
（そういえば）昨夜は風雨の音がしていた。
いったいどれほどの花が散ってしまったことだろうか。

句と句の関係から「春暁《しゅんぎょう》」の構成を捉えよう

起句《きく》（第一句）春眠不覚暁
承句《しょうく》（第二句）処処聞啼鳥
転句《てんく》（第三句）夜来風雨声
結句《けっく》（第四句）花落知多少

起句・承句 → 春ののどかな情景
転句 → 昨夜の風雨の様子
結句 → 起・承・転句を受けた作者の思い

四つの句の役割だよ。
起句《きく》…情景を歌い起こす。
承句《しょうく》…起句を承《う》けて発展させる。
転句《てんく》…一転して別の内容を歌う。
結句《けっく》…全体をまとめて結ぶ。

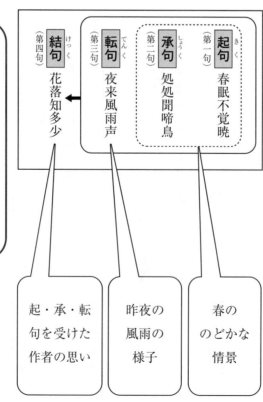

内容を確認して、整理しよう

【題名】黄鶴楼《くわうかくろう》にて 孟浩然《まうかうねん》の広陵《くわうりよう》に之《ゆ》くを送る

← ◆作者は黄鶴楼《こうかくろう》の上から友を見送っている

【作者】李白《りはく》……唐《とう》時代の詩人。「詩仙《しせん》」と称される。

【形式】七言絶句《ぜっく》（→P.112）

【押韻】楼（rôu）、州（syû）、流（ryû）

【訓読文】

故人西ノカタ辞シ二黄鶴楼ヲ一

煙花三月下ル二揚州ニ一

孤帆ノ遠影碧空ニ尽キ

唯ダ見ル長江ノ天際ニ流ルルヲ

【書き下し文】

故人《こじん》西のかた黄鶴楼《くわうかくろう》を辞し

煙花三月揚州《えんくわさんぐわつやうしう》に下る

孤帆《こはん》の遠影碧空《ゑんえいへきくう》に尽《つ》き

唯《た》だ見る長江《ちやうかう》の天際《てんさい》に流るるを

【現代語訳】

旧友（孟浩然《もうこうねん》）が、黄鶴楼《こうかくろう》に別れを告げようとしている。春の霞《かすみ》が立つ三月に、揚州《ようしゅう》へと（長江《ちょうこう》を）下っていった。遠くに見える船の帆《ほ》が青空に消えていく。ただ、長江が天の果てまで流れていくのを見るばかりである。

漢詩の中の情景から、作者の心情を捉えよう

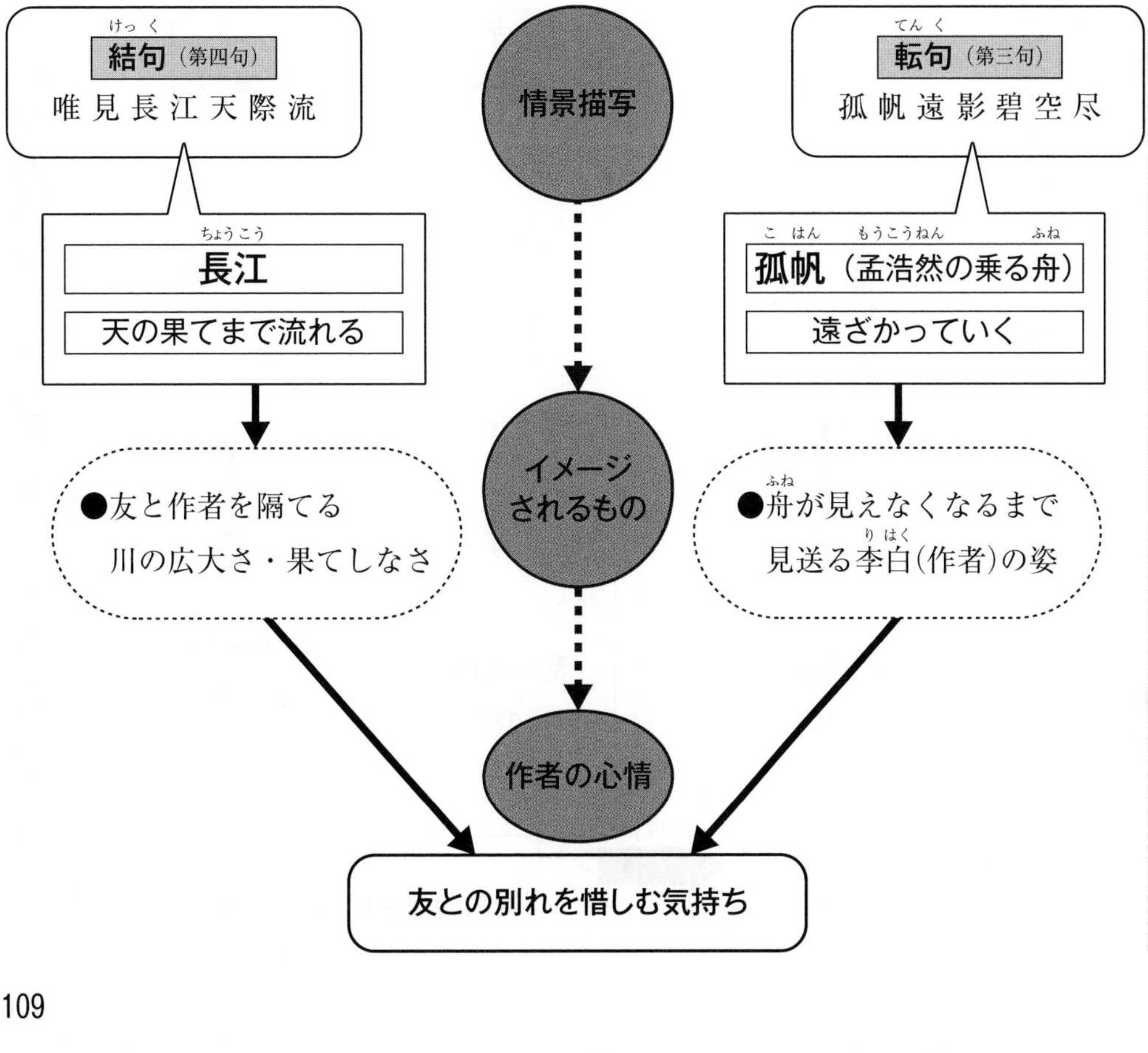

転句《てんく》（第三句）
孤帆遠影碧空尽
孤帆《こはん》（孟浩然《もうこうねん》の乗る舟《ふね》）
遠ざかっていく
●舟《ふね》が見えなくなるまで見送る李白《りはく》（作者）の姿
情景描写
イメージされるもの
作者の心情
結句《けっく》（第四句）
唯見長江天際流
長江《ちょうこう》
天の果てまで流れる
●友と作者を隔てる川の広大さ・果てしなさ
友との別れを惜しむ気持ち

内容を確認して、整理しよう

【題名】 春望《しゅんぼう》

【作者】 **杜甫《とほ》**……唐《とう》時代の詩人。「詩聖《しせい》」と称される。

【形式】 **五言律詩《りっし》**（→P.112）

【押韻】 深(shin)、心(shin)、金(kin)、簪(shin)

【訓読文】

国破レテ山河在リ
城春ニシテ草木深シ
感ジテハレ時ニ花ニモ濺ギレ涙ヲ
恨ンデハレ別レヲ鳥ニモ驚カスレ心ヲ
烽火連ナリ二三月ニ一
家書抵ル二万金ニ一
白頭掻ケバ更ニ短ク
渾ベテ欲スレ不ざラントレ勝ヘレ簪ニ

【書き下し文】

国破れて山河在り
城春にして草木深し
時に感じては花にも涙を濺《そそ》ぎ
別れを恨《うら》んでは鳥にも心を驚かす
烽火《ほうか》三月《さんげつ》に連なり
家書万金《ばんきん》に抵《あた》る
白頭掻《か》けば更に短く
渾《す》べて簪《しん》に勝《た》へざらんと欲《ほっ》す

【現代語訳】

国の都が破壊されても、山河《さんが》は残っている。
都に春が来て、草や木が生い茂《しげ》っている。
時世のありさまに悲しみを感じては、花をみて涙を流す。
別れを恨《うら》んでは、鳥の鳴き声を聞いても心が痛む。
戦乱が三か月間続いて、
家族からの手紙は大金と同じぐらい貴重《きちょう》だ。
頭の白髪《しらが》はかくたびに抜け落ちて薄くなり、
全く簪《しん》をさすこともできないほどである。

句と句の関係から「春望《しゅんぼう》」の構成を捉えよう

起（首聯《しゅれん》）
（第一句）国破山河在
（第二句）城春草木深

承（頷聯《がんれん》）
（第三句）感時花濺涙
（第四句）恨別鳥驚心

転（頸聯《けいれん》）
（第五句）烽火連三月
（第六句）家書抵万金

結（尾聯《びれん》）
（第七句）白頭掻更短
（第八句）渾欲不勝簪

起 → 変わらぬ自然と人の世のはかなさ
承 → 乱れた時世への嘆き
（起・承）目前の景色に目を向けて

転 → 別れた家族への思い
結 → 年老いた我が身への不安や焦り
（転・結）自分の身に目を向けて

目前の景色に目を向けて → 自分の身に目を向けて

学びの道しるべ

1 語句の意味や構成などに注意して音読し、内容を捉えよう。→P.108~110

2 三編の漢詩について、それぞれ次の観点から読みを深めよう。
①作者はどこにいて、何を見聞きしたか。
②そのときの作者はどのような心情か。

春暁《しゅんぎょう》
①作者は寝床にいて、鳥があちらこちらで鳴いているのを聞いている。
②昨夜の雨風によってたくさん散ったであろう外の花に思いをはせながら、春の眠りの心地《ここち》よさを感じている。

黄鶴楼《こうかくろう》にて孟浩然《もうこうねん》の広陵《こうりょう》に之《ゆ》くを送る
①作者は黄鶴楼《こうかくろう》にいて、古くからの友人である孟浩然《もうこうねん》が広陵《こうりょう》へ旅立つのを見送り、遠ざかっていく舟《ふね》を見つめている。
②遠くへ旅立ってしまう友人と別れるさみしさと悲しみを感じている。

春望《しゅんぼう》
①唐《とう》の都の長安《ちょうあん》にいる作者は、戦で荒廃した街に草木や花が生い茂《しげ》るのを見て、鳥の鳴き声を聞いている。
②長引く戦乱の中、家族と会えない日が続き、感傷的な気持ちでいる。

▼教科書P.135

3 三編の漢詩の中から、自然を表す表現を抜き出そう。それらは、描かれた情景の中でどのような効果をあげているだろうか。考えたことを文章に書き、交流しよう。

春暁《しゅんぎょう》
「啼鳥《ていちょう》」…穏《おだ》やかな音で、詩全体を包んでいる。
「風雨」…啼鳥《ていちょう》と対照的な激しい音で、激しいイメージを読み手に与《あた》える。
「花」……美しいものが散ることで詩を結ぶ。

黄鶴楼《こうかくろう》にて孟浩然《もうこうねん》の広陵《こうりょう》に之《ゆ》くを送る
「煙花」…花に立ちこめる霞《かすみ》は華やかな印象でもあり、はっきりと見えないぼんやりとした雰囲気も表している。
「碧空《へきくう》」…孟浩然《もうこうねん》の歩む道、人生が晴れ晴れとして開かれていることを暗示している。
「長江《ちょうこう》」…長江《ちょうこう》は人生のようなもので、孟浩然《もうこうねん》は自らの人生を歩んでいる。対して李白《りはく》は先に進めずにとどまっていることを表している。

春望《しゅんぼう》
「山河」…戦で荒れ果てた国や城に対して変わらずに美しいもの。
「鳥」……鳥の鳴き声にさえ驚くという描写は杜甫《とほ》の不安定な気持ちを表している。

漢詩の形式

教 P.136〜P.137

◆漢詩の形式

絶句（四句からなる）
- 五言絶句《ぜっく》（一句が五字）
- 七言絶句《ぜっく》（一句が七字）

五言絶句《ぜっく》

〈起句《きく》〉①②③④⑤
〈承句《しょうく》〉○○○○○
〈転句《てんく》〉○○○○○
〈結句《けっく》〉○○○○○

七言絶句《ぜっく》

①②③④⑤⑥⑦
○○○○○○○
○○○○○○○
○○○○○○○

律詩（八句からなる）
- 五言律詩《りっし》（一句が五字）
- 七言律詩《りっし》（一句が七字）

五言律詩《りっし》

起（首聯《しゅれん》）①②③④⑤ ○○○○○
承（頷聯《がんれん》）○○○○○ ○○○○○
転（頸聯《けいれん》）○○○○○ ○○○○○
結（尾聯《びれん》）○○○○○ ○○○○○

七言律詩《りっし》

①②③④⑤⑥⑦ ○○○○○○○
○○○○○○○ ○○○○○○○
○○○○○○○ ○○○○○○○
○○○○○○○ ○○○○○○○

◆漢文の読み方

漢字だけで書かれた文章を**白文**《はくぶん》（**漢文**）という。

漢文は、漢字を上から順に読む。

日本では、漢文を**返り点**で読む順序を示したり、**送りがな**を補ったりして、日本語として読んだ。これを**訓読**という。

訓読文を、漢字かな交じりの日本語の文章として書き改めたものを**書き下し文**という

① **返り点**……漢字の左下につけ、読む順序を示す。

○ **レ点**……一字だけ上の字に返る。

〈例〉驚カスレ心ヲ　2 1　→　心を驚かす

○ **一・二点**……二字以上離れた上の字に返る。

〈例〉聞ク二啼鳥ヲ一　3 1 2　→　啼鳥《ていちょう》を聞く

② **送りがな**……漢字の右下に、かたかなでつける。

◆押韻《おういん》と対句《ついく》（→教P.137）

対句《ついく》……文法的にも意味的にも対応した二つの語句を並べる。事柄《ことがら》を際立たせたり、印象づけたりする効果。

押韻《おういん》……偶数句《ぐうすうく》の末尾《まつび》に同じ響き（韻）をもつ文字を置く。
※七言詩の場合は、第一句も押韻《おういん》する。
美しいリズムを作る効果。

言葉

古典に学ぶ

漢字のしくみ１
熟語の構成・熟字訓

教科書 P.138〜139

1 二字熟語の構成

1 主語と述語の関係になっているもの

主語 国（が）→ 述語 営（む）…国営

例

【主語】		【述語】
雷鳴……雷が	→	鳴る
船出……船が	→	出る
地震《じしん》……地が	→	震《ふる》える
人造……人が	→	造る
頭痛……頭が	→	痛む

2 反対の意味をもつもの

売る 売 ↔ 買う 買 …売買

例

長短……長い ↔ 短い
新旧……新しい ↔ 旧（古い）
慶弔……慶事 ↔ 弔事
明暗……明るい ↔ 暗い
終始……終わり ↔ 始まり

3 似た意味をもつもの

増える 増 ＝ 加える 加 …増加

例

停止……停《と》まる ＋ 止まる
絵画……絵 ＋ 画
歓喜……歓《よろこ》ぶ ＋ 喜ぶ
調整……調える ＋ 整える
切断……切る ＋ 断《た》つ

4 あとの漢字が、前の漢字の目的（……を）や対象（……に）を表すもの

着（く）← 目的・対象 席（に）…着席

例

洗顔……洗う ← 顔を
遷都《せんと》……遷《うつ》す ← 都を
負傷……負う ← 傷を
登山……登る ← 山に
帰郷……帰る ← 故郷に

5　前の漢字があとの漢字を修飾するもの

古（い）→修飾→本…古本

例
曲線……曲がった→線
急行……急いで→行く
敬語……敬った→語（※語＝ことば）
聖火……聖なる→火
会長……会の→長
歓声……歓《よろこ》びの→声

6　その他

●同じ漢字を繰り返したもの（畳語《じょうご》）

青々（＝青）

例
堂々（堂＋堂）
続々（続＋続）
個々（個＋個）
人々（人＋人）
点々（点＋点）

「々」は、漢字を繰り返し使うときの符号だよ。

●前の漢字が打ち消しの意味を表すもの

例
無理　無害　無表情
非常　非礼　非公認
否認　否決　否定的
不安　不満　不自由
未熟　未定　未解決

打ち消しの意味をもつ漢字
「無・非・否・不・未」
に着目しよう。

●補助的な意味を前やあとにつけたもの

例
貴……貴校《きこう》　貴社《きしゃ》　貴殿《きでん》
御……御飯　御意　御中元
化……美化　同化　悪化
的……劇的　公的　具体的
性……理性　天性　中性
然……平然　当然　同然

●長い熟語が省略されたもの

例
特急……特別急行
国連……国際連合
入試……入学試験
図工……図画工作
高校……高等学校

2 熟字訓

一つの訓読み（和語）

＝

熟字訓……**熟語全体で特別な読み方をするもの**

例 紅葉 → コウヨウ（紅《コウ》＋葉《ヨウ》）…音読み

もみじ（紅葉《もみじ》）…熟字訓

【そのほかの熟字訓】

小豆（あずき）　意気地（いくじ）
乳母（うば）　大人（おとな）
為替（かわせ）　景色（けしき）
今年（ことし）　五月雨（さみだれ）
竹刀（しない）　相撲（すもう）
足袋（たび）　梅雨（つゆ）
二十歳（はたち）　日和（ひより）
吹雪（ふぶき）　真面目（まじめ）
土産（みやげ）　若人（わこうど）
など

熟字訓の数は限られているので、しっかり覚えておこう。

確かめよう

※設問文は省略してあります。

1

①日没…**ア**（日が↓沈む）
②合掌…**ウ**（合わせる↑掌を）※「掌」はてのひらという意味。
③挑戦…**ウ**（挑む↑戦いに）
④概観…**イ**（概《おおむ》ねの↓観《み》ため）
⑤悔恨…**オ**（悔《く》やむ＋恨《うら》む）
⑥開会…**ウ**（開く↑会を）
⑦賛否…**エ**（賛成⇕否定）
⑧葛藤…**オ**（葛《くず》＋藤《ふじ》）
⑨黙々…**カ**（黙＋黙）
⑩地核…**イ**（地《ち》の↓核《かく》）

ア　県立（県が↓立てる）主語と述語の関係
イ　家宝（家の↓宝）前の漢字があとの漢字を修飾するもの
ウ　負傷（負う↑傷を）あとの漢字が、前の漢字の目的や対象を表すもの
エ　寒暖（寒い⇕暖かい）反対の意味をもつもの
オ　幼少（幼い＝少ない）似た意味をもつもの
カ　度々（度＋度）同じ漢字を繰り返したもの

2

①無力・非力　②無情・非情　③無事　④不運・非運
⑤無知・未知　⑥無常・非常　⑦不安　⑧否決・未決

新出漢字のチェック✓

ページ	漢字	画数	読み	用例	級
138	雷	13画	ライ かみなり	雷鳴・地雷 付和雷同する 雷が落ちる	4級
138	凹（一画で）	5画	オウ	凹凸・凹版	準2級
138	凸（二画で）	5画	トツ	凹凸・凸版	準2級
138	慶	15画	ケイ	慶弔 慶事（⇔弔事） 大慶	準2級

注 画数の多い注意漢字に注意しよう。

「慶」は画数が多く難しい漢字だよ。しっかり覚えよう。

ページ	漢字	画数	読み	用例	級
138	弔	4画	チョウ とむら-う	慶弔 弔辞 死者を弔う	準2級

注 字の形に注意しよう。

「弔」の縦棒を上につき出す誤りが多いよ。気をつけよう。

ページ	漢字	画数	読み	用例	級
138	彫	11画	チョウ ほ-る	彫刻・彫像・彫金 ゴム印を彫る 木彫りの熊	3級
138	妊	7画	ニン	妊娠 妊婦 不妊治療《ちりょう》	準2級
138	娠	10画	シン	妊娠	準2級
138	搭	12画	トウ	搭乗 搭載	準2級

注 形の似た漢字に注意しよう。

「堂塔」の「塔」とは、左の偏《へん》が異なるので、注意しよう。

ページ	漢字	画数	読み	用例	級
138	遷	15画	セン	遷都 変遷	準2級
138	匿	10画	トク	匿名 隠匿	3級
138	免	8画	メン *まぬか-れる	免状・免責 分担を免除する 免許皆伝	3級
138	踪	15画	ソウ	突然失踪する 踪跡	2級
138	詐	12画	サ	詐欺《さぎ》の被害 経歴を詐称する 詐取	準2級

注 形の似た漢字に注意しよう。

「作業」「動作」などと用いる「作」とは、左の偏《へん》が異なるよ。注意しよう。

浜
ページ 138　10画

ヒン　はま

海浜・京浜《けいひん》
浜辺・砂浜
草千里浜

4級

注 部首に注意しよう。

「浜」は、海や湖に沿った砂地のことだよ。水辺に関する漢字だから、「氵(さんずい)」が付いているんだね。

俊
138　9画

シュン

俊足・俊敏《しゅんびん》
俊英・俊才

準2級

孔
138　4画

コウ

鼻孔・気孔
瞳孔《どうこう》・孔版
孔子の教え

3級

嬢
138　16画

ジョウ

令嬢
愛嬢
御令嬢（⇔御子息）

3級

御
139　12画

ギョ　ゴ　おん

制御・御飯
御所・親御さん
御礼・御中

4級

没
139　7画

ボツ

日没・埋没
没収・没後

3級

掌
139　12画　×「⺌」

ショウ

合掌・掌中の珠《たま》
車掌が検札する
全てを掌握する

3級

注 字の形に注意しよう。

「掌」の下の部分は手だよ。「掌」には「てのひら」という意味があるよ。

挑
139　9画

チョウ　いど-む

挑戦・挑発
記録更新に挑む

準2級

概
139　14画

ガイ

概観・概要
概算・概念
概して

3級

注 形の似た漢字に注意しよう。

「概」と「憤慨《ふんがい》」の「慨《ガイ》」はよく似ているので、注意しよう。

恨
139　9画

コン　うら-む　うら-めしい

悔恨・痛恨
別れを恨む

3級

葛
139　12画　×「日」

カツ　*くず

葛藤

2級

注 字の形に注意しよう。

「葛」の「人」の部分を「ヒ」としないようにしよう。

藤
139　18画　×「水」

トウ　ふじ

葛藤
藤色
藤の花

2級

核
139　10画　×「玄」

カク

核心を捉える
細胞の核・地核
核兵器

準2級

古典に学ぶ

漢字を身につけよう5

教科書 P.140

叔
ページ 140　8画
シュク
伯叔
叔母《おば》・叔父《おじ》
準2級

峡
140　9画
キョウ
海峡・黒部峡谷《くろべきょうこく》
山峡の民宿
3級

胴
140　10画
ドウ
救命胴衣を備える
胴体に巻く
胴上げで祝う
4級

賢
140　16画
ケン
かしこ-い
先賢・賢良
賢明な方法
賢い処置
3級

捗
140　11画
チョク
交渉が進捗する
2級

語彙を広げよう
「捗」を使った熟語に「進捗」があるよ。「進捗」は「物事の進み具合」という意味だよ。

冥
140　10画
メイ
*ミョウ
冥福・冥界・冥途
冥土の土産
2級

部首に注意しよう
「冥」の部首は「冖（わかんむり）」です。「宀（うかんむり）」にしないように注意しよう。

棺
140　12画　×「宮」
カン
出棺・納棺
古墳《こふん》時代の石棺
桐《きり》の棺におさめる
準2級

漢字の形に注意しよう
「棺」の右側は「官」です。「宮」としないように注意しよう。

翁
140　10画
オウ
老翁・塞翁《さいおう》が馬
準2級

哀
140　9画　×「衣」
アイ
あわ-れ
あわ-れむ
哀愁・喜怒哀楽
哀れな姿
病人を哀れむ
3級

漢字の形に注意しよう
「哀」の下の部分を「衣」としないように注意しよう。

愁
140　13画
シュウ
*うれ-える
*うれ-い
郷愁・旅愁
哀愁を漂わせる
愁いの表情
準2級

謙
140　17画
ケン
謙遜する
謙譲語と尊敬語
謙虚な物言い
準2級

形の似た漢字に注意しよう。

「謙」と似た字に「嫌」があるよ。「嫌」は「きらう、いやがる」という意味です。

140 **遜** 13画 ×「係」
ソン
謙遜（＝遜譲《そんじょう》）
遜色ないできばえ
2級

140 **双** 4画
フ ヌ 双 双
ソウ
ふた
双方・双生児
双肩にかかる
双葉が出る
3級

140 **伯** 7画
ノ イ 亻 伯 伯 伯 伯
ハク
有名な画伯
勢力が伯仲する
伯父《おじ》・伯母《おば》
準2級

140 **吉** 6画 ×「土」
一 十 士 吉 吉 吉
キチ
キツ
吉日（⇔凶日）
大安吉日
吉報を待つ
3級

漢字の形に注意しよう

「吉」の上の部分を「土」としないように注意しよう。

140 **壇** 16画 ×「且」
ダン
＊タン
文壇・花壇の世話
壇上で演奏する
ひな壇を組む
3級

140 **婆** 11画
バ
老婆（＝老女）
老婆心
熟練の産婆
3級

140 **輩** 15画
ハイ
先輩・後輩・同輩
文化人を輩出する
我《わ》が輩と言う
4級

読み方に注意しよう。

「非」という漢字は「ヒ」と読むけれど、「輩」「俳」「排」はどれも「ハイ」と読むね。

140 **侍** 8画
ノ イ 仁 仕 件 侍 侍 侍
ジ
さむらい
侍女が世話をする
東宮《とうぐう》侍従の職
侍のたましい
3級

140 **遍** 12画
ヘン
一遍・お遍路さん
普遍的な見方
諸国を遍歴する
準2級

教科書問題の答え

1
① おば　かいきょう
② どうい
③ けんめい
④ しんちょく　しゅっかん
⑤ めいふく
⑥ ろうおう　あいしゅう
⑦ けんそん
⑧ そうほう　はくちゅう
⑨ きっぽう
⑩ ぶんだん
⑪ ろうば　こうはい
⑫ さむらい　いっぺん

2
① がな
② しゃみせん
③ たび
④ ぞうり
⑤ たち
⑥ しない
⑦ すもう
⑧ えがお
⑨ つゆ
⑩ さみだれ
⑪ さつき
⑫ しぐれ
⑬ かぜ
⑭ ひより
⑮ ここち
⑯ みやげ

読む

情報を関係づける　情報／図表

教科書 P.142〜145

複数の情報を関連づけて考えをまとめる／共生社会に関するデータ

内容を確認して、整理しよう

「共生社会」とは、誰もが相互に支え合い、人々の多様なあり方を相互に認め合える全員参加型の社会のことである。この社会の実現に向けた課題を考える。

「共生社会に関するグラフ」でわかることは次のとおりである。1「近所づき合いの程度の変遷」のグラフからわかることは、約四十年前では、親しく近所づきあいをしている人が半数いたが、徐々に減り二〇一八年では、二割弱であること。2「人口ピラミッドの変化」からわかることは、一九五〇年では、若年層が多く、高齢者が少ないピラミッド型をしているが、一九八〇年では、ひょうたん型、二〇一九年では、少子高齢化が一層進んだつりがね型になっている。3「鉄道駅等におけるバリアフリー化の推移」では、近年では、障がい者のみならず高齢者にも配慮《はいりょ》したユニバーサルデザインが取り入れられた優しい環境づくりがされていることがわかる。

これらから、いくつかのグラフを関連づけて、共生社会実現の課題を考える。

共生社会実現の課題は、「心のバリア」に焦点を当てて考えてみよう。

資料を元に、テーマ実現のための考えをまとめよう

1 課題をつかむ

資料A「共生社会に関するデータ」から、共生社会実現の課題を話し合う。

2 多様な考えにふれる

資料B「自立とは『依存先を増やすこと』」を読み、筆者の考えを整理する。

3 自分の考えをもつ

資料A・Bを関連づけて、共生社会の実現のため、大切だと思うことをまとめる。自分の考えの根拠となるデータ、文章の一部などを引用する。

4 考えを深める

グループで、意見交流をし、考えを広げ、深める。

読む

情報を関係づける　解説

自立とは「依存先を増やすこと」

熊谷《くまがや》晋一郎《しんいちろう》

教科書 P.146～149

内容を確認して、整理しよう

筆者は、生後すぐの発熱が原因で脳性麻痺《まひ》となった。中学生の頃から車椅子を使い、日常生活では他者の介助が必要だった。一九八〇年代に入ると、脳性麻痺《まひ》は治らないという医学論文が発表される。すると、障がいそのものに対する考え方が「障がいは身体の中ではなく外にある」というものに変わった。こうした考え方が広がると、健常者にならなくても社会に出られるという確信が筆者に芽生える。

それ以来、一人暮らしをすることを強く思うようになる。周囲は反対したが、大学に進学し、実際にそれを始めてみると、「社会は案外優しい場所なんだ」と感じた。友人をはじめ、たくさんの人が助けてくれた。このことから、依存できる先を増やせば、自立できるということがわかった。

これは、全ての人に通じる普遍的なことで、自分の前に立ちはだかるものに立ち向かい、その中に頼れる場所を開拓すれば、それが自分を支えてくれるものに変わるのである。

「依存先を増やすこと」がどうして自立につながるのか、筆者の体験からその主張を読み取ろう。

タイトルから筆者の主張を捉えよう

1970年代 → 変化 → 1980年代

1970年代

- 毎日五、六時間の厳しいリハビリ
- 親の愛情
- 脳性麻痺《まひ》は早期リハビリで9割治る

1980年代

- 障がいは身体の中ではなく外にある
- 健常者にならなくても社会に出られる → 依存先を増やせば自立できる → 自分の前に立ちはだかるものが自分を支える
- 脳性麻痺《まひ》は治らない

まとまりごとの展開を確認しよう

1 「障がいは身体の中ではなく外にある」 教 P.146・1行め～P.147・8行め

◆一九七〇年代

脳性麻痺《まひ》は早期リハビリで九割治る

親の気持ち＝愛情

↓ **物心つく前から、毎日五、六時間の厳しいリハビリ**

→ 健常者に近づけ、独り立ちできるようにさせたい

◆一九八〇年代

脳性麻痺《まひ》は治らない

障がいは身体の中ではなく外にあるという考え方

＝スタンダード

↓ **私が二階に行けないのはエレベーターがないからだ**

→ 社会や環境の側を改善していこう

ポイントを確認しよう

①なぜ筆者の親は、厳しいリハビリを筆者にさせたのだろうか。

例 筆者をできるだけ健常者に近づけ、独り立ちできるようにさせたいと思っていたから。

当時、脳性麻痺《まひ》は早期リハビリで九割治るという考えが一般的だったので、筆者の親は、厳しいリハビリをさせることで、できるだけ健常者に近づけ、独り立ちできるようにさせたかったのである。

②障がいについて、一九八〇年代以前は、どのような考えがスタンダードだったのだろうか。

例 障がいは身体の中にある。

「障がいは身体の中ではなく外にある」という考え方は、それまでの障がいそのものに対する考え方を一八〇度変えたものである。

③これは②の考え方をするとどのように表現されるだろうか。

例 私が二階に行けないのは私の足に障がいがあるからだ。

社会や環境の側を改善していこうという考えが生まれる以前は、障がいは身体の中にあると考えられていた。

◆「障がいは身体の中ではなく外にあるという考え方」が広がる

以前の自分

親がいなくなってしまったら自分も生きていかれなくなるのではないか。

↓

不安

当時の自分

リハビリをしても治らないけれど、健常者にならなくても社会に出られるんだ。

↓

確信

街中で障がいをもつ人に出会う機会が格段に増える

2 自立できる

教 P.147・9行め～P.149・4行め

◆一人暮らしをしたい

親の心配 → 社会というのは障がい者に厳しい。息子はどうなってしまうのか。

自分の決意 → 親が容易には来られない場所に行くしかない。

親は大反対

①筆者は、それまでは、どのような生活をしてきたのだろうか。

例 常に親と二人三脚の生活をしてきた。

手足が不自由なために、日常生活を送るうえで親の介助が欠かせなかった。親の支援を受けながら生活することを筆者は二人三脚の生活と表現している。

②筆者がこのことを確信したのは、街に出てどのような経験をしたからだろうか。

例 自分より重そうな障がいをもった人たちが、ありのままの姿で自由に暮らしているのを見たから。

身体に障がいがあっても社会や環境が改善されると不自由を感じることなく暮らすことができるのである。

③自分の決意とは具体的にはどのようなことだろうか。

例 山口県から東京の大学に進学すること。

親元を離れて一人暮らしをするために、親が容易に来られない場所へ行こうと、東京の大学に進学をしたのである。

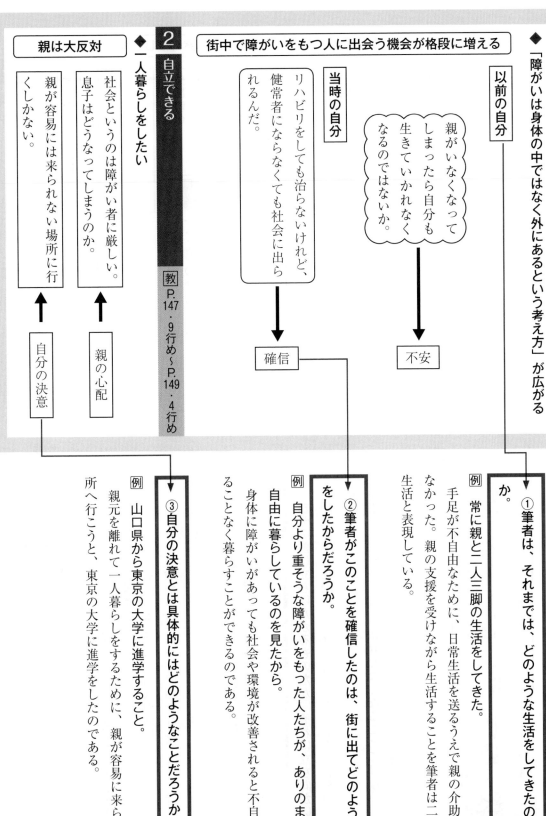

◆一人暮らしを始める

社会は案外優しい場所

大学の友達
＝
・部屋の合い鍵《かぎ》が八個
・好き勝手に食事

↓

筆者をお風呂《ふろ》に入れたり、介助してくれたりする

外出時の見ず知らずの人

↓

トイレの介助をしてくれた

←

人や社会に関心をもつようになり医学の道を志す

自立できる

依存できる先を増やす

↓

・自分は生きていける
・自立できるんだ

←

「依存先を増やしていくこと」こそが自立
＝
普遍的なこと

←

自分の前に立ちはだかる「他者」や「社会」が自分を支えてくれるものに変わる

①筆者が「社会は案外優しい場所」だと感じたできごとは具体的にはどんなことだろうか。

例 大学の友達が代わる代わるやってきてはお風呂《ふろ》に入れてくれたり、介助をしてくれたりした。また、外出時、見知らぬ人がトイレの介助をしてくれた。

一人暮らしを始めるとたくさんの人が助けてくれることがわかった。こうした経験から人や社会に関心をもち、医学の道に進むことを決めている。

②筆者は、「他者」や「社会」をどのようなものとして捉えているのだろうか。

例 自分の前に立ちはだかるものだが、それに立ち向かい、その中に頼れる場所を開拓すれば、自分を支えてくれるものに変わるというもの。

筆者は、「自立」とは、依存しなくなることではなく、依存する先を増やすことだと考えている。その依存する先を増やしてくれるのが「他者」や「社会」への関わり方である。

「自立」と「依存」について、筆者が自分の体験からどのように関係づけているか、読み取ろう。

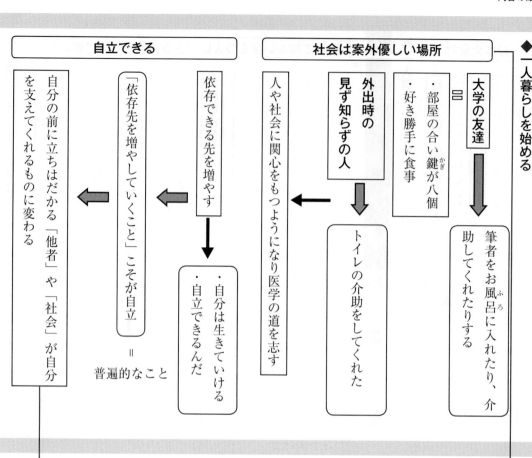

重要語句の確認

▼146ページ

意 依存《いそん》 ほかのものごとにたよること。

1 生後 生まれて以後のこと。

2 意 介助《かいじょ》 起居の不自由な病人・高齢《こうれい》者・障がい者の身の回りの世話をすること。類 介護《かいご》

5 意 物心つく 世の中の物事や人間関係、人間の感情などについてわかり始める。

6 及《およ》ぶ ある数量や程度にまで届く。達する。

7 意 独り立ち 他の援助《えんじょ》や保護を受けずに、自分の力だけで生活をしていくこと。類 独立

7 (愛情)ゆえ 理由。原因。

10 呼応 一つの行動に伴って他方でも動きが起きること。

11 スタンダード 標準。基準。

14 意 格段 普通《ふつう》の場合やありきたりのものとは比べものにならないほど物事の程度《ていど》が超《こ》えていること。

▼147ページ

1 意 二人三脚《ににんさんきゃく》 二人が協力して物事を成し遂《と》げようとすることのたとえ。

5 意 ありのまま 実際にあるとおり。偽《いつわ》りのない姿。類 あるがまま

19 案外 思いがけないこと。思いのほか。

▼148ページ

3 好き勝手 自分の思うままに振《ふ》る舞《ま》うこと、様子。

7 次第に だんだんと。徐々《じょじょ》に。

13 意 ぬぐう 消し去る。取り去る。類 拭《ふ》き取る。

17 (思われ)がち …が多い。…する傾《けい》向《こう》がある。

20 …にかかわらず …に関係なく。

▼149ページ

1 意 普遍《ふへん》 それがあたりまえであること。取り立てて問題にする点のない様子。類 一般 対 特殊《とくしゅ》

2 立ちはだかる 障害となるものが前方に存在する。行く手をさえぎるように立つ

新出漢字のチェック ✓

ページ	漢字	画数	筆順	読み	用例	級
146	椅	12画	一 十 木 木' 木' 木' 栫 椅 椅 椅 椅 椅	イ	車椅子 大臣の椅子	2級
147	脚	11画	丿 刀 月 月' 月' 肚 脖 胠 胠 脚 脚	キャク *キャ あし	脚力・脚本 二人三脚 テーブルの脚	4級

書く

情報を関係づける

投稿文　情報を関連づけて根拠を明確に示す

教科書 P.150～152

内容を確認して、整理しよう

【投稿文とは】

● 読者が新聞・雑誌などに自分の体験や意見を発表するために書いて送る文章。

【説得力のある文章の書き方】

1 課題について、自分の考えをまとめる

◆共生社会の実現に関して、多様な情報にふれて、自分の考えをまとめる。

自分の意見の中心を一文で書き表す。 ←

例

コミュニケーションには相手のことをわかろうとする対話の心がまえが最も大切だ。

情報は、インターネットや図書館などでも集められるよ。それを整理して自分の考えをまとめよう。

2 構成を考えて投稿文を書く

◆文章の構成を考える

○ 中心となる一文をもとに、意見の根拠となる情報を整理する。

・四月に、私のクラスに海外からの新たな仲間が転校してきた。

・日本語でのコミュニケーションは難しいので、当初は易しい英語や身振り手振りで話していた。

・不自由さは感じなかった。 ←

例

コミュニケーションには相手のことをわかろうとする対話の心がまえが最も大切だ。

意見の中心の一文

○ 自分の意見が明確になるように構成を工夫する。 ←

○ 必要に応じて根拠となる情報を追加する。 ←

引用とは…自分の文章の中で他の人が書いた文章の一部などをそのまま用いること。

○ 引用の仕方

・「　」を使い引用部分を示す。

・「……によれば」と著者名を示す。

例

> 二〇一八年三月の法務省の発表によると、日本に住む外国人は二〇一七年の時点でおよそ二百五十六万人に達しているそうだ。

・一・二字下げて、前後を一行空ける。

○ 引用するときの注意点

・引用する文章は、最小限の範囲とする。

・もとの文章を忠実に書き写す。

・出所（著者名、書名、出版社など）を明示する。

> **著作権とは**…小説・論文や音楽、絵画・漫画、プログラムなどの著作物の作者がもつ権利のこと。
> ←
> 許可なく勝手に掲載、変更してはいけない。

◆四〇〇字程度の投稿文にまとめる。

投稿文を書くときのポイント

○ 多様な考えがある課題には ← 自分の立場をはっきりさせて自分の考えを述べる

○ 自分とは異なる考えの人には ← 説得力がある意見となることを意識する

○ 自分の意見の支えとなる根拠は ← できるだけ多く書き出し、特に自分の意見を支えるものを選ぶ

3 推敲《すいこう》する

◆推敲《すいこう》のポイント

○ 自分の意見は明確か。

○ 根拠が意見を支えるものか。

4 交流する

◆お互いに読み合って、自分の意見と根拠など、感想や意見を伝え合う。

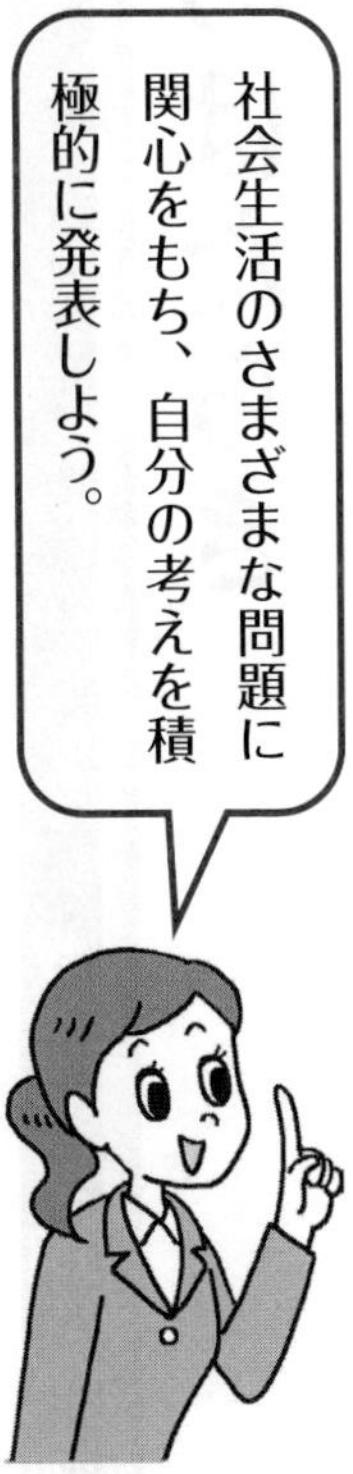
社会生活のさまざまな問題に関心をもち、自分の考えを積極的に発表しよう。

情報を関係づける

文法の窓2
助詞・助動詞のはたらき

教科書 P.153・232〜239

1 日本語の文節

自立語	付属語
ロケット	が

自立語	付属語
宇宙	に

自立語	付属語	付属語
打ち上げ	られ	た。

・文節は、基本的に「自立語＋助詞」「自立語＋助動詞」の形をとる。

※［　］は文節を示す。

付属語（助詞・助動詞）は、自立語のあとにつくよ。

2 助詞のはたらきと種類

助詞は次の四種類に分けることができる。

格助詞……主に体言につき、語と語の関係を示す。

接続助詞…用言や助動詞につき、前後の文節や文の関係を示す。

副助詞……さまざまな言葉につき、強調などのいろいろな意味を示す。

終助詞……主に文末につき、疑問や禁止などの話し手・書き手の気持ちを示す。

確認しよう（→教P.238〜239）

＊設問文は省略してあります。

◆助詞・助動詞のはたらき

1 ①に・の・で　②に・と・へ　③から・で
④が・も　⑤を・で／に・を

2 ①ので・から　②が・けれども・けれど・のに
③ても　④ば　⑤と・から・ので

3 ①は・も・さえ・でも・だって・すら・まで
②は・も・こそ・さえ・でも・だって・すら
③も・さえ・だって・すら・まで・は／は・も・だって
④も・さえ・だって・すら・は／は・も・だって

4 ①かしら　②かしら
③かしら・ぞ・ぜ・な・ね・わ・よ
④か・かしら・ぞ・ぜ・な・なあ・ね・ねえ・わ・よ

5 ①に／られ　②に／れ

6 ①(1)れる　(2)せる　(3)う
②(1)れる　(2)せる　(3)う
③(1)られる　(2)させる　(3)よう
④(1)られる　(2)させる　(3)よう

7 ①形容動詞の一部　②助動詞
③助動詞　④形容動詞の一部

8 ①形容詞　②補助形容詞　③助動詞

9 ①例 アの「そうだ」が伝聞の意味であるのに対し、イの「そうだ」は様態の意味である。
②例 アの「ようだ」は推定の、イの「ようだ（ように）」はたとえの意味、ウの「ようだ（ように）」は例示の意味である。

◆文の成分の順序と照応

1 ①例 (1)私は太郎と太郎の妹の花子の二人を探した。
(2)私と太郎の二人で花子を探した。
語順を入れ替え、適切な位置に読点を打つ。(1)の意味を表したい場合には「太郎と妹の花子を、私は探した。」とすれば曖昧《あいまい》さをなくせる。一方、「太郎と私は、妹の花子を探した。」とすれば、(2)の意味のみを表す文になる。
②例 (1)懸命なのは猫である。
(2)懸命なのは犬である。
(1)の意味を表したい場合には「懸命に逃げる猫を、犬は追いかけた。」とし、(2)の意味を表したい場合には「逃げる猫を、犬は懸命に追いかけた。」とすれば曖昧《あいまい》さをなくすことができる。
③例 (1)暑さのためマラソンを完走できなかった。
(2)暑さのため練習不足だった。
(1)の意味を表したい場合には「練習不足だった私は、暑さのためマラソンを完走できなかった。」とし、(2)の意味を表したい場合には「暑さのため練習不足だった私は、マラソンを完走できなかった。」とすれば曖昧《あいまい》さをなくすことができる。

2 ①例 私の夢は、児童文学の作家になることです。
私は、将来児童文学の作家になりたいと思っています。
②例 この本の特徴は、全てのページに作者が描いた挿絵《さしえ》があることです。
この本は、全てのページに作者が描いた挿絵《さしえ》があるのが特徴です。

◆文の種類

1 ①重文　②単文　③複文　④重文　⑤複文

2 ①例 弟はとても急いでいたので、テーブルの上にミルクをこぼしてしまった。
②例 弟は、新聞が置いてあったテーブルの上にミルクをこぼしてしまった。
③例 弟がテーブルの上に、今朝、母が買ってきたミルクをこぼしてしまった。

言葉

情報を関係づける

漢字を身につけよう❻

教科書 P.154

ページ	漢字	画数	注意	読み	用例	級
154	索	10画	×「亡」	サク	模索・思索 索引・探索 用例を検索する	準2級
154	嚇	17画		カク	威嚇・威嚇射撃 威嚇して従わせる	準2級
154	羞	11画	×「五」	シュウ	羞恥心 含羞の色	2級
154	寛	13画		カン	寛容 寛大な心持ち	準2級
154	酪	13画	×「西」	ラク	酪農・牛酪 乳酪製品を好む	準2級
154	鎌	18画		かま	鎌首・鎌倉《かまくら》 鎌で草を刈る	2級
154	穂	15画	×「亩」	＊スイ ほ	麦の穂・稲穂《いなほ》 筆の穂先を整える 落ち穂拾い	3級
154	刈	4画		か-る	刈る・芝《しば》刈り機 雑草を鎌で刈る バリカンで刈る	4級
154	釜	10画		かま	釜飯・茶釜 同じ釜の飯を食う 電気釜が壊れる	2級
154	酢	12画		サク す	酢の物・梅酢 酢漬《すづ》けにする 酢酸化合物	準2級
154	煮	12画		＊シャ に-る に-える に-やす	煮物・肉を煮込む ぐつぐつ煮える 弟に業《ごう》を煮やす	4級
154	臼	6画		キュウ うす	臼歯・股関節《こかんせつ》脱臼 臼に餅米《もちごめ》を入れる 古くからある石臼	2級
154	詰	13画		＊キツ つ-める つ-まる つ-む	企画《きかく》を詰める 思考が行き詰まる 詰め将棋	4級
154	填	13画		テン	補填（＝補充） ガスを充填する	2級

注 形の似た漢字に注意しよう。

「謙譲《けんじょう》」「謙虚」などと用いる「謙」とは、左の偏《へん》が異なるよ。注意しよう。

漢字	ページ	画数	読み	用例	級
膜	154	14画	マク	鼓膜・結膜炎 横隔膜の収縮 牛乳に膜が張る	3級
膚	154	15画	フ	皮膚・浅膚《せんぷ》 完膚なきまで	4級
箋（忘れない）	154	14画	セン	処方箋・一筆箋 付箋の目印 手すきの便箋	2級
剖	154	10画	ボウ	解剖 人体解剖図	準2級
脊（形に注意）	154	10画	セキ	脊椎・無脊椎動物 脊髄《せきずい》を損傷する	2級
椎	154	12画	ツイ	脊椎・椎骨 椎間板ヘルニア	2級

新出音訓の確認

漢字	ページ	読み	用例
弓	154	キュウ	弓道
後	154	おく-れる	後れ
弟	154	テイ デ	弟子
授	154	さず-ける さず-かる	授かる
程	154	ほど	程遠い
業	154	わざ	神業
得	154	う-る	あり得る

教科書問題の答え

1
① たんさく　いかく
② しゅうちしん
③ かんよう
④ らくのう
⑤ かま　ほ　か
⑥ かまめし
⑦ す　に
⑧ きゅうし　つ　じゅうてん
⑨ けつまく
⑩ ひふ　しょほうせん
⑪ かいぼう
⑫ せきつい

2
① きゅう
② おく
③ で　さず
④ ほど
⑤ わざ
⑥ う

読みを深め合う　詩

大阿蘇《おおあそ》

三好《みよし》達治《たつじ》

教科書　P.156〜159

内容を確認して、整理しよう

場面①　近景

馬は草をたべている　＝　生命の瞬時性

雨は蕭々《しょうしょう》と降っている＝　時の永遠性

（対比）

場面②　遠景

空いちめんの雨雲と

やがてそれはけじめもなしにつづいている

＝噴煙＝自然の営みの壮大さ

彼らはそこにみんな静かにたっている

＝馬（擬人法）

場面③　近景

もしも百年が　この一瞬の間にたったとしても

何《なん》の不思議もないだろう　→　眼前《がんぜん》に広がる大自然に対する作者の感想

雨は蕭々《しょうしょう》と降っている

ポイントを確認しよう

①この詩の形式は、何か。漢字五字で答えよう。

口語自由詩

現代の言葉…「口語」、音数に決まりがない…「自由詩」。

②この詩には「……ている」という言葉が繰り返し用いられているが、詩にどのような効果を与えているだろうか。

例　永遠に続くかのような、静かで淡々とした時の流れを感じさせる効果。

一瞬の間に次々と様々なことが起きており、その一つ一つに注目するうちに、時間が止まっているような不思議な感覚になっている。

③作者の思いが述べられている部分はどこだろうか。

もしも百年が　この一瞬の間にたったとしても　何《なん》の不思議もないだろう

情景だけが描写された詩の中で、唯一作者の心情が描かれた一行である。

学びの道しるべ

▼教科書P.158〜159

1 繰り返されている言葉や言いかえられている言葉に着目して、音読しよう。

2 この詩をいくつかにくぎり、音や色、動きや広がりを思い浮かべながら、それぞれに描かれた情景を捉えよう。

■解答例■

・**「雨の中に馬がたっている」〜「……蕭々《しょうしょう》と降っている」**

灰色の空の下に広がる草原に立っている何頭もの馬たちは、しとしと降り続ける雨でぬれている。雨に降られる中で草を食べる馬や何もせずにただ立っている馬もいて、静かで寂しげな光景が続いている。

・**「山は煙をあげている」〜「……けじめもなしにつづいている」**

雨雲が一面に広がる中、中岳から黄色い噴煙は絶え間なく噴き出ていて灰色の雲へと登っていく。遠くの景色がぼんやりとしていて静かな様子。

・**「馬は草をたべている」〜「……彼らは静かに集まっている」**

草千里浜《くさせんりはま》の丘《おか》で馬たちは、雨に降られながら、雨にぬれた青々しい草をいっしんに食べているが、その様子は静かで、いつまでも続くように感じる。

・**「もしも百年が……」〜「雨は蕭々《しょうしょう》と降っている」**

阿蘇《あそ》の雄大《ゆうだい》な地に雨が降り続く光景は時間が止まっているかのように感じる。百年前も今と同じように阿蘇《あそ》に雨が降り注ぎ、馬は雨にぬれながら草を食べていたのだろうと思いをめぐらせている。

3 この詩の情景を表現するのにふさわしい読み方について、考えたことを交流し、朗読しよう。

■解答例■

「雨は蕭々《しょうしょう》と降っている」や「草をたべている」などの繰り返される言葉に着目して、その前に少し間をおき、いつまでも変わらない自然の姿を表現したいと思った。また、この詩には雨に関する描写が多く用いられているので、声の強弱や、読むスピードを変えることで、阿蘇《あそ》に降る雨を表現できると思う。

4 「もしも百年が　この一瞬の間にたったとしても　何《なん》の不思議もないだろう」という一行と、他の部分の表現とを比べ、それをもとに、この詩について考えたことを書こう。

■解答例■

風景の描写がほとんどを占めるこの詩で、唯一この一行には心情が述べられている。これは目の前の阿蘇《あそ》の景色が百年先も変わらないと感じていることを意味しているのだと思う。長い年月をかけて作り上げられた阿蘇《あそ》の歴史から見れば百年はまさに一瞬なのだと思う。

言葉発見④ 類義語・対義語、多義語

教科書 P.160～161

類義語・対義語

類義語……**意味がよく似ている言葉**

例・「旅館」―「ホテル」―「宿」
・「触る」―「触れる」
・「方法」―「手段」
・「永久」―「永遠」
・「心配」―「不安」

●類義語の注意点

例「将来」と「未来」
○ 将来の夢は、消防士になることだ。
× 未来の夢は、消防士になることだ。
＊類義語は「意味が似ている」言葉ではあるが、同じように使えるわけではない。

対義語……**反対の意味になる言葉**

例・「上」↔「下」
・「行き」↔「帰り」
・「暑い」↔「寒い」
・「長所」↔「短所」
・「未来」↔「過去」

●熟語の構成からみる類義語と対義語

例1
類義語　承認＝承諾
↕対義語
類義語　拒否＝拒絶

例2
類義語　進化＝進歩
↕対義語
類義語　退化＝退歩

＊類義語・対義語の熟語は、同じ漢字が手がかりになる場合がある。例1では、同じ漢字をもつ熟語が類義語に、例2では、同じ漢字をもつ熟語が対義語になっている。

●覚えておきたい類義語と対義語

	類義語	対義語
委細	詳細	―
簡単	容易	困難
改善	改良	改悪
偶然《ぐうぜん》	―	必然
故郷	郷里	―
賛成	同意	反対
主観	―	客観
単純	―	複雑
出世	栄進	没落
正常	―	異常
長所	美点	短所
不和	不仲	円満
不意	突然	―
未来	将来	過去

類義語は、似た意味をもつ漢字に着目すると覚えやすいよ。

多義語

多義語……一語で複数の意味をもつ言葉

〈例〉「流れる」の意味

流れる

【基本的な意味】

①液体が移動する
例「川が流れる」

【派生的な意味】

②物が移動する
例「星が流れる」「雲が流れる」

③時間が経過する
例「歳月が流れる」

④伝わり広がる
例「噂《うわさ》が流れる」

⑤好ましくない傾向になる
例「楽なほうに流れる」

⑥取りやめになる
例「試合が流れる」

確かめよう

※設問文は省略してあります。

1　①おばあちゃん・老婦人
　②概略・詳細

2　①着る・履く・かぶる・はく
　②着る…衣服　履く…靴《くつ》
　かぶる…帽子　はく…ズボン

3　①②手で打つ。…たたく。
　頭を強く打つ。…勢いよくぶつける。
　たいこを打つ。…たたいて音を鳴らす。
　鼻を打つにおい。…強く刺激する。
　聴衆《ちょうしゅう》の心を打つ演説。…感動を与える。
　メールを打つ。…発信する。印字する。
　庭に水を打つ。…まき散らす。
　川に網を打つ。…広がるようにして投げる。
　くいを打つ。…たたいて中に入れる。
　注射を打つ。…差し入れる。
　目盛りを打つ。…目印をつける。
　芝居《しばい》を打つ。…芝居《しばい》などの興業を行う。
　ばくちを打つ。…勝負事をする。
　寝返りを打つ。…そのような動きをする。

多義語は、意味と例文をセットにして覚えておこう。

読みを深め合う　小説

小さな手袋

内海《うつみ》隆一郎《りゅういちろう》

教科書 P.162~174

内容を確認して、整理しよう

小学校三年生のシホは、雑木林の中で年老いたおばあさんと出会う。シホは、毎日雑木林に通い、おばあさんと交流を深めていく。おばあさんは、雑木林に隣接する病院の入院患者《かんじゃ》であった。

しかし、一か月後、シホの祖父が亡くなる。親しかった祖父との別れにシホは衝撃を受ける。そして、祖父の死をきっかけにおばあさんとの交流を一方的にやめてしまう。

それから二年半後、シホは、その病院で偶然《ぐうぜん》おばあさんのことを思い出す。看護婦から、雑木林に来なくなったシホをおばあさんが必死で探していたことを聞く。そして、おばあさんがシホのために編んだ小さな手袋を渡される。

おばあさんに会いたがるシホだったが、おばあさんはすでにひどい認知症で周りの人のことがわからなくなっていた。シホは、病院の帰りに父親である「私」に雑木林へ寄っていきたいと頼む。

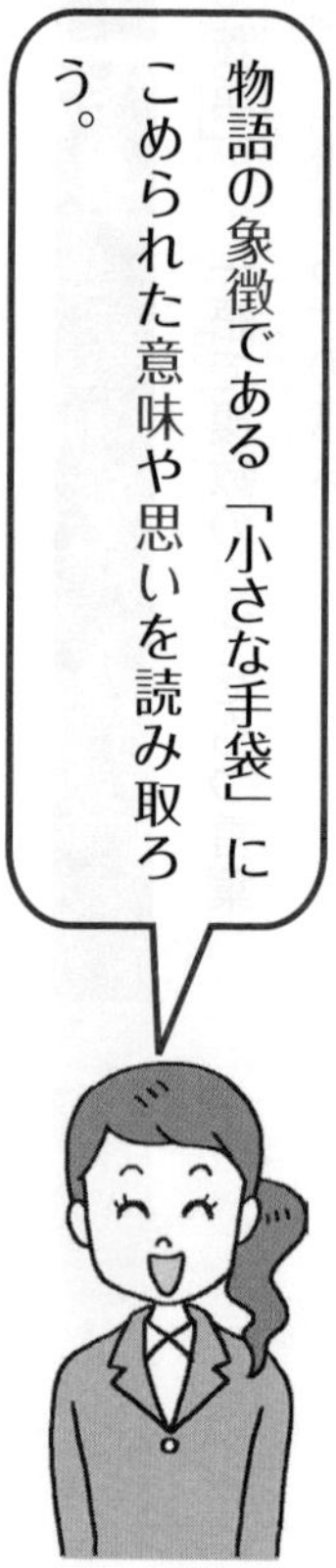

「小さな手袋」に、こめられた事柄を捉えよう

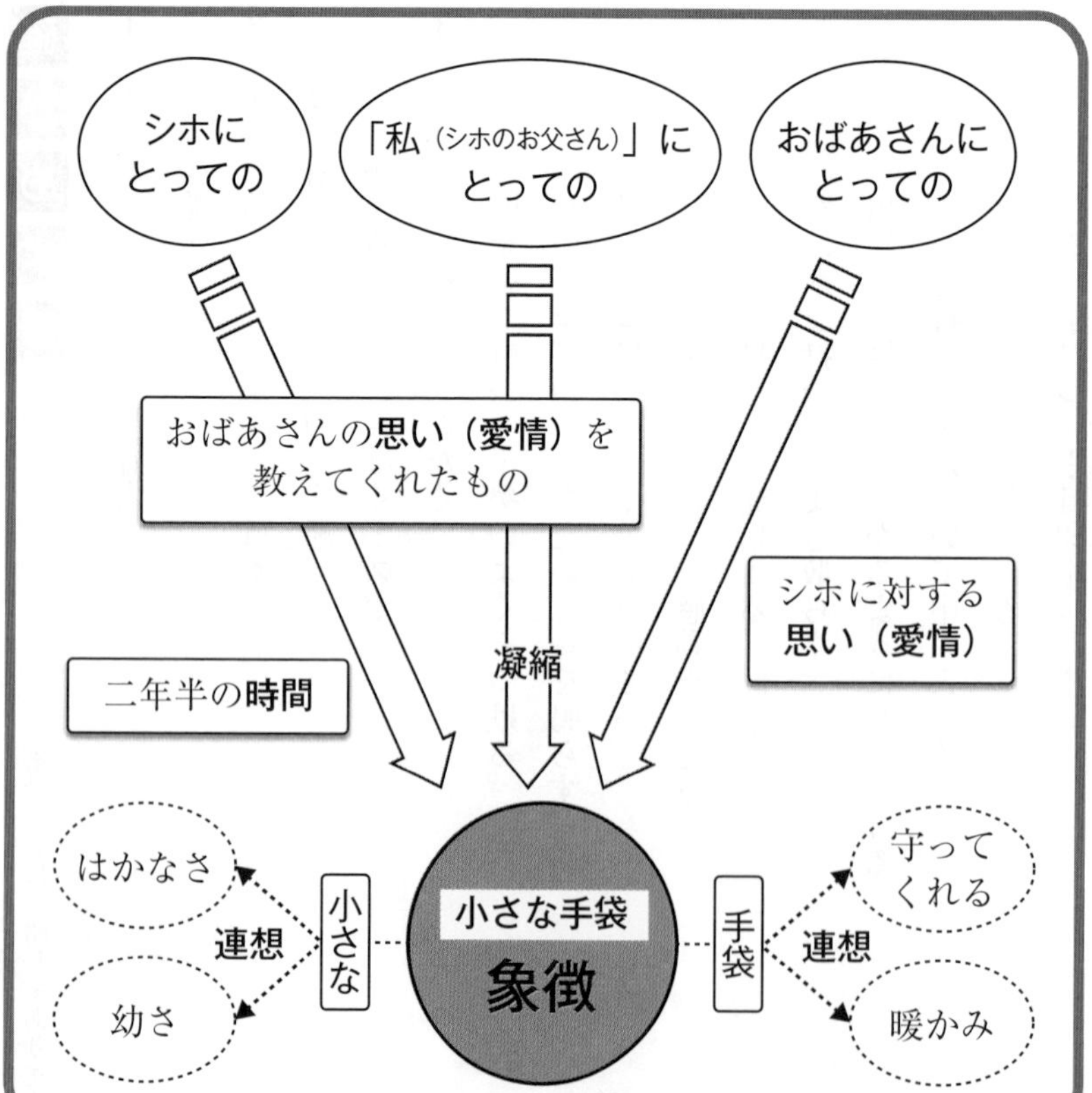

まとまりごとの展開を確認しよう

1 雑木林の様子

教P.162・1行め～P.163・1行め

物語の舞台 ＝ 武蔵野《むさしの》のおもかげを残した **雑木林**

距離
- 私＝シホの父親。物語の語り手
- 私の家から歩いて十五分ほど。＝ 近すぎず遠すぎない距離

大きさ
- 小学校のグラウンド三つぐらい。

外観
- うっそうとして、人を寄せつけない。

林の中（⇔外観）
- ・くぬぎ、とち、なら、しいが茂る。＝ 自然が残っている
- ・子どもが二人並んで歩けるほどの小道には、雑草があまり生えていない。＝ よく人が通る道である
- ・木立はまばらで、木々は優美。
- ・辺り一面に木の葉や雑草の匂い

ポイントを確認しよう

①この物語は、誰の視点で描かれているだろうか。

例 シホの父親である「私」。

1の段落では人物は登場しない。冒頭の文の初めに「私」が出てくるだけである。シホの父親である「私」が物語の語り手であることを導入部で示している。

②雑木林の小道だけが「雑草にむしばまれることもなく、土肌を見せている」からこの道がどんな道だとわかるだろうか。

例 雑草が生い茂らない程度に人が通る道。

小道の様子から、この雑木林はある程度人の出入りする場所であることがわかる。

③人を寄せつけない外観をもつ雑木林の中は、どんな場所として描かれているだろうか。

例 外観とは異なるやさしく温かな場所。

この物語において「雑木林」という場所は、非常に重要である。

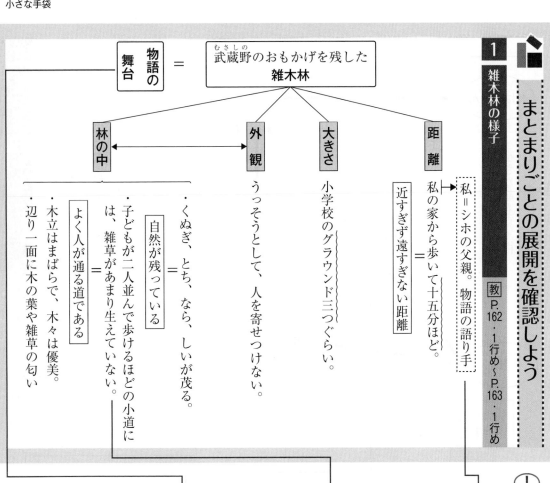

2 雑木林を毎日訪ねるシホ

教 P.163・2行め～P.166・19行め

【登場人物】

- **私**――シホの父親。物語の語り手。
- **シホ**―私の娘。小学三年生。（六年前の秋）
- **妻**――シホの母親。
- **おばあさん**―雑木林そばの病院の入院患者《かんじゃ》。

◆シホと妖精の出会い

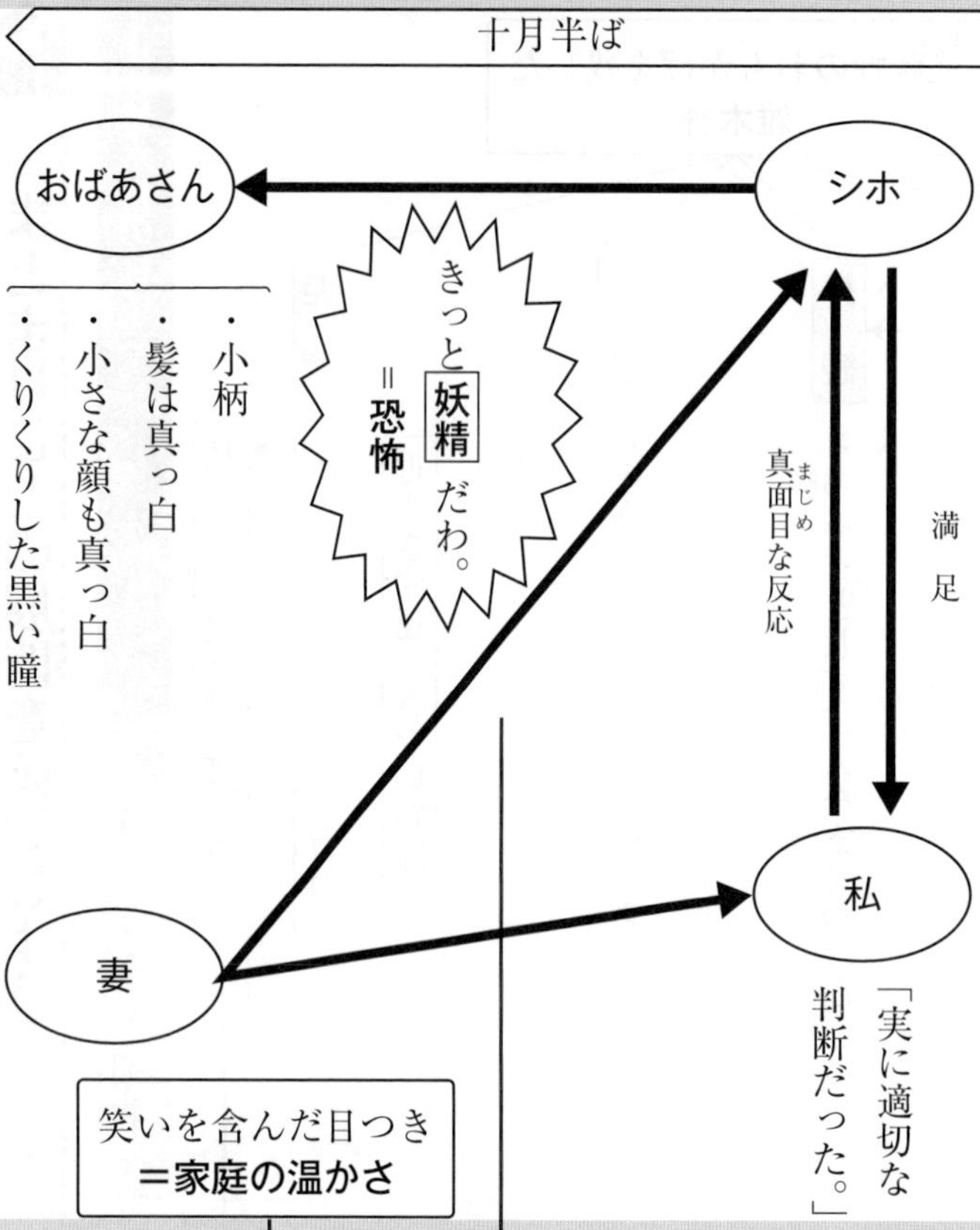
十月半ば
シホ
おばあさん
きっと妖精だわ。
＝恐怖
・小柄
・髪は真っ白
・小さな顔も真っ白
・くりくりした黒い瞳
満足
真面目《まじめ》な反応
私
妻
「実に適切な判断だった。」
笑いを含んだ目つき
＝家庭の温かさ

① シホは、年老いた妖精とどこで出会ったのだろうか。

雑木林。

場面の展開をつかむ。十月半ばのこの場面で、シホは雑木林の中で戻ってこない友達の犬を探し回っている。その際に年老いた妖精（＝おばあさん）と出会ったのである。

② なぜ、シホはおばあさんを「妖精」だと思ったのだろうか。

例 おばあさんが、童話の中に出てきた意地悪な妖精とそっくりだったから。

シホは、童話に出てきた「魔法を使って人間を石や木に変えてしまう意地悪な妖精」とおばあさんの容姿がそっくりであることに驚き、おばあさんに魔法をかけられてしまうかもしれないという恐怖を抱いたのである。

③ 「私」と「妻」と「シホ」の家庭は、どのような家庭として描かれているだろうか。

例 温かい家庭。

ほろ酔《よ》いで娘（＝シホ）の話に真面目《まじめ》に受け答えしている私（＝シホの父親）の様子を、妻（＝シホの母）が笑いを含んだ目つきで見比べているという家族団らんの風景から、温かな家庭であることが読み取れる。

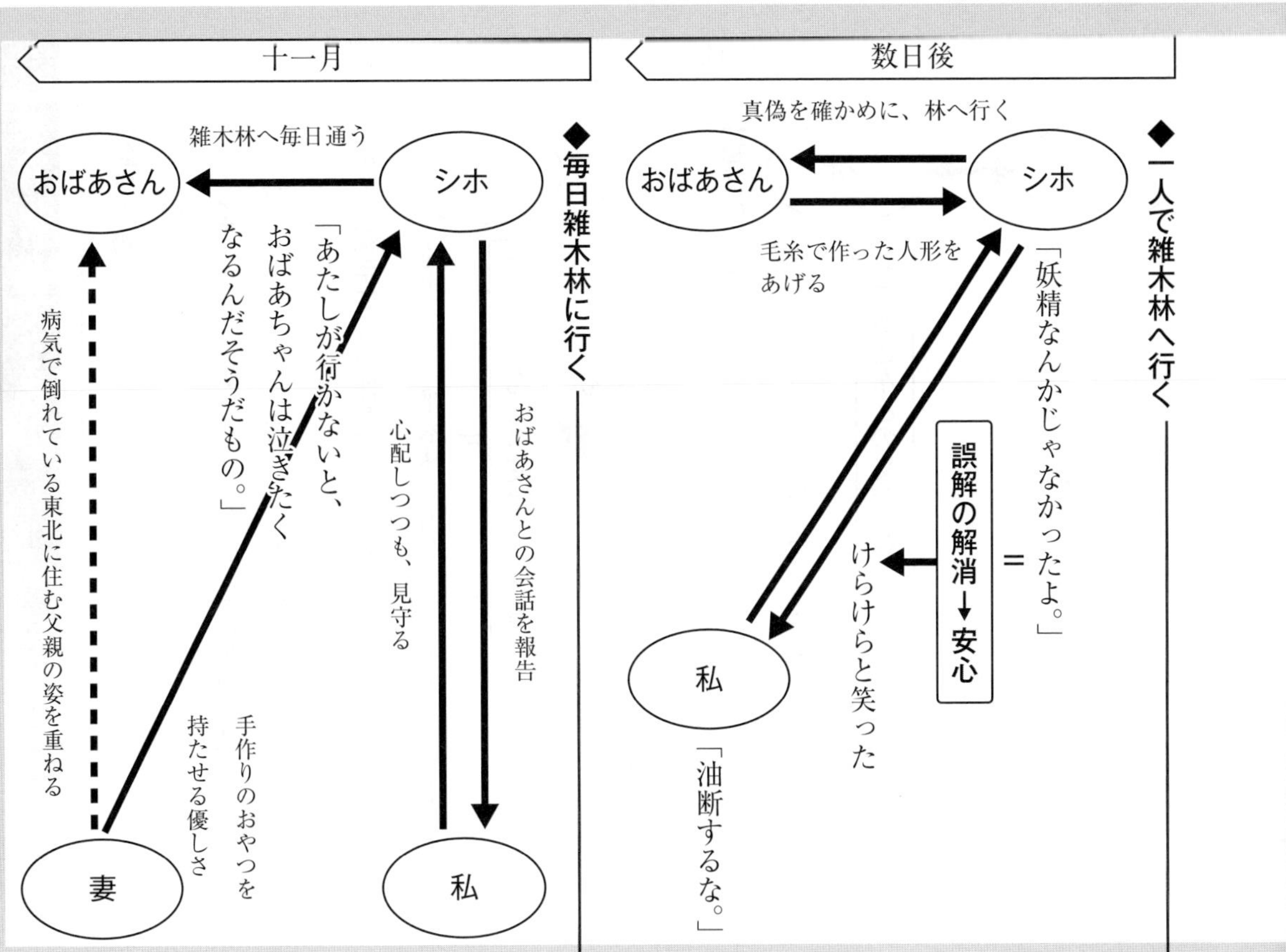
十一月
◆毎日雑木林に行く
雑木林へ毎日通う
シホ
おばあさん
「あたしが行かないと、おばあちゃんは泣きたくなるんだそうだもの。」
おばあさんとの会話を報告
心配しつつも、見守る
病気で倒れている東北に住む父親の姿を重ねる
手作りのおやつを持たせる優しさ
妻
私
数日後
◆一人で雑木林へ行く
真偽を確かめに、林へ行く
シホ
おばあさん
毛糸で作った人形をあげる
「妖精なんかじゃなかったよ。」
誤解の解消→安心
けらけらと笑った
私
「油断するな。」

①シホは、なぜ一人で雑木林へ行ったのだろうか。

例 雑木林で出会ったおばあさんが本当に妖精かどうかを確かめるため。

「妖精なんかじゃなかったよ。」という言葉から、シホがおばあさんが妖精かどうかを確かめに行ったことを読み取ろう。

②シホが、おばあさんに会いに行くようになったきっかけは、どんなことだっただろうか。

例 おばあさんと話してイメージが変わったこと。

意地悪な妖精のイメージが消え、シホは、おばあさんに好感をもつようになった。毛糸の人形をもらうほどに、おばあさんと親しくなったことを読み取ろう。

③シホは、なぜ空気が冷たくなっても、雑木林に行くのをやめなかったのだろうか。

例 おばあさんが、自分を必要としてくれていることを強く感じ、会いに行きたいと思っていたから。

「あたしが行かないと、おばあちゃんは泣きたくなるんだそうだもの。」「あたしがおばあちゃんのショールの中に一緒に入ってると、とっても暖かいんだって。」というシホの言葉から、自分がおばあさんに必要とされていることを強く感じていることを読み取ろう。

3 雑木林に行かなくなるシホ

教 P.167・1行め〜19行め

【登場人物】
・私——シホの父親。物語の語り手。
・シホ——私の娘。小学三年生。（六年前の秋）
・妻——シホの母親。　・妻の父——シホの祖父。

十一月中旬

【祖父が脳卒中の発作を起こした】

シホ
遠慮《えんりょ》がちに雑木林へ出かけた。
＝**おばあさんとの交流を続ける**

変化

祖父の死＝衝撃

【祖父の死後】

シホ
雑木林に行かなくなった。…自然。
＝**おばあさんとの交流をやめる**

私と妻 ⇔ シホ
・ひと言もふれなかった。
・娘の心に立ち入ることができない。

①シホは、なぜ遠慮《えんりょ》がちに雑木林に出かけたのだろうか。

例 祖父が二度めの脳卒中の発作を起こして病床についたから。
祖父が病床についているので雑木林に出かけることに引け目も感じているが、シホにとっておばあさんに会いに行くことは楽しみだったことがわかる。

②祖父の死によって、シホはどのように変化しただろうか。

例 おばあさんに会うために毎日雑木林に行くことをやめた。
シホにとって祖父の死は、初めて経験する身内の死であり、大きな衝撃を与《あた》えるものであった。

③「娘の心に立ち入ることはどうしてもできなかった」ときの「私」の気持ちはどのようなものだろうか。

例 シホを心待ちにするおばあさんのことは気にかかるが、これ以上娘の心を乱したくない気持ち。
祖父の死に心を痛めているだろうこと、初めての身内の死をどう受け入れてよいか困惑しているだろうことを考え合わせると、きわめて自然におばあさんとの交流を絶ってしまったシホに理由を尋ねるなどすることは、シホの心にどんな影響を与《あた》えるのかわからず、そのままになってしまったのである。

4 雑木林の病院へ行くシホ

教 P.168・1行め～P.170・18行め

【登場人物】

- **私**……シホの父親。物語の語り手。
- **シホ**…私の娘。小学六年生。（祖父の死の二年半後）
- **若い修道女《しゅうどうじょ》**　・**中年の修道女《しゅうどうじょ》**
- **おばあさん**…「宮下《みやした》さん」

きっかけ　シホが発熱し、雑木林そばの病院を受診

シホ　「そうだ」
「やっぱり聞いてみようっと。」

修道女《しゅうどうじょ》　「あなたがシホちゃんなのね。
やっぱりいたのね。ほんとだったのね。」

修道女《しゅうどうじょ》から**小さな手袋**を手渡される。
↓
象徴

- おばあさんのシホを大切に思う気持ち
- おばあさんのシホに会いたいという思い
- おばあさんの苦労
- 交流が途絶えた二年半という時間の長さ

シホは、手袋に顔を押しつけて泣いた。

感謝と**後悔**

①シホが雑木林のおばあさんのことを思い出した、「ほんのちょっとしたきっかけ」とはどんなことだろうか。

例　シホが祝祭日に熱を出したが、かかりつけの病院が休みのため、雑木林近くの病院に行くことになったこと。
シホも「私」もごく自然におばあさんのことを忘れていたらしいことがうかがえる。

②「かすかなおえつが漏れ出た」ときの、シホの気持ちはどんなものだったのだろうか。

例　おばあさんが自分を大切に思ってくれていたことに気づいて感謝する気持ちと、おばあさんに会いに行かなくなってしまったことを悔やむ気持ち。
小さな手袋にこめられたおばあさんの深い愛情に気づくと同時に、おばあさん会いに行かなくなったことを悔やんで、シホが泣いていることを読み取ろう。

シホがおばあさんの思いを知る重要な場面だよ。シホ、おばあさん両方の心情を丁寧に読み取ろう。

私
「宮下《みやした》さんは、今どうなさっていますか。」

修道女《しゅうどうじょ》
「まだ、この病院に入院していらっしゃいます。」

涙でぬれた目が輝く

シホ
「会いたい。会ってもいいですか。」
＝
おばあさんに会えるという喜び

修道女《しゅうどうじょ》
「会ってもしかたありません。もうシホちゃんが誰なのか、わからないんですよ。」
＝
シホを悲しませたくないという思い

大きな後悔
・おばあさんと二度と心を通い合わせることができない。
・手袋のお礼を伝えられない。
・突然会いに行かなくなったことの謝罪ができない。

①おばあさんが今も入院していることを聞き、シホの「涙でぬれた目が輝いた」のは、なぜか。

例 もう一度おばあさんに会えると思い、うれしかったから。
シホは直前で、手袋を顔に押し当て、おばあさんに会いに行かなかったことを後悔して泣いている。だから、もう一度会えると思い、目を輝かせて喜んだのである。

②なぜ、修道女《しゅうどうじょ》は「会ってもしかたありません」とシホにはっきりと伝えたのだろうか。

例 シホが誰かもわからなくなっているおばあさんに会って、シホを悲しませたくないと思ったから。
二年半前と同じようにおばあさんと心を通い合わせることができると信じているシホに、修道女《しゅうどうじょ》ははっきりとおばあさんの現実を伝えたほうがよいと思ったのである。

③「シホちゃんが誰なのか、わからないんですよ」と言われたとき、シホはどんな気持ちだったのだろうか。

例 二年半前におばあさんに会いに行くのをやめてしまったことを深く後悔する気持ち。
おばあさんと以前と同じように心を通い合わせることができなくなってしまい、ひどく後悔しているのだと考えられる。

5 病院をあとにするシホ

教 P.170・19行め～P.171・1行め

【登場人物】
・私……シホの父親。物語の語り手。
・シホ…私の娘。小学六年生。

シホ
「雑木林へ寄っていきたい」
＝象徴
おばあさんとの思い出の場所

私 ―共感→ シホ

うなずき、自転車を雑木林の入り口の方へ向けた。
＝
シホの気持ちを察して、その思いに応えてあげたいと思った。

おばあさんの心は昔の大連《だいれん》へ帰ってしまい、以前のように会ったり心を通い合わせたりすることはできないが、せめて、懐《なつ》かしい思い出がつまった雑木林へ行き、記憶《きおく》の中で、おばあさんと交流したい。

①シホは、なぜ「雑木林へ寄っていきたい」と言ったのだろうか。

例 おばあさんに会うことはかなわないが、せめておばあさんとの思い出がたくさんつまった雑木林に行きたいと思ったから。
雑木林は、シホとおばあさんが交流を深めた大切な場所であり、思い出の象徴だといえる。シホは、雑木林に行っておばあさんとのいろいろなできごとをしのびたかったのだと考えられる。

②熱があるのが心配だったが、シホが雑木林に向かうことを許したのはなぜだろうか。

例 シホの、おばあさんとの思い出を大切にしようという気持ちを大事にしてあげたいと思ったから。
病院でのやり取りを通して、シホの感謝と後悔を目《ま》の当たりにした「私」は、「雑木林へ寄っていきたい」と言ったシホの真意をくみ取り、その気持ちを大切にしてあげたいと思ったと考えられる。

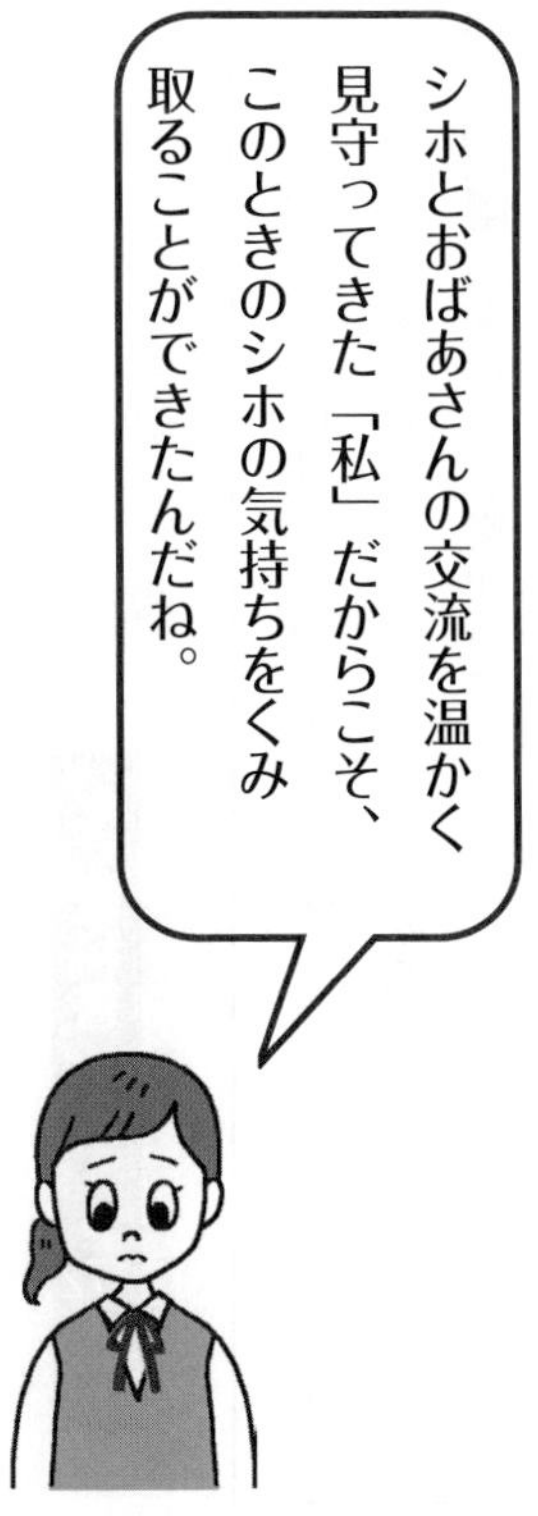
シホとおばあさんの交流を温かく見守ってきた「私」だからこそ、このときのシホの気持ちをくみ取ることができたんだね。

学びの道しるべ

▼教科書 P.172〜173

1 時間の流れにそって、できごとを整理しよう。 →P.137〜143

2 シホと「おばあさん」との交流は、どのように変化したか。シホの言動に着目して、場面ごとに捉えよう。

・六年前の秋、十月半ばの午後 →P.138①②
・妖精（「おばあさん」）との出会いから数日後 →P.139②
・十一月 →P.139③
・十一月中旬 →P.140①②
・二年半後の春 →P.142②

3 シホと「おばあさん」はどのような人物として描かれているか。また、「おばあさん」はシホをどのように見ていたか、考えよう。

■解答例■

・シホ＝一人でいる「おばあさん」のことを放っておけない優しく好奇心旺盛《おうせい》な性格。
・「おばあさん」＝シホのお母さんや祖父のことへの気配りができる思いやりのある人物。
　自分のもとを訪ねてくる人はなく孤独《こどく》な毎日だった。ある日シホと出会い、頻繁にシホが訪ねてくるようになると、シホが家族のように大切な存在だと思うようになった。

4 「小さな手袋」には、どのような意味がこめられているか、シホと「おばあさん」、それぞれの立場から考えよう。

■解答例■ ［シホの立場から］
「小さな手袋」はおばあさんが苦しい思いをして編みあげたこと、シホ自身が成長したこと、二人の会わなかった時間の長さを表している。

■解答例■ ［「おばあさん」の立場から］
孤独《こどく》な自分を温かい気持ちにさせてくれたお礼に、シホを暖めてあげようという思いから、不自由な手で手袋を編んだ。

5 シホが「雑木林へ寄っていきたい」（170ページ・19行め）と言ったのは、どのような思いからか。「私」はそういうシホをどのように見ていたか。考えたことを書いて、交流しよう。

■解答例■

シホは祖父の死以来、毎日のように会っていた「おばあさん」と別れてしまった。今シホの知っている「おばあさん」は「昔の大連《だいれん》」に帰ってしまった。会いに行かなくなったことの謝罪と別れを告げるために思い出の中の「おばあさん」に会いに雑木林へ行った。「私」は、熱があるのが心配だったがシホの気持ちを大切にしようとそばで見守っていた。

読み方を学ぼう　象徴　教P.174

象徴とは、意味や思いなどを、それを連想させる物や場所に託して間接的に表現する方法です。目に見えない物を目に見える物に置き換えるように用いることもあります。

その物や場所が何を象徴しているかを捉えることで、文章には直接書かれていない登場人物の心情などを読み取ることができます。

例　このクラス発表は、みんなの思いが一つになった象徴だ。

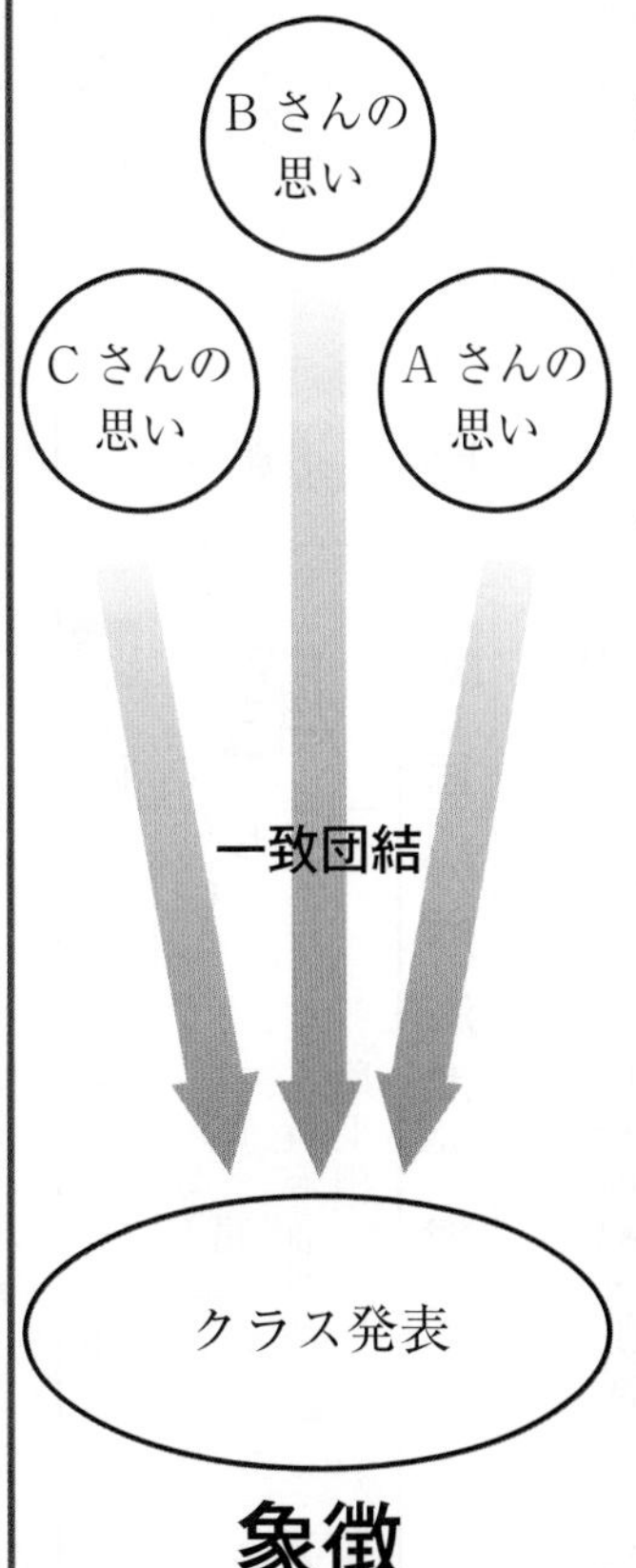
Bさんの思い
Cさんの思い
Aさんの思い
一致団結
クラス発表
象徴

重要語句の確認

▼162ページ

1 意 おもかげ　心の中に浮《う》かんでくる姿、様子。

4 意 うっそう　樹木が重なり合って盛《さか》んに茂《しげ》っている様子。

6 意 まばら　数が少なく、密でないこと。

8 意 むしばむ　病気や有害物などで、体や心を損《そこ》なう。

12 意 放射状《ほうしゃじょう》　中央の一点から四方八方に広がっている状態。

▼164ページ

4 意 沈着《ちんちゃく》　落ち着いていること。類 冷静

14 意 真偽《しんぎ》　本当かうそか。類 真否。

▼165ページ

7 意 趣《おもむき》　感じ。様子。

13 意 日参《にっさん》　ある目的を達成するために、毎日特定の人や場所を訪問すること。

16 意 駆《か》る　走らせる。

▼166ページ

14 危《あや》ぶむ　不安で気がかりに思う。

▼167ページ

17 意 察《さっ》する　想像して考える。類 推察する。

▼168ページ

15 意 宙　地面から離れたところ。類 空中

▼169ページ

1 意 間髪《かんはつ》を入《い》れず　相手の行動に応じてすぐ。

9 なだめる　怒《おこ》ったり悲しんだりしている気持ちを穏《おだ》やかにするよう働きかける。

▼170ページ

5 意 おえつ　声を詰《つ》まらせて泣くこと。類 むせび泣き

11 押《お》しとどめる　おさえてとめる。

19 意 辞去　別れの挨拶《あいさつ》をして立ち去ること。類 辞する。

新出漢字のチェック ✓

茂 162ページ 8画 忘れずに
一 十 艹 艹 芦 芦 茂 茂 茂
モ
しげ-る
繁茂
草木がおい茂る
茂みに潜む
4級

妖 163 7画 ×「夭」
く 女 女 女 奸 妖 妖
ヨウ
あや-しい
妖精・妖怪《ようかい》・妖女
妖気が漂う
妖しい魅力を放つ
2級

注 訓読みに注意しよう。
「妖怪《ようかい》」という熟語は、どちらも「あやしい」という意味と読みをもった漢字で構成されているよ。

柄 163 9画
一 十 オ 木 朾 朾 柄 柄 柄
*ヘイ
がら
え
小柄・柄物
家柄・国柄
包丁の柄
4級

膝 163 15画 ×「水」
ノ 刀 月 月 肸 肸 膝 膝 膝 膝
ひざ
膝・暖かい膝かけ
膝枕《ひざまくら》をしてもらう
膝をつき合わせる
2級

瞳 163 17画 ×「目」
丨 冂 目 目 旷 旷 暗 暗 瞳 瞳
ドウ
ひとみ
瞳孔
つぶらな瞳
2級

娘 163 10画 ハネ
く 女 女 女 女 妒 娘 娘 娘 娘
むすめ
母と娘
小町娘・末娘
4級

靴 163 13画 ×「艹」
一 艹 艹 廿 昔 昔 革 革 靴 靴
*カ
くつ
黒靴・靴下・靴箱
おそろいの靴
靴ひもを結ぶ
準2級

震 163 15画
一 卄 币 雨 雨 雪 雪 震 震 震
シン
ふる-う
ふる-える
地震・震度
震う声で話す
恐怖に震えあがる
4級

伏 164 6画 忘れずに
ノ イ 仁 什 伏 伏
フク
ふ-せる
ふ-す
降伏する
お椀《わん》を伏せておく
伏し目
3級

酌 164 10画 忘れずに
一 厂 冂 丙 西 西 酉 酌 酌 酌
シャク
*く-む
晩酌・酌をする
情状酌量の余地
手酌をお願いする
準2級

棟 165 12画
一 木 朾 朾 桁 桁 棟 棟 棟
トウ
むね
*むな
三棟・入院病棟
大工の棟梁《とうりょう》
棟続きの借家
準2級

診 165 12画 ×「ミ」
丶 亠 言 言 訁 訃 診 診 診
シン
み-る
診療所・診察室
院長の回診
丁寧に患者《かんじゃ》を診る
準2級

注 同訓異字に注意しよう。
「診察する」「診断する」という意味の「みる」には、「見」ではなく「診」を用いるよ。

療 165 17画 忘れずに
丶 广 疒 疒 疢 疢 疢 瘠 瘠 療
リョウ
診療所・療養する
治療に専念する
医療の現場
4級

尾 165 7画
㇇ コ 尸 尸 尸 尸 尾
ビ
お
首尾一貫《いっかん》
末尾に記す
尾羽根
4級

滞 165 13画 ×「帝」
氵 氵 汁 浀 浀 浀 滞 滞 滞
タイ
とどこお-る
滞留・長期滞在
停滞前線・渋滞
自由研究が滞る
3級

注 字の形に注意しよう。

「滞」の右側の「巾」の縦画は上に突き出さないよ。

ページ 165 **漂** 14画
ヒョウ／ただよ-う
漂流物を拾う
小島に漂着する
漂う・気品が漂う
3級

167 **儀** 15画 ×「主」
ギ
儀式・礼儀正しい
行儀よく振る舞《ま》う
地球儀をまわす
4級

167 **衝** 15画 ハラウ
ショウ
衝撃的・衝突する
折衝を担当する
衝動買いを防ぐ
3級

注 「行」（ぎょうがまえ）に注意しよう。

「衝」を「衝動」という熟語で用いるときに、一番右を「力」と書き間違えないように気をつけよう。

168 **剤** 10画
ザイ
薬剤室・清涼剤
新発売の洗剤
検査用の下剤
4級

169 **抑** 7画 ×「印」
ヨク／おさ-える
核抑止力
抑圧される
興奮を抑える
3級

注 形の似た漢字に注意しよう。

「抑」は、「仰天」「教えを仰ぐ」の「仰」とは左の偏《へん》が異なるね。

---

169 **範** 15画 二画で
ハン
範囲・模範の生徒
師範の腕前
形の規範を示す
4級

170 **漏** 14画
ロウ／も-る・も-れる／も-らす
漏電
雨漏り
漏れ出る
3級

170 **輝** 15画 忘れない
キ／かがや-く
輝石を集める
永遠の輝き
宝石のように輝く
4級

注 同音の漢字に注意しよう。

「指揮をする」の「揮」と「輝」はどちらも「キ」と読み、形も似ているね。

新出音訓の確認

ページ 163 **提** さ-げる　手提げ

165 **児** ニ　小児科

165 **外** ゲ　外科

166 **危** あや-うい／あや-ぶむ　危ぶむ

167 **発** ホツ　発作

書く

読み深め合う

創作文　読みたくなるしくみを工夫する

教科書 P.176～179

1 創作コースを選ぶ

創作＝新たにつくり出すこと。

①創作のもとにする作品を選ぶ

・今までに学習した物語や古典作品など

・これまでに読んだ小説や詩など

②創作コースを選ぶ

創作コースの例

Aコース　前編／続編……時間や時代を前後させてみる。

Bコース　番外編　………主人公や語り手、舞台や時代を替えてみる。

Cコース　手紙　…………登場人物の視点から、手紙を書いてみる。

Dコース　パロディー……特徴をまねしつつ、おかしみのある作品に作り変える。

Eコース　シナリオ………登場人物のせりふとト書きで構成する。

Fコース　詩　……………登場人物を作者にして詩を書いてみる。

2 作品を研究する

もとにする作品の読みたくなるしくみの分析をする

・登場人物の設定の工夫

・話の展開の工夫

・情景描写や比喩などの使い方

・回想か、現在進行中の話か

・誰の視点から書かれているか

・作品のテーマやメッセージはどんなものか

→

もとにする作品の魅力や特徴を知る

作品を研究してわかったことを創作文の執筆に生かそう。

3 創作する

①構想を練る

＝

【ポイント】

○もとにする作品の魅力や特徴を生かす。

○自分独自の発想を盛り込む。

・題名
・人物設定
・話の展開
・語り手の設定
・作品テーマ　など

○表現の工夫を考える。

・情景描写
・比喩表現　など

②どの部分を作るかを決める

・作品全体 ←
・一つの場面（冒頭の場面／途中の場面／最後の場面　など）

③執筆する

1 下書きをする。
↓
2 推敲《すいこう》・修正をする。

【ポイント】

・読み手の目線で読み返す。
……伝えたいことがきちんと伝わる表現になっているか。
・読み手をひきつける表現に改良する。
……比喩表現や擬音語などを効果的に用いているか。

↓
3 清書をする。

読み返すときも、修正するときも、読み手を意識することが大切だよ。

4 作品を発表する

【他の人の作品を読むときのポイント】

○もとになった作品の特徴がどのように生かされているか。

○自分独自の発想がどのように加えられているか。

○どのように表現の仕方が工夫されているか。

言葉

読みを深め合う

漢字を身につけよう⑦

教科書 P.180

漢字	ページ	画数	音訓	用例	級
咽	180	9画	イン	咽喉・咽頭炎	2級
麻	180	11画	マ あさ	麻酔《ますい》・亜麻色 麻薬撲滅運動 麻のスーツ	準2級
謁	180	15画	エツ	謁見・謁を賜《たまわ》る 陛下に拝謁する	準2級
恭	180	10画	キョウ *うやうや-しい	恭順 恭賀新年	準2級
悦	180	10画	エツ	満悦・悦に入る 恐悦至極《しごく》 愉悦に浸る	3級
酬	180	13画	シュウ	報酬（＝給与）（＝給料） 意見の応酬	準2級
嫉 ×[失]	180	13画	シツ	嫉妬（＝嫉視）	2級
妬 ×[右]	180	8画	ト ねた-む	嫉妬・妬心 妬みとそねみ	2級
粛	180	11画	シュク	厳粛・綱紀粛正 自粛のムード ご静粛に願います	準2級
摯	180	15画	シ	真摯（＝真剣）	2級
窃	180	9画	セツ	窃盗・窃取（＝失敬）	準2級
陪	180	11画	バイ	陪審員・陪席	3級
審	180	15画	シン	陪審員 作品を審査する 三審制・国民審査	3級
婚	180	11画	コン	結婚式・新婚生活 婚姻届を受理する 婚約会見を開く	4級
姻 ×[困]	180	9画	イン	婚姻届・姻戚関係 姻族に紹介する	準2級

披 180ページ 8画
ヒ
披露宴
書状を披見する
準2級

宴 ×「目」 180 10画
エン
祝宴・宴会の席
披露宴の会場
宴もたけなわの頃
3級

珠 180 10画
シュ
真珠・珠算検定
珠玉の作品
念珠を握る
準2級

新出音訓の確認

180ページ	石	コク	石高
180	灰	カイ	石灰
180	反	タン	反物
180	商	あきな-う	商い

壱 180 7画
イチ
壱の重
第壱巻
壱万円の値が付く
4級

弐 ×「エ」 180 6画
ニ
弐の重
第弐巻
弐千円と記す
4級

注 **字の形に注意しよう**
「弐」の四画目は斜め右上にはらおう。

180	京	ケイ	京浜工業地帯
180	命	ミョウ	寿命
180	操	あやつ-る	操る

教科書問題の答え

1
① いんこう
② ま
③ えっけん　きょうじゅん
④ まんえつ
⑤ ほうしゅう
⑥ しっと
⑦ げんしゅく　しんし
⑧ せっとう
⑨ ばいしんいん
⑩ こんいん
⑪ ひろうえん　しんじゅ
⑫ いち　に

2
① こく　② かい
③ たん　あきな　④ けい
⑤ みょう　⑥ あやつ

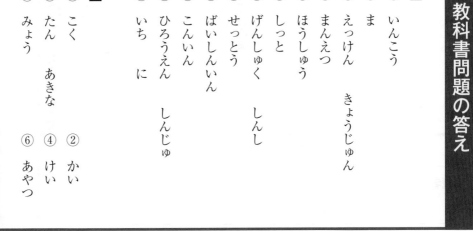

視野を広げる　評論

動物園でできること

教科書 P.182〜192

奥山《おくやま》英登《ひでと》

内容を確認して、整理しよう

動物園には、人々にレクリエーションの場を提供するという役割以外に、野生動物を保護して次世代へ伝える役割や、野生動物についての調査や研究をする役割がある。さらには、野生動物や自然環境について学ぶ場を人々に提供することも大切な役割である。しかし、レクリエーションの場を提供すること以外の役割は、あまり人々に知られていない。

動物園にとって、「楽しみの場」と「学びの場」をどのように組み合わせていくかということは大きな課題である。旭山《あさひやま》動物園では、この二つを両立させる動物園でありたいと考え、野生動物の魅力を引き出す展示と動物たちについての解説を行ってきた。

野生動物の本来の姿や行動を見たときの、驚きと不思議に満ちあふれた感動の体験は、動物園が「楽しみの場」であるとともに「学びの場」となる可能性を広げてくれるにちがいない。そして、動物園での学びが、野生動物と人間が地球上でともに幸せに生きる道をひらいてくれるだろう。

三つの具体例（例示）が、筆者の主張を支えているよ。

三つの例示から筆者の主張を捉えよう

「……事例をあげながらその方法を紹介したい。」

旭山《あさひやま》動物園が実践してきたこと

↓ 例示

具体例① オランウータンの例
「まずはじめは、オランウータンの展示である。」

具体例② ペンギンの例
「次に紹介するのは、旭山《あさひやま》動物園の冬の風物詩ともいえる『ペンギンの散歩』である。」

具体例③ エゾシカの例
「三つめの例として、私が飼育係を七年間務めてきたエゾシカの展示を紹介したい。」

↓ 支える

筆者の主張　動物園は「楽しみの場」であるとともに「学びの場」でなければならない。

まとまりごとの展開を確認しよう

1 動物園の役割

教 P.182・1行め～P.183・7行め

「動物園の役割は？」

●**レクリエーションの場**を提供

人々によく知られている動物園の役割

背景 自然環境が急速に悪化し、多くの種類の動物が絶滅の危機にひんしている。

●野生動物を保護し、次の世代へ伝える。
●野生動物についての調査や研究。
●野生動物や自然環境について**学ぶ場**の提供。

＝

野生動物とともに生きることの意味や大切さを学べる。

人々に余り知られていない動物園の役割

残念

動物園の大きな四つの役割
→互いに関連し合っていてどれも重要

ポイントを確認しよう

①筆者は、動物園が野生動物を保護する役割を担《にな》うようになった背景には、どんなことがあると思っているのだろうか。

例 自然環境が急速に悪化し、多くの種類の動物が絶滅の危機にひんしていること。

自然環境が悪化すると、野生動物たちの生活する場が奪われ、彼らを絶滅の危機に陥《おちい》らせてしまう。彼らを絶滅させないために、動物園は保護する役目を担《にな》っていると言っている。

②筆者が動物園の役割に関して残念に思っているのは、どんなことだろうか。

例 レクリエーションの場を提供すること以外の役割については、人々に余り知られていないこと。

四つの役割は、互いに関連し合い、どれも重要なものだが、動物園は楽しむ場としか人々に認識されていないと筆者は思っている。

2 旭山《あさひやま》動物園の実践

教 P.183・8行め〜P.188・16行め

筆者

旭山《あさひやま》動物園の飼育係をしながら、教育活動に従事していた。→野生動物や自然環境を学ぶ場の提供

・「レクリエーションの場」に、どのようにして「学びの場」を組み合わせていくか。

↓

大きな課題

動物園…楽しい場所でなくてはならない。
よりよく学ぶためにも楽しさは欠かせない。
⇔
楽しいことや楽しかったことが必ずしも学びにつながるとは限らない。

取り組みの例

① 動物との「触れ合い」
行うことのできる動物が限られる。
○モルモットやヤギ　×野生動物

② 動物ショー
野生動物の野生本来の姿ではない。

← 学びにはつながらない

①「レクリエーションの場」に「学びの場」をどのようにして組み合わせるかが、なぜ大きな課題なのだろうか。

例 楽しいことや楽しかったことが必ずしも学びにつながるとは限らないから。

筆者は自らの体験から、よりよく学ぶためには楽しさは欠かせないが、楽しい体験が野生動物について学ぶことに必ずしもつながらないことを、問題視している。

②筆者は、野生動物が「触れ合い」のイベントに適していない理由をどのように説明しているだろうか。

例 野生動物は本来、自然環境の中で人間たちとは別々に暮らす動物だから。

「触れ合い」の対象として適しているのは、ペットや家畜のような人間に改良されて利用されてきた動物である。

③動物との「触れ合い」や動物ショーが野生動物の学びにはつながらないと筆者が考えるのは、どうしてだろうか。

例 「触れ合い」やショーを通して知る動物の姿は、野生動物が自然の中で暮らす姿とはかけ離れているから。

筆者が学んでもらいたいのは、野生動物本来の姿であり、飼いならされていたり訓練されていたりする動物の姿ではないのである。

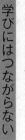

それでは

問題提起

どのようにして「楽しみの場」であることと「学びの場」であることを結びつければよいのか。

楽しみの場　学びの場

具体例① オランウータンの例

◆展示の工夫

○屋外に高さ一七メートルのタワーを二本建てて、ロープとレールでつなぐ。

↓

熱帯雨林でのオランウータンの生息域を再現

→ 悠々と空中を移動する姿が見られる

＝

野生本来の姿

◆来園者に学んでもらいたいこと

○身体的特徴や生態

・熱帯雨林に生息

・樹上生活に適した腕と手

・地上一〇～二〇メートルの木々での暮らし　など

○危機的状況

・生息が脅《おびや》かされている

○環境問題

・生息している森林が失われつつある

①旭山《あさひやま》動物園は、どんな二つのことを両立させる動物園でありたいと考えてきたのだろうか。

例 「楽しみの場」であることと、「学びの場」であること。

筆者の問題提起の一文に着目しよう。筆者は、読み手にわかりやすいように、「楽しみの場」と「学びの場」を両立させた旭山《あさひやま》動物園における具体例を三つあげている。

②旭山《あさひやま》動物園のオランウータンの新しい展示施設は、どんな目的で建てられたのだろうか。

例 高い木々の間を移動するオランウータンの野生本来の姿を再現するため。

従来の展示施設では天井の高さが限られているため、オランウータンが高い木々の間を移動する野生下の姿を見ることができなかったのである。

③筆者は、オランウータンの生息を脅《おびや》かす要因として何をあげているだろうか。

例 オランウータンのすむ森林が失われつつあること。

大規模農園を造るために、人間がオランウータンの生息する熱帯雨林を伐採してしまったことが原因である。環境問題が、オランウータンの危機的状況を招いていることがわかる。

具体例② ペンギンの例

楽しみの場 ―― 学びの場

◆展示の工夫

○「ペンギンの散歩」を見てもらう。

＝

園内を集団で散歩する姿

調教や訓練が必要なショーではない

習性に基づく野生下の行動を再現したもの

＝群れから海岸への狩りに出かける際の行動

◆来園者に学んでもらいたいこと

○自然の中で暮らすペンギンの「たくましさ」

・狩りのために離れた海まで黙々と歩く。
・天敵が待つ海中に潜って狩りをする。
・一回の潜水時間は約五分。
・潜る深さは二〇〇メートルを超える。

日本人は「ペンギン好き」
→ペンギンは「かわいい」

←

「かわいい」だけでは、ペンギンに申しわけない

①筆者は、なぜ「ペンギンの散歩」に調教や訓練が必要ないと言っているのだろうか。

例 キングペンギンの習性に基づく野生下の行動を再現したものだから。

キングペンギンは狩りに出かけるため、群れ（コロニー）から海岸まで歩いて向かう。「ペンギンの散歩」は、その習性をいかしているため、調教や訓練が必要ないと説明している。

② 「ペンギンの散歩」には、旭山《あさひやま》動物園のどんな願いがこめられているのだろうか。

例 自然の中で暮らすペンギンのたくましい姿に思いをよせてほしいという願い。

ペンギンは、かわいらしいものとして捉えられがちだが、自然の中で暮らすペンギンはとてもたくましい動物である。そのたくましさを伝えたいという願いが「ペンギンの散歩」にはこめられている。

どんな展示の工夫をして、何を来園者に学んでもらいたいのかを三つの具体例からそれぞれ捉えよう。

具体例③　エゾシカの例

エゾシカに対する見方の違い

筆者
・すばらしい野生の動物
・地球上の生物の豊かさを構成している一員

→ **エゾシカ** ←

・日本最大の草食獣
・日本の四季に合わせた姿

来園者
・「見飽きたよ」北海道ではよく出会う野生動物
・「憎たらしい」農林業被害や衝突事故を引き起こす害獣

ジャイアントパンダであれば「見飽きた」と言わない。

← つらい

筆者
地球の豊かさを構成している一員
↓エゾシカもジャイアントパンダも違いはないはず。

楽しみの場　学びの場

◆展示の工夫
○餌の与え方を工夫…**岩山登り**を見せるため
○柵の設置……**ハイジャンプ**を見せるため
↓すばらしい能力＝魅力

◆来園者に学んでもらいたいこと
○エゾシカとともに生きていることの**意味や大切さ**

①筆者は、エゾシカが「害獣」と捉えられている理由をどのように考えているのだろうか。

例　**エゾシカの増加が、農林業への被害や衝突事故で問題になっているから。**

エゾシカは、北海道ではよく出会う動物で、その増加が問題になっている。そのため、来園者からは「見飽きた」「憎たらしい」という声があがったのである。

②筆者は、エゾシカとジャイアントパンダは、どんな点において違いがないと考えているだろうか。

例　**地球上の生物の豊かさを構成している一員であるという点。**

ジャイアントパンダは日本では珍しく、とても貴重なものとして扱われる。しかし、エゾシカもジャイアントパンダも、地球上の生物の豊かさを構成する大切な動物であるという点に違いはないと筆者は述べている。

③エゾシカの展示では、エゾシカのどのような姿を伝えようとしているのだろうか。

例　**ハイジャンプや岩山登りをしているときのエゾシカのしなやかで美しい姿。**

エゾシカの飼育を担当してきた筆者は、崖登りの姿を見せるため、岩山の上に登ってくるように餌の与え方を工夫し、ハイジャンプが見せられるように柵の設置をしたのである。

3 筆者の主張 教 P.188・17行め～P.189・5行め

どのようにして「楽しみの場」であることと「学びの場」であることを結びつければよいのか。

野生動物としての魅力を引き出す展示と解説

・美しく、しなやか
・たくましく、ダイナミック
・ときに恐ろしい
→ 野生動物の姿と行動

↓ 驚き・不思議・感動

気持ちを引き起こす
・野生動物についてもっと知りたい
・野生動物の住む環境を守りたい

→ 動物園が「楽しみの場」と豊かな「学びの場」となる可能性が広がる。

◆筆者の主張
動物園での学びが、野生動物と人間が地球上で**ともに幸せに生きる道**をひらく力になる。

①旭山《あさひやま》動物園で、心がけていることはどんなことだろうか。

例 野生動物としての魅力を引き出す展示を行い、野生動物について解説すること。

美しく、しなやかで、たくましく、ダイナミックで、ときに恐ろしい野生動物の姿と行動を来園者に見てもらい、そんな彼らについて解説することを心がけているのである。

②筆者は、人々に動物園とどのように関わってほしいと考えているだろうか。二つ答えよう。

例 ・いろいろな動物園を繰り返し訪ねてほしい。
・動物園で大いに楽しみ、大いに学んでもらいたい。

筆者は人々に動物園をたくさん訪れ、楽しみ、そして学んでほしいと考えている。

③筆者が、読者に、動物園を何度も訪ねて楽しみ学んでほしいと考えているのはなぜだろうか。

例 野生動物と人間が幸せに生きる道をひらく力になると筆者は考えているから。

この文章を通して、一貫《いっかん》している筆者の考えである。動物園で野生動物とともに生きることの意味や大切さについて学ぶことが、重要なのである。

学びの道しるべ

▼教科書P.190～191

1 「四つの大きな役割」（183ページ・4行め）とは何か、それぞれまとめよう。↓P.153・上段

2 「楽しみの場」と「学びの場」の両立について筆者が提示している三つの事例を、それぞれ要約しよう。

① ボルネオオランウータンの展示 ↓P.155・上段
② キングペンギンの展示 ↓P.156・上段
③ エゾシカの展示 ↓P.157・上段

3 2で要約した三つの事例は、どのような点で来園者にとっての「学びの場」になっているのか、まとめよう。

■解答例■
野生動物としての魅力を引き出す展示を見た来園者が、驚きと不思議に満ちあふれた感動を体験することで、動物たちのことをもっと知りたいと思い、動物の暮らす環境を守りたいという気持ちを引き起こすこと。

4 「その学びが、野生動物と私たちがこの地球上でともに幸せに生きる道をひらく力になると私は信じている。」（189ページ・4行め）とはどういうことか、本文中の具体的な事例と結びつけて、詳しく説明しよう。

■解答例■
人間とは異なる自然環境で暮らすボルネオオランウータンの特徴や、彼らが暮らす環境について理解を深めることで、彼らが暮らすための森林を守りたいという気持ちが芽生える。このように動物園での学びを通して、人間の暮らしの豊かさだけでなく、動物にとって暮らしやすい地球を作るためのきっかけを来園者に与えることができるということ。

5 動物園のあり方に関する筆者の主張について、自分の知識や経験と関連づけて考えたことを二〇〇字程度の文章にまとめよう。

■解答例■
私は、動物園の展示を通して怖いだけだと思っていた動物の魅力を知ったり、ある動物が絶滅の危機に直面している事実を知ったりした経験があり、動物園でさまざまなことを学んだ。来園者の立場からすれば、もっと身近に動物園を感じることができるとよい。例えば、ネット配信を通して動物の野生の姿を広めていくことで、近くに動物園がない地域にいて、動物について知る機会が少ない人たちにも、動物を身近に感じてもらえると思う。

重要語句の確認

▼182ページ

9 意（危機に）ひんする （大変なことになるかもしれない危《あや》うい事態に）今にもなろうとする。

10 意担《にな》う 責任をもつ。類背負う

▼183ページ

8 意従事 その仕事につくこと。類携《たずさ》わる

9 意実践《じっせん》 考えなどを実際に行う。類実行 対理論

16 イベント 催《もよお》し物。

▼184ページ

7 なじまない 程《ほど》よく調和しない。

20 意圧巻 全体の中でもっとも優《すぐ》れた部分。ハイライト。

20 意感嘆《かんたん》 感心してほめたたえること。類驚嘆《きょうたん》

▼185ページ

4 脅《おびや》かす 危ない状態にする。

6 日夜 いつも。昼も夜も。

11 裏方 目立たないところで働く人。

▼186ページ

2 意試行錯誤《しこうさくご》 課題が困難で、解決する見通しが立たない場合、何回も試みて、失敗を重ねながら目的に迫《せま》っていくこと。類暗中模索《あんちゅうもさく》

3 意風物詩 季節の感じをよく表している物事。

5 意繁殖《はんしょく》 動植物が生まれて増えてゆくこと。

9 意習性 動物のそれぞれの種《しゅ》に一般《いっぱん》的《てき》に認められる行動様式。

187ページ

6 意思いをよせる あるものに関心をもつ。

6 意脚色《きゃくしょく》 事実を誇張《こちょう》するなどしておもしろく伝えること。類潤色《じゅんしょく》

10 もどかしい 思うようにならず、いらいらする様子。歯がゆい。

16 意コントラスト 対照、対比

▼188ページ

1 意害獣《がいじゅう》 人や家畜《かちく》に危害、損害を与《あた》えるけもの。

11 意いとも 程度がはげしいさま。

読み方を学ぼう 例示 教P.192

例示とは、具体的な例をあげて、筆者が伝えたい事柄をわかりやすく説明する方法です。つまり、実際に起こったことやたとえ話、具体的な名前や数字をあげるなどした**補足説明**です。

例示には、次のような効果があります。

・読み手の理解の手助けをする。
・筆者の主張に、より説得力をもたせる。

具体例は、筆者の主張と密接に結びついているため、筆者の主張を的確に把握《はあく》することができます。

具体例をあげることでより説得力のある文章になるね。

新出漢字のチェック ✓

ページ	画数	漢字	筆順	読み	用例	級
182	3画	及	ノ 乃 及	キュウ / およ-ぶ / およ-び / およ-ぼす	普及・波及 / 各地に影響が及ぶ / 京都及び奈良の寺	4級
183	13画	践（ハラウ）	丶 口 口 早 足 趵 跉 跿 践 践	セン	計画を実践に移す / 実践的（⇔理論的）	準2級
183	3画	与（二画目）	一 与 与	ヨ / あた-える	贈与税がかかる / 長期間貸与する / 衝撃を与える	4級
183	10画	畜（×「去」）	丶 亠 ナ 玄 玄 玄 畜 畜 畜 畜	チク	家畜・畜産農家 / 牧畜業を営む / 畜舎を掃除する	3級
184	12画	腕（×「タ」）	丿 月 月' 肞 肞 胪 胪 胪 胶 腕	ワン / うで	経営手腕を問う / 細い腕 / 腕が鳴る	4級
184	9画	施（×「乚」）	丶 亠 方 方 扩 扩 旃 旃 施	シ / *セ / ほどこ-す	施設・実施要項 / 施行日を決める / 美しい装飾を施す	3級
186	16画	錯	人 亼 牟 金 金 釒 鉗 錯 錯 錯	サク	交錯・倒錯 / 錯覚 / 試行錯誤	3級
186	12画	殖（×「タ」）	一 ア 歹 歹 歹 歼 歼 殖 殖 殖	ショク / ふ-える / ふ-やす	繁殖・エビの養殖 / 貯蓄額が殖える / 財産を殖やす	4級
186	9画	狩	ノ 犭 犭 犭 犭 狞 狩 狩	シュ / か-る / か-り	狩猟《しゅりょう》の解禁日 / イノシシを狩る / 狩りをする毎日	4級
187	16画	獣（×「田」）	丷 丷 甾 甾 畄 畄 兽 兽 兽 獣	ジュウ / けもの	獣医・草食獣 / 猛獣《もうじゅう》ショーを観る / 獣の毛を発見する	4級
187	4画	幻	𠃋 幺 幺 幻	ゲン / まぼろし	幻想的な雪景色 / 幻覚を見せる / 夢か幻のような話	3級
187	13画	誇（×「人」）	丶 亠 言 言 訁 訁 訁 誇 誇 誇	コ / ほこ-る	誇大広告・誇張 / 新設備を誇る / 誇らしげな態度	4級
188	11画	崖	丶 山 山 屵 屵 岸 岸 崖 崖 崖	ガイ / がけ	崖下 / 断崖絶壁 / 崖くずれ	2級
188	9画	柵（ツキヌケル）	一 十 オ 木 木 杊 柵 柵 柵	サク	鉄柵 / 竹柵 / 低い柵	2級

新出音訓の確認

ページ	漢字	読み	用例
182	女	ニョ / め	老若《ろうにゃく》男女
182	訪	おとず-れる	春の訪れ
184	装	ショウ	衣装

言葉

視野を広げる

漢字のしくみ2 熟語の読み

教科書 P.193

1 重箱《じゅうばこ》読み・湯桶《ゆとう》読み

熟語の読みには、次の四種類がある。

音読み＋音読み……上の字も下の字も音で読むもの。

例 体格（タイ＋カク）　経験（ケイ＋ケン）　行動（コウ＋ドウ）　水泳（スイ＋エイ）　など

熟語の読み方で最も多いのは、
「音＋音」の読み方なんだ。

訓読み＋訓読み……上の字も下の字も訓で読むもの。

例 朝日（あさ＋ひ）　窓口（まど＋ぐち）　背骨（せ＋ぼね）　竹馬（たけ＋うま）　など

＊「山道」のように、どちらとも読める熟語もある。

・「サン＋ドウ」（音読み＋音読み）

・「やま＋みち」（訓読み＋訓読み）

重箱《じゅうばこ》読み……上の字を音、下の字を訓で読むもの。

音 重《ジュウ》 ＋ 訓 箱《ばこ》

例 番組（バン＋ぐみ）　台所（ダイ＋どころ）　新芽（シン＋め）　役場（ヤク＋ば）　王様（オウ＋さま）　など

湯桶《ゆとう》読み……上の字を訓、下の字を音で読むもの。

訓 湯《ゆ》 ＋ 音 桶《トウ》

例 手帳（て＋チョウ）　野宿（の＋ジュク）　高台（たか＋ダイ）　太字（ふと＋ジ）　弱気（よわ＋キ）　など

2 同音異義語

同音異義語……**発音は同じで、意味が異なる別の熟語。**

例 ツイキュウ　追求……追い求めること。
〔例文〕幸せを追求する。
追究……明らかにしようとすること。
〔例文〕原因を追究する。
追及……追い詰めること。
〔例文〕責任を追及する。

確かめよう

■次の熟語を、重箱《じゅうばこ》読み、湯桶《ゆとう》読み、それ以外に分けよう。

《重箱《じゅうばこ》読み》　①朱色（シュ＋いろ）　④碁石（ゴ＋いし）
⑤幕内（マク＋うち）　⑨桟橋（サン＋ばし）

《湯桶《ゆとう》読み》　②喪中（も＋チュウ）
⑥荷物（に＋モツ）　⑦裏門（うら＋モン）
⑩枠内（わく＋ナイ）

《それ以外》　③年俸（ネン＋ポウ）　⑧軒先（のき＋さき）

新出漢字のチェック ✓

朱（ページ 193）6画　トメ
シュ
朱色の絵の具
朱を入れる
朱子学
4級

喪（193）12画
ソウ　も
喪失感
喪中・喪章
喪に服す
準2級

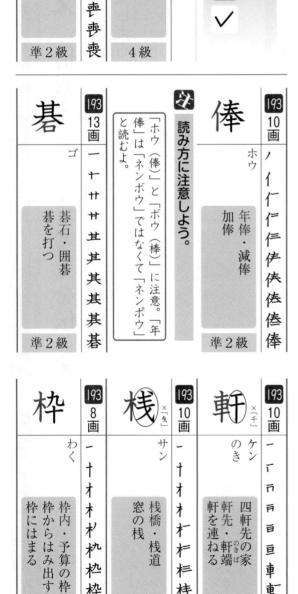

俸（193）10画
ホウ
年俸・減俸
加俸
準2級

注 読み方に注意しよう。
「ホウ（俸）」と「ボウ（棒）」に注意。「年俸」は「ネンボウ」ではなくて「ネンポウ」と読むよ。

碁（193）13画
ゴ
碁石・囲碁
碁を打つ
準2級

軒（193）10画　×「千」
ケン　のき
四軒先の家
軒先・軒端《のきば》
軒を連ねる
4級

桟（193）10画　×「戋」
サン
桟橋・桟道
窓の桟
準2級

枠（193）8画
わく
枠内・予算の枠
枠からはみ出す
枠にはまる
準2級

書く

視野を広げる

論説文　構成を工夫して考えを伝える

教科書 P.194～197

内容を確認して、整理しよう

【論説文とは】

●身のまわりや社会の中の物事について、自分の意見や主張を根拠に基づいて述べ、読み手を説得することを目的とした文章のこと。

【説得力のある文章の書き方】

1 課題について、自分の考えをまとめる

例 「動物園の動物は、自然に帰すべきだ。」に賛成か反対か。

〈賛成の例〉

◆**自分の結論・主張**→動物園の動物は、自然に帰すべきだ。

◆**根拠となる事実**→・数百万年にわたって、人間は野生動物と地球上で生きてきた。

・兵庫県豊岡《とよおか》市の取り組みによってコウノトリが野生復帰した。

◆**理由づけ**（結論・主張＋事実）→野生の動物たちが生きやすい環境を守りながら共生することが本来の姿だから。

〈反対の例〉

◆**自分の結論・主張**→動物園の動物は、自然に帰すべきではない。

◆**根拠となる事実**→・この四〇年間で野生動物が五八％減少した。

・動物園の動物の八割以上が動物園生まれだ。

◆**理由づけ**（結論・主張＋事実）→動物園は、「野生動物の保護」という役割を担《にな》っているから。

↓

三角ロジックを作成して確認

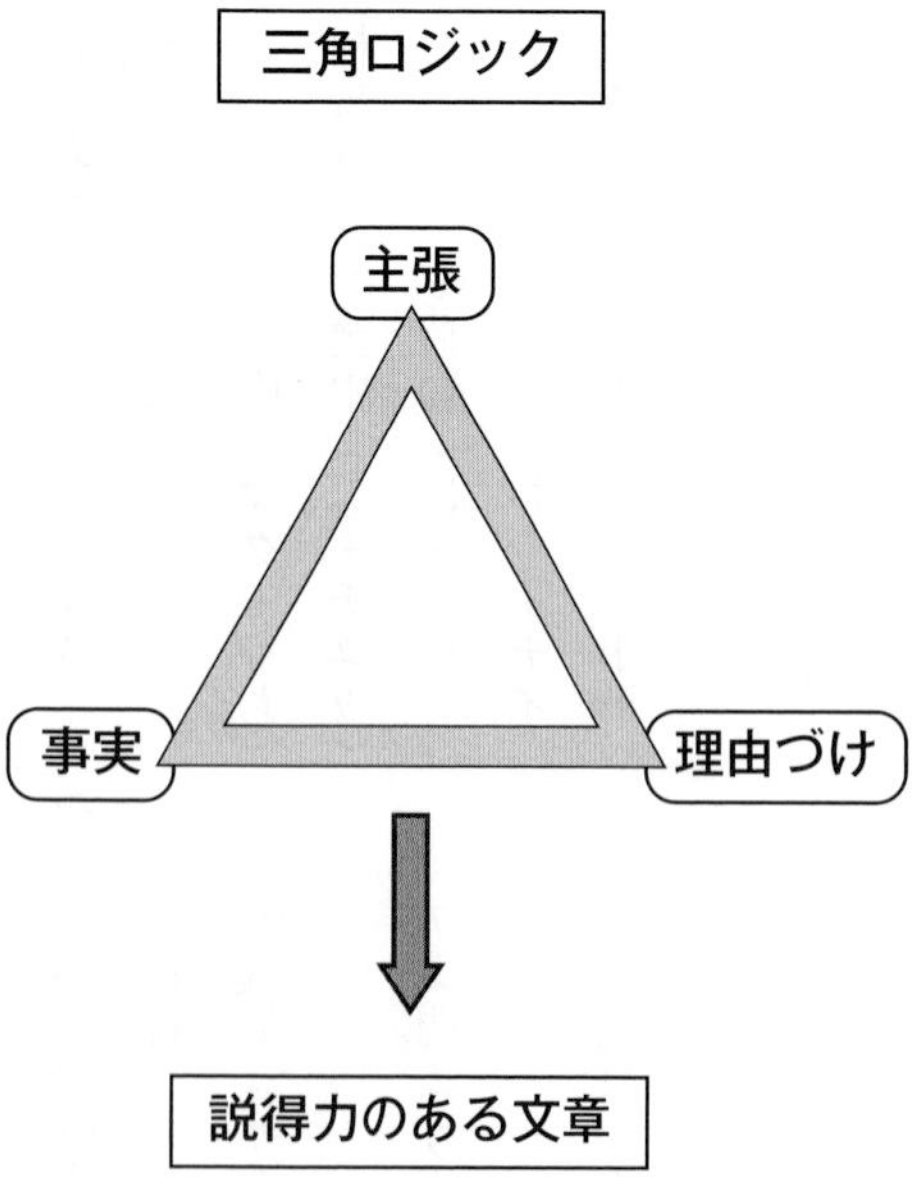

2 組み立てを考えて論説文を書く

◆書くときのポイント

〈文章の構成を考える〉

・主張を明確にする。［主張］

例 動物園の動物を自然に帰すべきだという主張には、私は反対だ。動物園での保護が必要だ。

・主張を支える根拠を明確にすること。［事実］

例 次の二点が課題としてあげられる。一点めは……二点めは……。

・「予想される反論」を考える。

例 確かに、動物たちは……気持ちは理解できる。

・「反論への対応」を考え、「予想される反論」とともに効果的に組み合わせる。

例 だが、一方的に人間の……押しつけてはならない。

・提示した事実と結論・主張とを結びつける。［理由づけ］

例 このように、多くの動物が……担《にな》っているのだ。

〈文章の条件を確認する〉

・六〇〇〜八〇〇字程度で書く。

・三段落構成（序論・本論・結論）が基本。

・結論や主張の置き方を考える。

頭括《とうかつ》型……結論や主張を、最初に置く。

尾括《びかつ》型……結論や主張を、最後に置く。

双括《そうかつ》型……結論や主張を、最初と最後に置く。

例 ・最初の結論・主張→動物園の動物は、自然に帰すべきではない。

・最後の結論・主張→だから、動物園の動物は、動物園で大事に保護するのがよい。

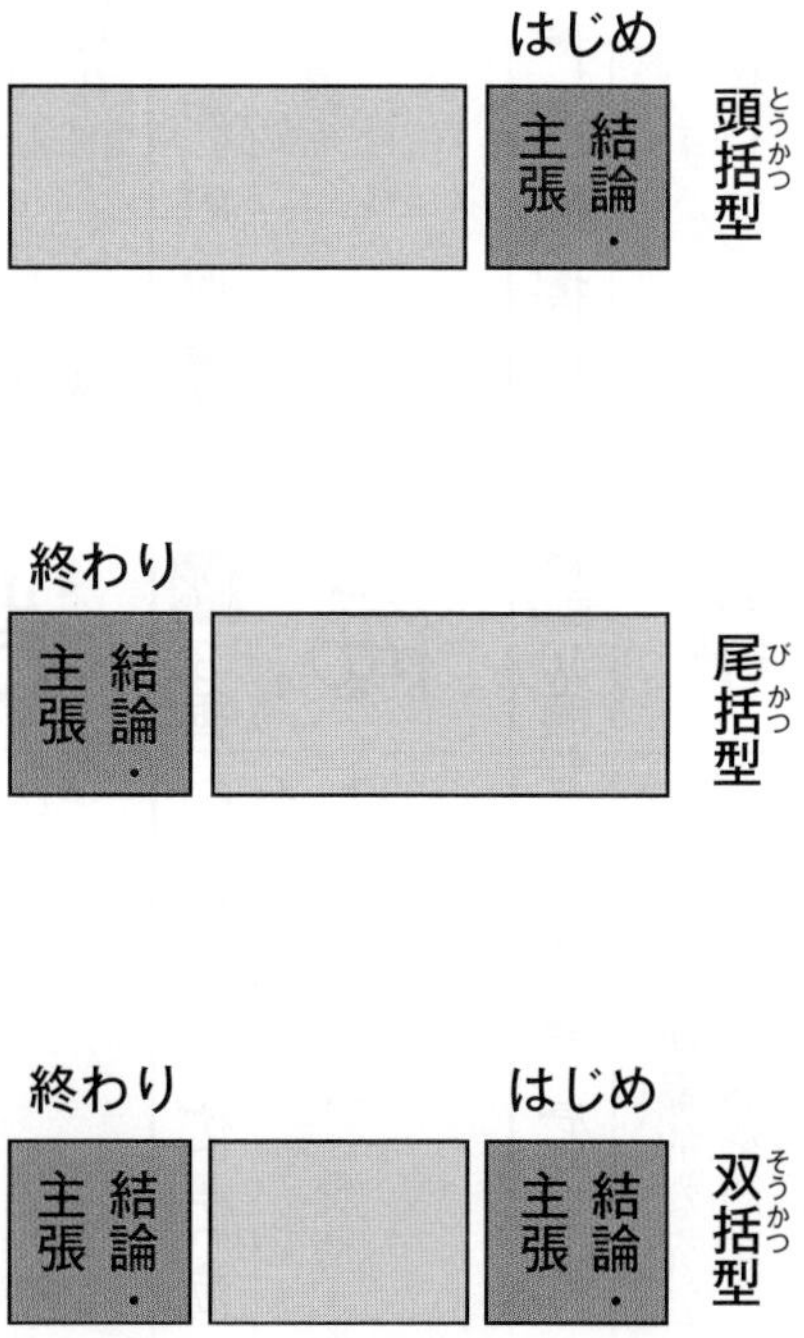
頭括《とうかつ》型
はじめ
結論・主張
尾括《びかつ》型
終わり
結論・主張
双括《そうかつ》型
はじめ
結論・主張
終わり
結論・主張

3 論説文を読み合う

◆内容や構成について｛よかったところ／改善点｝を伝え合う。

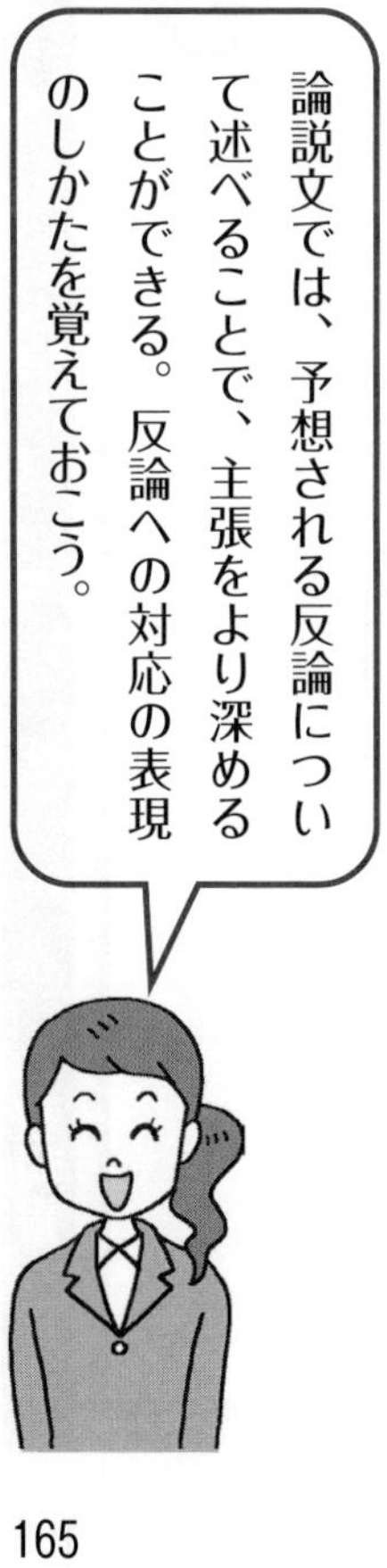
論説文では、予想される反論について述べることで、主張をより深めることができる。反論への対応の表現のしかたを覚えておこう。

言葉

視野を広げる

漢字を身につけよう⑧

教科書 P.198

ページ	画数	漢字	読み	用例	級
198	15画	幣 ×[廾]	ヘイ	貨幣・紙幣 / 造幣局の金庫	準2級
198	12画	惰	ダ	惰性・惰眠の癖《くせ》 / 怠惰《たいだ》を決め込む	準2級
198	11画	斬 ×[斤]	ザン / き-る	斬新・斬罪 / つじ斬り / 斬り合い	2級
198	13画	傑	ケツ	傑作・豪傑 / 傑出した才能	準2級
198	17画	曖	アイ	曖昧《あいまい》・曖昧模糊《あいまいもこ》 / 曖昧なままにする	2級

ページ	画数	漢字	読み	用例	級
198	9画	昧 ×[目]	マイ	曖昧（＝あやふや）	2級
198	8画	抹 ×[来]	マツ	一抹 / 抹茶チョコレート / 名簿から抹消する	準2級
198	15画	摩 ×[石]	マ	摩擦・摩滅する	準2級
198	17画	擦	サツ / す-る / す-れる	摩擦・擦りむく / 靴擦れが痛む / 袖口が擦れる	3級
198	15画	弊 (ハラウ)	ヘイ	語弊・喫煙《きつえん》の弊害 / 激しく疲弊する	準2級

ページ	画数	漢字	読み	用例	級
198	8画	劾	ガイ	弾劾・弾劾裁判	準2級
198	8画	迭	テツ	更迭	準2級
198	8画	侮 ×[母]	ブ / ＊あなど-る	侮辱・軽侮・侮蔑《ぶべつ》	準2級
198	10画	辱	ジョク / ＊はずかし-める	侮辱的な発言 / 雪辱を期す / 屈辱に耐《た》える	3級
198	15画	憤	フン / ＊いきどお-る	憤慨・憤怒 / 対応に憤激する	準2級

慨　198ページ　13画　×「木」
ガイ
感慨深い
不公平に憤慨する
概然・慨嘆
3級

注　同音異義語に注意しよう。

「慨」を使った「感慨」は「心に感じしみじみとすること」、「管外」は「役所がうけもつ範囲の外」という意味だよ。

糾　198　9画
キュウ
紛糾・糾弾集会
悪事を糾明する
準2級

新出音訓の確認

ページ	漢字	読み	用例
198	氏	うじ	氏
198	出	スイ	出納
198	報	むく-いる	報いる
198	体	テイ	体裁

閲　198　15画
エツ
閲覧
手紙を検閲される
新聞の校閲
3級

但　198　7画　×「且」
ただ-し
但し書き
準2級

汎　198　6画
ハン
汎用性・広汎
2級

ページ	漢字	読み	用例
198	仮	ケ	仮病
198	故	ゆえ	それ故
198	辞	や-める	辞める

教科書問題の答え

1
① しへい
② だせい　けっさく
③ ざんしん
④ あいまい　いちまつ
⑤ まさつ
⑥ へいがい
⑦ だんがい　こうてつ
⑧ ぶじょく　ふんがい
⑨ ふんきゅう
⑩ えつらん
⑪ ただ
⑫ はんよう

2
① うじ　② すい
③ むく　④ てい
⑤ け　⑥ ゆえ　や

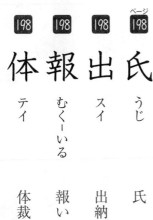

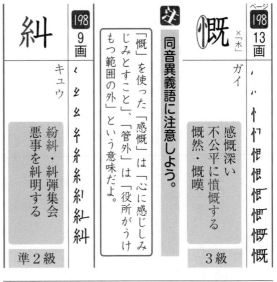

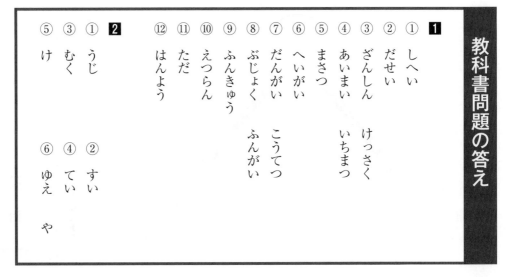

読む

振り返って見つめる　小説

走れメロス

太宰《だざい》 治《おさむ》

教科書 P.200〜218

内容を確認して、整理しよう

村の牧人のメロスは、シラクスの町を訪れ、ディオニス王の暴政に接し、激怒する。

メロスは王を殺そうと王城に侵入するが、捕らえられ、王から尋問を受ける。メロスは命乞いはしないが、妹の結婚式のため、処刑《しょけい》までに三日間の日限《にちげん》を与えてくださいと懇願《こんがん》する。親友のセリヌンティウスを人質《ひとじち》として置き、自分が帰って来なければ、彼を殺せと提案し受諾される。連行されたセリヌンティウスにメロスは事情を話し、二人は抱擁する。

メロスは急いで村に帰り、式を早めて済ませ、明くる日の朝、王宮に向けて走り出す。川の氾濫による橋の流失や山賊の襲来など度重なる不運に出遭《であ》って疲労困憊《こんぱい》し、一度は、友を裏切り逃げようかと思うが、気を取り直して再び走り出す。

セリヌンティウスの処刑《しょけい》寸前にメロスは到着し、執行を中止させる。メロスは友に、ただ一度だけ裏切ろうとしたことを告げて、自分を殴れと言った。セリヌンティウスもまた一度だけメロスを疑ったことを告げ、自分を殴れと言った。そして、二人は殴り合い、抱き合って号泣する。二人の姿を見た王は改心し、自分も「仲間の一人にしてほしい」と言った。

視点人物に注目して、「走れメロス」を捉えよう

小説では，一人の人物の立場から物事が描かれることが多く，その人物を視点人物といいます。ふつう，読者は視点人物の側から小説を読み進めます。それは作者の考えにそった読み方です。「走れメロス」の場合，視点人物はメロスです。

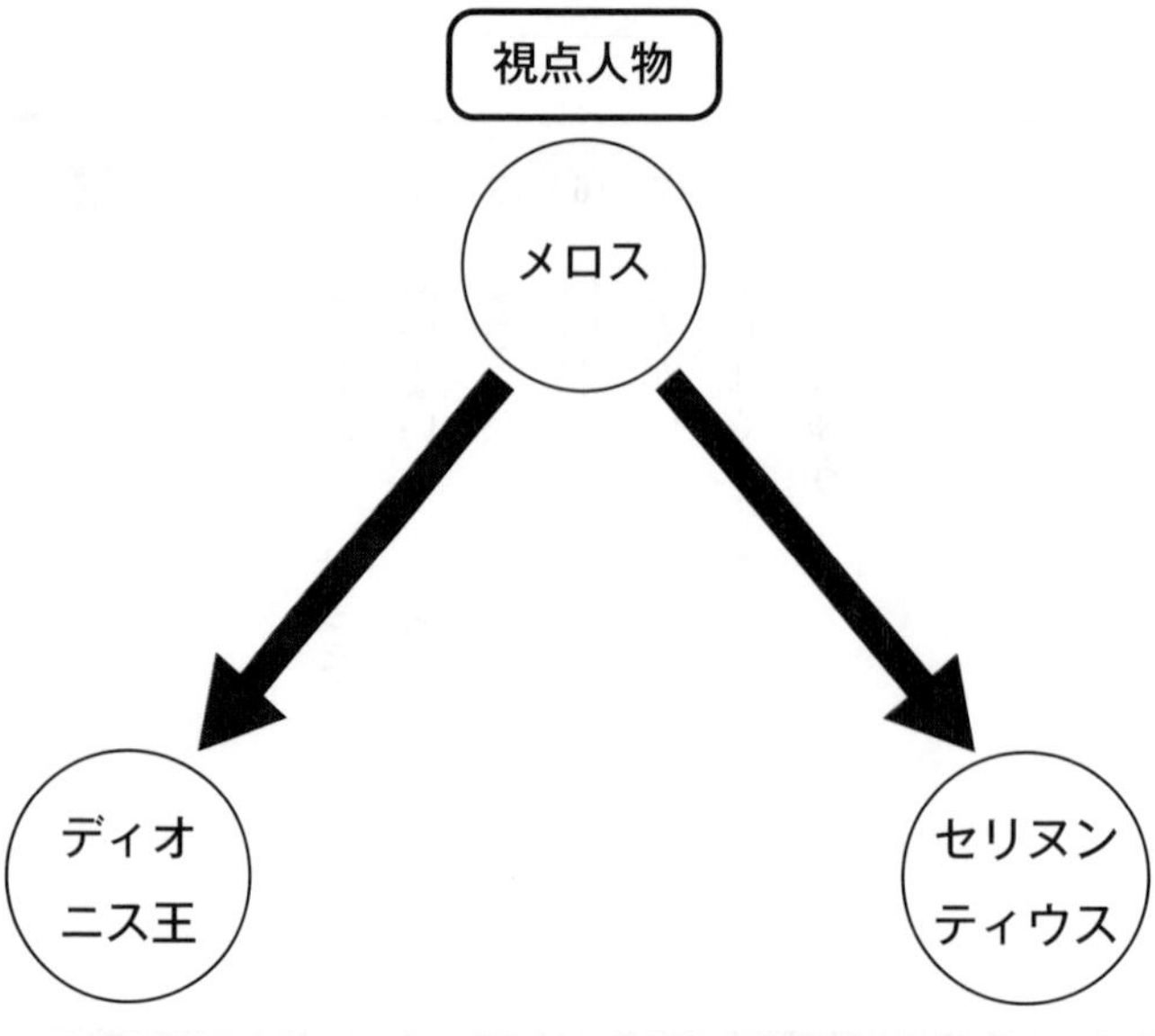

まとまりごとの展開を確認しよう

1 メロスの激怒

教 P.200・1行め～P.201・16行め

◆登場人物

メロス
政治がわからない村の牧人（羊飼い）
結婚間近の妹と二人暮らし
のんきで単純であるが邪悪に対しては人一倍に敏感＝
正義感が強い

セリヌンティウス
メロスの竹馬《ちくば》の友
シラクスの町の石工《いしく》

ディオニス王
人間不信の残虐な暴君

◆メロスの激怒

メロス
「あきれた王だ。生かしておけぬ。」
↓
激怒 ← なぜ？ 王の暴政を知る
＝大勢の人を殺す
↓
王

ポイントを確認しよう

①メロスは何の目的でシクラスの町に来たのだろうか。

例 妹の結婚式のための品々を買い集めるため。

メロスの妹は、結婚を間近にひかえている。花嫁衣装などを買いに、兄であるメロスは町にやって来たのである。メロスの、妹の結婚式に対する思いの強さも読み取れる。

②メロスは、町のどんな様子を怪《あや》しく思ったのだろうか。

例 ひっそりしていて、やけに寂しい様子。

メロスが二年前に来たときは、町はもっとにぎやかであった。町の様子が変わったことに、メロスは不安感を募らせる。二年の間で町を変えてしまったのは、王の暴政であったとメロスは知る。

③メロスが激怒したのは、なぜだろうか。

例 王が、人を信じることができないという理由でたくさんの人を殺すから。

「邪悪に対しては、人一倍に敏感」だったメロスは、王の暴政を知り、それを許すことができなかったのである。王の暴政とは、「人を、信ずることができぬ」という理由だけでたくさんの人を殺していることを指す。

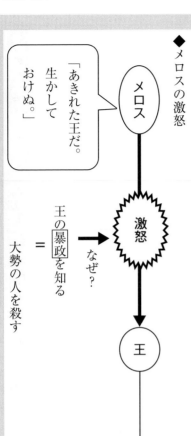

2 王との出会い

教 P.202・1行め～P.204・7行め

メロス	ディオニス王
単純な男だった	顔は蒼白《そうはく》 深い眉間のしわ
「町を暴君の手から救うのだ。」 ＝正義感	憫笑《びんしょう》した。 （愚かだ） 「しかたのないやつじゃ。」 「わしの孤独《こどく》がわからぬ。」
「人の心を疑うのは、最も恥ずべき悪徳だ。」 ＝正義感	（対照的） 「人の心は、あてにならない。」 ＝人間不信
嘲笑した （変だ）	「わしだって、平和を望んでいるのだが。」

①王の刻みこまれたように深い眉間のしわは、王のどんな気持ちから出てきたのだろうか。

例 人を信じられない気持ち。

「顔は蒼白《そうはく》」「眉間のしわは……深かった」から、人を信じられない気持ち＝王の孤独《こどく》に悩《なや》む気持ちの深さがうかがえる。王の外見の描写が、王の心情を暗示的に表していることをおさえよう。

②「しかたのないやつじゃ。」と言ったとき、王はどんな気持ちだったのだろうか。

例 メロスをあわれむ気持ち。

「憫笑《びんしょう》」とは、あわれみの気持ちで笑うこと。ここでは、王がメロスをあわれんでいるのである。王はメロスよりも立場が上なので、その自分に歯向かってくるメロスを愚《おろ》かだと思っているのである。

③メロスが嘲笑したのは、なぜだろうか。

例 王の言葉が、実際の行動と矛盾しているから。

「平和を望んでいる」と言いながら多くの人を殺している王の矛盾に対して、メロスがあざ笑ったのである。王の「憫笑《びんしょう》」と呼応した表現であることもおさえておこう。

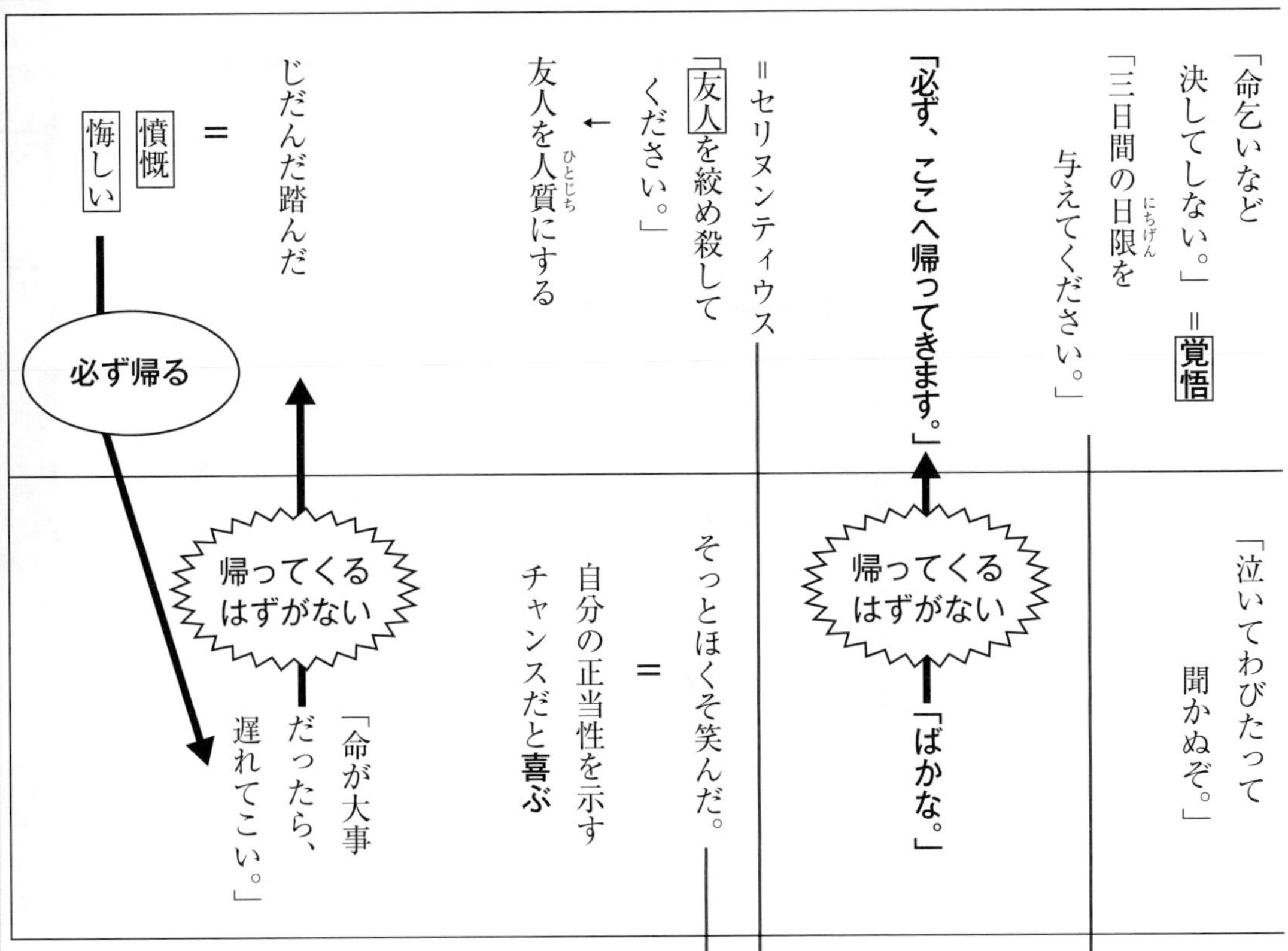

①メロスは、なぜ三日間の日限《にちげん》を与えてほしいと王に願い出たのだろうか。

例 妹の結婚式を挙げるため。

メロスは、たった一人の肉親である妹のことが心残りだったのである。「命乞いなど決してしない。」と先に述べているように、自分の命への未練から言ったのではないことを捉えよう。

②メロスは、王とどのような約束をしただろうか。

例 メロスが三日のうちに帰ってこなかったら、人質《ひとじち》のセリヌンティウスを身代わりに処刑するという約束。

妹の結婚式のために村に戻りたかったメロスは、人質《ひとじち》として友人のセリヌンティウスを置いていくことを王に願い出たのである。

③「そっとほくそ笑んだ」とき、王はどのようなことを考えていたのだろうか。

例 メロスは戻ってこないだろうから、人は信じられないものだという自分の考えを正当化してやろうということ。

王は、メロスが帰ってこないと決めつけている。メロスが帰ってこなければ、人質《ひとじち》のセリヌンティウスを殺し、「人は、これだから信用できぬ」と自分の考えを正当化して、世の中の正直者に見せつけてやりたいと思っている。

3 メロスの帰郷

教 P.204・8行め～P.206・12行め

村に到着する
「明日、おまえの結婚式を挙げる。」
無理に笑おうと努めた
↑
花婿を説得
→ 無事に妹の結婚式を挙げる

天候の変化　黒雲、大雨……不吉な予感 →①

一生このままここにいたい＝未練の情
↓しかし
今は、自分の体で、自分のものではない →②

→ 出発を決意する
妹への言葉
「兄の、いちばん嫌いなもの」
＝
「人を疑うことと、うそをつくこと」 →③

①「黒雲が空を覆い……やがて車軸を流すような大雨となった。」という情景描写は、どのようなことを表しているのだろうか。

例　この先、何かが起こるのではないかと思わせること。

これらの自然の変化は、メロスの心情の変化を暗示している。メロスには、刻々と町に向かわなければならない時が近づいてきており、不安な気持ちがどんどん大きくなっていることをとらえよう。

②自分の体は誰のものだと、メロスは考えているのだろうか。

例　セリヌンティウスのもの。

セリヌンティウスはメロスの代わりに人質《ひとじち》となり、メロスが戻ってくるのを待っている。メロスは、セリヌンティウスとの約束を果たすために戻らなくてはならないと言い聞かせ、出発を決意する。

③メロスが妹にかけたことばには、どのような気持ちがこめられていたのだろうか。

例　自分の信念を伝えたいという気持ち。

「兄の、いちばん嫌いなものは、人を疑うことと、それから、うそをつくことだ。」という言葉には、メロスの信念が表れている。死を覚悟したメロスの、妹に対する「遺言《ゆいごん》」のようなものだと考えられる。

4 メロスの葛藤

教 P.206・13行め～P.210・18行め

あの王に、人の信実の存するところを見せてやろう
＝人は信じられるものだということ

ぶるんと両腕を大きく振って走り出た
→
・殺されるために走るのだ。
・身代わりの友を救うために走るのだ。
・若いときから名誉を守れ。
・さらば、ふるさと。
→ 嘆き
若いメロスは、つらかった
→
大声をあげて自身を叱りながら走った＝叱咤《しった》
→
故郷への未練はない
→
氾濫した川・山賊に行く手を阻《はば》まれる
→
何とか困難を乗り越える

①若いメロスがつらかったこととは、どんなことだったか。

例 殺されるとわかっていながら城に向かって走らなければならないこと。

「身代わりの友を救うために走るのだ。」「若いときから名誉を守れ。」などと自分に言い聞かせながらも、やはり若いメロスにとっては、「殺されるために走る」のはつらいことだったのである。

②メロスは、なぜ大声をあげて自身を叱りながら走ったのだろうか。

例 **つらくて立ち止まりそうになる自分を叱咤《しった》するため。**

殺されるために走ることがつらく、メロスは何度も立ち止まりそうになった。そんな自分を城へと走らせるために、自分を叱りながら走ったのである。

③メロスの行く手を阻《はば》んだ困難とは何か。二つ答えよう。

例 氾濫した川・山賊

初めの困難は、氾濫した川だった。メロスは、橋も船も流された川を泳いで渡り切る。次の困難は、王が仕向けた山賊だった。メロスはこの山賊も打ち倒し、何とか困難を突破したのである。

◆山賊を倒したあとのメロスの心情の変化

◎メロスは心身ともに疲労していた

叱咤《しった》
おまえは、**希代《きたい》の不信の人間**
王の思うつぼだぞ

ふてくされた根性《こんじょう》
もう、どうでもいい。

弁明
約束を破る心はなかった。
動けなくなるまで走った。
不信の徒ではない。

非難
私は、きっと笑われる。
私の一家も笑われる。
私は友を欺いた。

諦《あきら》め
もう、どうでもいい。
私の定まった運命なのかもしれない。

感謝
ありがとう、セリヌンティウス。
友と友の間の信実
＝
この世でいちばん誇るべき宝

① 「希代《きたい》の不信の人間」とは、どんなメロスを表現したものだろうか。

例 **力尽きて、結果的に裏切り者になってしまうメロス。**

「不信」とは約束を守らないという意味である。つまり、刻限に間に合わず、裏切り者になってしまうことを表現している。「永遠に裏切り者」「地上で最も、不名誉の人種」「醜い裏切り者」も、同様の気持ちをこめてメロス自身を表現した言葉である。

② 「不信の徒ではない」とあるが、メロスは自身をどのような人間だといっているのだろうか。

例 **愛と信実を何よりも大切にして生きる人間。**

「愛と信実の血液だけで動いているこの心臓を見せてやりたい。」という一文に着目しよう。自分は、愛と信実を重んじる人間だということを表している。

③ 「暗い疑惑の雲」とは、何をたとえた表現だろうか。

例 **相手を疑う気持ち。**

「君は、いつでも私を信じた。」「私も君を、欺かなかった。」とある。互いに信じ合っていたセリヌンティウスとメロスの間には、互いを疑うような心は存在していなかったということを読み取ろう。

弁明
君を欺くつもりは、
みじんもなかった。

負けを認める
私は負けたのだ。
私は、永遠に裏切り者だ。
地上で最も、不名誉の人種だ。

死を決意
私も死ぬぞ。
一緒に死なせてくれ。

疑念
君だけは
私を信じてくれるにちがいない。
それも私の、独りよがりか？

自暴自棄
悪徳者として生き延びてやろうか。
正義も信実も愛も**くだらない。**
なにもかも、**ばかばかしい。**

◎メロスは眠ってしまう。

この部分は、メロスの独白が大部分を占めているよ。信実を尊ぶ心とふてくされた根性《こんじょう》の間で葛藤し、次々に揺れ動くメロスの心情をとらえよう。

①メロスにとってどんなことが「死ぬよりつらい」のだろうか。

例 **卑劣な人間だと思われること。**

「王は、独り合点《がてん》して私（メロス）を笑い、……私（メロス）を放免する」ことを「死ぬよりつらい」とメロスは思っている。「独り合点《がてん》」するとは、自分が助かりたいためにメロスは遅れてきたと王が勝手に理解することを指している。

②「ああ、もういっそ、悪徳者として生き延びてやろうか」とは、どういうことだろうか。

例 **自分が生きるために友を見殺しにして、裏切り者として生き延びること。**

信実を尊ぶメロスの心情が、最も対極にふれる部分である。「人を殺して自分が生きる」ことが人間世界の定法《じょうほう》ではなかったかとメロスは考える。メロスも、セリヌンティウスを見殺しにして、自分だけが生き延びようかと考えたのである。

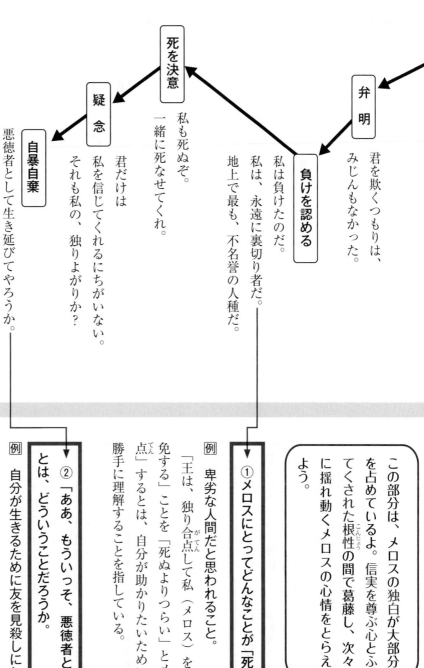

5 再び走り出すメロス　教 P.210・19行め〜P.213・11行め

泉の水をひと口飲んだ……走り出すきっかけ

→ 疲労の回復 と 希望 が生まれた

＝・義務遂行の希望
・わが身を殺して、名誉を守る希望

私は、信頼に報いなければならぬ。→友のため
正直な男のままにして死なせてください。→名誉のため

→ ものすごい速さで黒い風のように走った

心情の変化 ……→ 「もっと恐ろしく大きいもののために走っているのだ。」＝ わけのわからぬ大きな力 ＝ 信実

→ 刑場《けいじょう》に突入……間に合った

① 「義務遂行の希望」とは、具体的に何をすることだろうか。

例 日没までに王城に行き着くこと。

2 の場面で、メロスは、三日めの日没までに王城に戻ることを王に約束している。つまり、この約束を守ることが義務の遂行である。メロスは、セリヌンティウスの信頼に報いるために、義務を遂行しなければいけないと考えている。

② 「正直な男のままにして死なせてください。」から、メロスのどのような気持ちがわかるだろうか。

例 友の信頼に報いて、自分の名誉を守って死にたいと願う気持ち。

約束の刻限に遅れ、裏切り者として自分だけが生き延びるようなことだけはしたくない、というメロスの思いをとらえよう。

③ 「もっと恐ろしく大きいもののため」とあるが、何のためなのだろうか。教科書の言葉を使って答えなさい。

例 信実や人間としての尊厳を守るため。

このときのメロスには、刻限に間に合うかという問題や、友や自分の命が助かるかということは念頭にない。ただ、友との信実を守るため、自分自身の存在意義のためにメロスは走っているのである。

6 親友との再会

教 P.213・12行め～P.215・5行め

メロス「私を殴れ。……一度、悪い夢を見た。」

友情
信頼

互いを殴り、抱擁《ほうよう》した。

セリヌンティウス「私を殴れ。……たった一度だけ、ちらと君を疑った。」

王「おまえらの仲間の一人にしてほしい。」＝改心

①王は、なぜメロスたちに、仲間にしてほしいと言ったのだろうか。

例 **信実は空虚な妄想ではないとわかったから。**

メロスとの出会いの場面では、王は、人間は私欲のかたまりだと言い、人の心を信用していなかった。しかし、メロスとセリヌンティウスの信頼関係を目にしたことで、信実とは空虚な妄想ではないとわかり、心を改める。王も人への信頼を回復させ、メロスたちに、信実で結びついた仲間にしてほしいと願ったのである。

学びの道しるべ

1 メロスとディオニスは、それぞれどのような人物として描かれているか。はじめからメロスが王城を出発する場面（204ページ・7行め）までを根拠にしてまとめよう。

→P.169・上段、P.170・上段

2 妹の結婚式のあと、村を出発してから刑場《けいじょう》にたどり着くまでに、メロスにとってどのような困難があったか、箇条書きで整理しよう。

→P.173③

・【濁流】昨日の豪雨で山の水源地は氾濫し、川は濁流となって橋も繋舟《けいしゅう》も流された。
・【山賊】棍棒《こんぼう》を持った山賊に襲われた。
・【心身の疲労】疲労が押し寄せ、動けなくなってしまった。精神も疲弊し、全てを投げ出しそうになった。

▼教科書 P.216～217

3 「天を仰いで、悔し泣きに泣きだした。」（209ページ・7行め）から、「正直な男のままにして死なせてください。」（211ページ・13行め）までのメロスの心情の変化を捉えよう。また、その部分の語り方の特徴について、気づいたことを話し合おう。

→P.174～175

［メロスの心情の変化］
［語り方の特徴］

■解答例■

メロスが疲労で動けなくなってから、再び走り出すまでの葛藤や心情の変化が、自分自身やセリヌンティウスに語りかけるように描かれている。特に「おまえ」という自分自身への呼びかけや「私」が多用されメロスの葛藤がありありと伝わる。

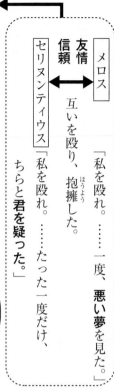

4 王が「どうか、わしをも仲間に入れてくれまいか。」（214ページ・16行め）と言った理由について、メロスとの出会いの場面と比べながら考えよう。 →P.177①

5 メロスはどのような人物か。メロスの性格を表す漢字二字の言葉を考え、理由とともに交流しよう。

■解答例■

メロスを漢字二字で表すなら、「勇者」だと思う。信実のためなら自らの命を投げ出しても構わないという強さや、ディオニスの横暴な言動を憎み、王城へ乗り込んでいく正義感のあるメロスには「勇者」という言葉がふさわしい。

重要語句の確認

▼200ページ

1 除く　取ってなくす。

3 意 未明　夜がまだすっかり明けきらない時。明け方。

5 意 律儀《りちぎ》　義理がたいこと。実直であること。類 実直

8 意 竹馬《ちくば》の友　幼いころからの親しい友。類 幼なじみ

8 石工《いしく》　石を切り出し、細工する職人。

9 久しく　長い間。

▼201ページ

3 老爺《ろうや》　年とった男。

3 意 語勢　（相手に訴《うった》えかける）言葉のもっている勢いや調子。類 語気

4 意 はばかる　おそれ慎《つつし》む。気兼《きが》ねする。

▼202ページ

1 のそのそ　動作が鈍《にぶ》く、ゆっくりである様子。

2 捕縛《ほばく》　捕《と》らえて縛《しば》ること。

2 懐中《かいちゅう》　ふところやポケットの中。

9 意 いきりたつ　怒《おこ》って興奮する。類 いきまく

9 意 反駁《はんばく》　他人の意見に反対して、非難攻撃《こうげき》を加えること。類 反論

9 意 悪徳　道徳に背《そむ》いた悪い行いや心。対 美徳

11 意 正当　道理にかなっていること。対 不当

14 意 嘲笑《ちょうしょう》　ばかにして笑うこと。類 あざけり

16 報《むく》いる　受けた行為《こうい》に応じる。

▼203ページ

8 意 無二　かけがえのないこと。類 無比

11 意 ほくそ笑《え》む　うまくいったと、満足そうにひとりほほえむ。類 にんまりする

▼204ページ

3 意 じだんだ踏《ふ》む　怒《いか》りもがいて、また悔《くや》しがって、激しく地面を踏《ふ》む。

10 意 困憊《こんぱい》　くたくたに疲《つか》れること。

▼205ページ

2 意 頑強《がんきょう》　頑固《がんこ》でなかなか屈《くっ》しない様子。

3 意 説き伏《ふ》せる　説得《せっとく》して自分の意見に従わせる。類 説得《せっとく》する

4 宣誓《せんせい》 誓《ちか》いを述べること。
11 意 ままならぬ 自由にならない。
14 意 未練 心の残ること。類 心残り
▼206ページ
1 御免《ごめん》こうむる 失礼する。相手の許しを得る。
13 意 薄明《はくめい》 日の出前または日没《にちぼつ》後、空が薄明《うすあか》るく見えること。ここでは日の出前。類 薄明かり
16 意 信実 まじめで偽《いつわ》りのないこと。正直。
▼207ページ
8 もちまえ 生まれもった性質。
9 全里程《ぜんりてい》 すべての道のり。
10 意 はたと 状況《じょうきょう》などが急に変わる様子。類 ぱたっと
11 とうとうと 水が盛《さか》んに流れるさま。
15 意 哀願《あいがん》 相手の情に訴《うった》えて切に願うこと。類 懇願《こんがん》
18 意 せせら笑う 小ばかにして笑う。類 嘲笑《ちょうしょう》する
20 照覧 神仏がご覧になること。

▼209ページ
1 棍棒《こんぼう》 太く長い棒。
3 意 ひるむ 恐れて勢いが弱る。類 おじける
4 灼熱《しゃくねつ》 焼けるように熱いこと。
10 意 思うつぼ 期待したようになること。
10 萎《な》える 気力・体力が抜《ぬ》けて、ぐったりする。
13 巣くう 悪い考えや病気などが宿ることをたとえていう。
13 意 みじんも 少しも 類 つゆほども
14 不信の徒 信義を守らない人。
17 欺《あざむ》く 相手の期待に背《そむ》いてだます。
▼210ページ
10 独り合点《がてん》 自分だけの判断でわかったつもりになること。
10 意 放免《ほうめん》 自由にしてやること。類 釈《しゃく》放《ほう》
13 悪徳者 道徳に背《そむ》いた悪い行いをする者。
17 まどろむ 眠気《ねむけ》を催《もよお》して、少しの間だけ浅く眠《ねむ》る。

19 もたげる 起こす。
▼211ページ
3 意 義務 人が、法律上または道徳上、その立場や職分に応じてしなければならないこと。対 権利
4 意 遂行《すいこう》 物事を最後までやり通すこと。
9 意 先刻 少し前。類 先ほど。対 後刻
10 意 五臓 全身。
▼212ページ
3 意 小耳にはさむ ちらっと聞く。類 耳にする
6 風態《ふうてい》 身なり。姿。
▼213ページ
8 意 死力を尽《つ》くす 死んでもよいという覚悟《かくご》で力を出し尽《つ》くす。
10 意 疾風《しっぷう》 勢いよく吹《ふ》く風。類 はやて
▼214ページ
2 抱擁《ほうよう》 人を抱《だ》きしめること。
16 意 空虚《くうきょ》 むなしい様子。類 空疎《くうそ》
16 意 妄想《もうそう》 根拠《こんきょ》のないありえない想像。類 幻想《げんそう》

新出漢字のチェック✓

虐 ページ200　9画
ギャク　＊しいた-げる
暴虐・自虐的
虐待を防止する
テロによる虐殺
3級

注　漢字の形に注意しよう
「虐」の下の部分は「E」です。「ヨ」としないように注意しよう。

敏 200　10画
ビン
敏感・俊敏
機敏な動作
神経過敏になる
4級

婿 200　12画　×「正」
＊セイ　むこ
花婿・婿養子
娘婿と酒を飲む
婿を取る
3級

嫁 200　13画
＊カ　よめ　とつ-ぐ
花嫁
嫁入り道具
旧家に嫁ぐ
3級

吏 202　6画　×「吏」
リ
警吏・官吏の職
能吏にまかせる
3級

眉 202　9画　×「日」
＊ビ　ミ　まゆ
眉間にしわ
眉唾
眉をひそめる
2級

嘲 202　15画　×「車」
チョウ　あざけ-る
嘲笑・嘲笑の的
自嘲的な気持ち
才能を嘲る
2級

乞 202　3画
こ-う
雨乞い
命乞い
助けを乞う
2級

亭 203　9画　×「亠」
テイ
亭主・料亭の味
山亭で茶を飲む
準2級

郎 205　9画　×「月」
ロウ
新郎・一族郎党
4級

注　漢字の形に注意しよう
「郎」の右側は「阝」です。「月」ではないので注意しよう。

誓 205　14画
セイ　ちか-う
宣誓・誓約書
永遠の愛を誓う
誓いのことば
準2級

宵 205　10画　×「小」
＊ショウ　よい
今宵・宵の口
宵っぱりの生活
準2級

酔 205　11画
スイ　よ-う
泥酔者《でいすいしゃ》を断る
車に酔う
酔い止めの薬
3級

拳 207　10画　×「ッ」
ケン　こぶし
拳法の型を学ぶ
おもちゃの拳銃《けんじゅう》
拳を突き出す
2級

注　似た形の漢字に注意しよう
「拳」は「挙手」の「挙」と形が似ているので気をつけよう。

ページ	漢字	画数	読み	用例	級
207	氾（×「ヒ」）	5画	ハン	氾濫（＝洪水）	2級
207	濫（×「又」）	18画	ラン	氾濫・薬の濫用 / 濫獲を取り締まる / 看板が濫立する	3級
207	桁	10画	けた	橋桁・桁数 / 桁違いの資産家 / 三桁のかけ算	2級
208	賊（×「キ」）	13画	ゾク	山賊・海賊・盗賊 / 逆賊と見なされる / 賊の侵入を防ぐ	3級
209	殴	8画	＊オウ / なぐ-る	殴り倒す / 殴る蹴るのけんか / 横殴りの豪雨	3級

注 似た形の漢字に注意しよう

「氾」は「犯罪」の「犯」と形が似ているので気をつけよう。

ページ	漢字	画数	読み	用例	級
209	欺	12画	ギ / あざむ-く	詐欺の被害 / まわりを欺く	3級
210	醜	17画	シュウ / みにく-い	醜態をさらす / 骨肉の醜い争い / 醜さを暴《あば》かれる	準2級
212	裸（×「ネ」）	13画	ラ / はだか	裸眼・全裸体 / 裸のつきあい / 裸一貫《いっかん》	3級
213	徐	10画	ジョ	徐々に理解する / 徐行の速度	3級
214	擁（×「幺」）	16画	ヨウ	抱擁・擁護 / 新王を擁立する	3級
214	妄	6画	モウ / ＊ボウ	妄想・妄言を吐く	準2級

読み方を学ぼう　心内語　教P.218

「走れメロス」は、「メロスは～をした。」「メロスは～であった。」などと、三人称で語られていますが、途中で「私は～だ。」などの一人称の文が現れるときがあります。この一人称で語られる文は、登場人物の心の内の考えや思いを言い表したもので「心内語」といいます。

三人称の文章のなかで、「心内語」を用いることによって、その登場人物の心情が読者に迫ってきます。「心内語」に注目をして、三人称との感じ方の違いを考えてみよう。

「心内語」によって、登場人物の心情が際立ってくるね。

言葉

振り返って見つめる

漢字を身につけよう⑨

教科書 P.219

貪（219ページ・11画）×「分」
ドン　むさぼ-る
貪欲（＝強欲）　惰眠を貪る　暴利を貪る
2級

漢字の形に注意しよう
「貪」の下の部分は「貝」です。「見」などとしないように注意しましょう。

妥（219・7画）
ダ
妥協（＝譲歩）　妥当性を欠く　妥結額を支払う
準2級

辣（219・14画）
ラツ
辛辣　辣腕（＝敏腕）
2級

偏（219・11画）
ヘン　かたよ-る
偏頭痛・偏差値　偏った見方　偏りを直す
準2級

形の似た漢字に注意しよう
「偏」と似た字に「遍」があるよ。「遍」は「通り一遍」のように使います。

悩（219・10画）
ノウ　なや-む　なや-ます
苦悩の色　進路に悩む　持病に悩まされる
4級

部首に注意しよう
「悩」の部首は「忄（りっしんべん）」です。「りっしんべん」はこころを意味する部首です。

愚（219・13画）
グ　おろ-か
愚直な男・愚痴　愚問を発する　愚かな争い
3級

痴（219・13画）
チ
愚痴・音痴　痴漢を摘発する
準2級

怠（219・9画）
タイ　おこた-る　なま-ける
怠慢・怠惰な日々　復習を怠る　怠けぐせを直す
3級

辛（219・7画）
シン　から-い
香辛《こうしん》料・辛辣　辛抱する　辛いカレー
3級

形の似た漢字に注意しよう。
「辛」と似た字に「幸」があるよ。書き間違えないように注意しよう。

鬼（219・10画）
キ　おに
鬼門を避ける　鬼の面・鬼退治　仕事の鬼
4級

債（219・13画）
サイ
債務・国債・債権　負債を償う　社債を手放す
3級

ページ219 租 10画 ×「目」 ソ
ノ 二 千 禾 利 和 和 和 租
租税・租借・免租
地租改正
準２級

219 累 11画 ルイ
丨 冂 冃 田 甲 罒 罗 畧 累 累 累
累計・累積赤字
係累が多い
準２級

219 購 17画 コウ
丨 冂 月 貝 貝 貝 貝 貝 貝 購
購入・購買意欲
共同購入する
購読者数の調査
準２級

219 戴 17画 ×「衣」 タイ
十 土 吉 亩 壴 壹 壹 戴 戴 戴
戴冠
女王の戴冠式
頂戴致します
２級

形の似た漢字に注意しよう

「戴」と似た字に「載」があるよ。「載」は「乗り物にのせてはこぶ」「書物などに記す」という意味だよ。

219 冠 9画 カン かんむり
丶 冖 冖 冖 冖 冖 冠 冠 冠
栄冠・戴冠式
冠を展示する
冠大会の賞品
３級

部首に注意しよう

「冠」の部首は「冖（わかんむり）」です。「宀（うかんむり）」にしないように注意しよう。

219 弦 8画 ゲン ＊つる
ㄱ コ 弓 弓 弓 弘 弦 弦
ハープの弦
弦楽四重奏
管弦楽
準２級

219 沸 8画 フツ わ-く わ-かす
丶 冫 氵 汀 沪 浔 沸 沸
沸騰・沸点が低い
瞬時に沸く
観衆を沸かす
準２級

219 騰 20画 トウ
月 月 月 月 月 月 月 月 騰 騰
沸騰・暴騰
地価が騰貴する
物価の高騰
準２級

219 抽 8画 チュウ
一 十 扌 扌 扣 抽 抽 抽
抽象〈⇔具体〉
抽選会の景品
危険物を抽出する
３級

漢字の形に注意しよう

「抽」の右側は「由」です。「田」としないように注意しよう。

教科書問題の答え

1

① どんよく　だきょう
② らつわん
③ へんずつう　なや
④ ぐち
⑤ たいまん　しんぼう
⑥ おに
⑦ さいむ
⑧ そぜい
⑨ るいけい　こうにゅう
⑩ たいかん
⑪ かんげん
⑫ ふっとう　ちゅうしゅつ

2

① おじ　おじ
② おば　おば
③ むすこ
④ うば
⑤ はたち
⑥ いくじ
⑦ うわつく
⑧ おとめ
⑨ たちのく
⑩ いなか
⑪ でこぼこ
⑫ じゃり
⑬ もより
⑭ わこうど
⑮ なごり
⑯ ゆくえ

振り返って見つめる

情報誌　地域の魅力を振り返って

教科書　P.220～225

地域情報誌 **を作る**

↓

そのためには

↓

○地域の人々との交流を深める
○地域の魅力を探す
・地域の特色は？
・地域の取り組みは？
・この地域にしかないものは？

↓

つながる

↓

ふるさとのよさを再認識できる
ふるさとについての新しい発見ができる

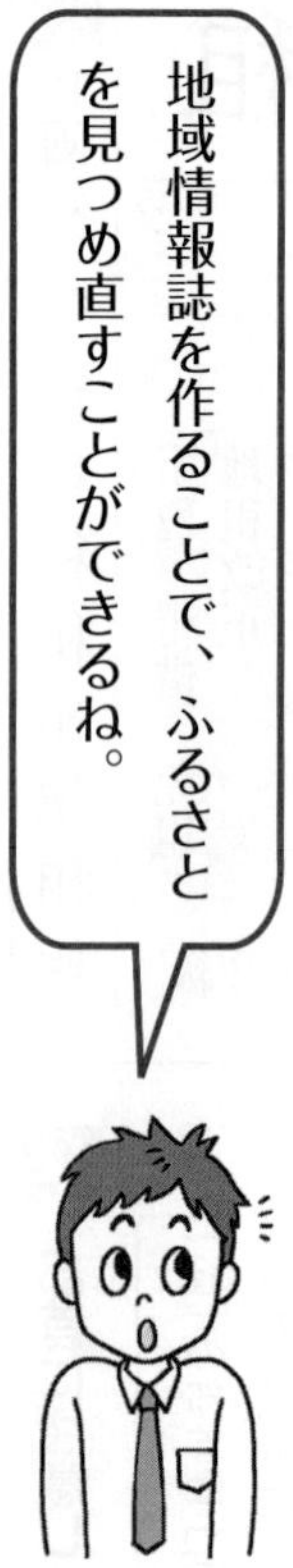
地域情報誌を作ることで、ふるさとを見つめ直すことができるね。

1　編集会議を開き、企画《きかく》を立てる

① 地域の魅力に迫るテーマや視点を出し合う。

【テーマ例】
・歴史・建築（名所、偉人、お祭りなど）
・スポーツ・芸術（スポーツ施設、伝統芸能など）
・福祉・教育（福祉の取り組み、教育施設など）
・人（ふるさとの有名人など）
・食（名産、ご当地グルメ、郷土料理など）
・自然・風景（ふるさとの風景、名水百選など）

【視点の例】
・統計（生産物の統計表など）
・取材（ふるさとに住む人への取材など）
・図解（施設マップ、グラフ、表など）

編集会議で話し合うときは、お互いの考え方を尊重しながら進めることが大切です。

②編集会議を行い、企画書《きかくしょ》を作成する。

【企画書《きかくしょ》の内容】
・雑誌名
・記事のタイトルと概要
・目次
・誌面イメージ
・完成までのスケジュール　など

2 情報収集を行う

○調査や取材
○資料集め
○写真や図表の入手
○原稿依頼

情報収集の方法
・インターネットでの検索
・関連図書による検索
・地域のへのインタビュー
・アンケート調査
・現地での写真撮影

3 レイアウトを決める

レイアウト＝記事の配置、図や写真の配置

ポイント
○写真やイラストのスペースをとる。
○余白を多めにとる。※用紙を文字でぎっしり埋めない
○文字の大きさや色、文字の形をそろえるなどして工夫する。
○同じ種類の情報はまとめて、近くに配置する。

4 記事を書き、誌面を作る

①レイアウトに従って、分担して記事を書く。
②目次を確認し、表紙を作る。
「編集後記」（各自の活動の振り返り）を書く。
③雑誌の推敲《すいこう》をする。→印刷をする。
・内容の間違いはないか。
・固有名詞（人名や地名など）は正しいか。
・失礼な表現はないか。
・あいまいな表現はないか。
・誤字や脱字がないか。　など

5 発表会を開く

雑誌を印刷・製本し、クラス発表会を開く。

読書の広場

ポテト・スープが大好きな猫

テリー＝ファリッシュ〔訳〕村上《むらかみ》春樹《はるき》

教科書 P.250〜255

内容を確認して、整理しよう

テキサスの田舎《いなか》で生まれ育ったおじいさんは、年老いた一匹の雌猫と暮らしていた。この猫の好物は、おじいさんの作ってくれるポテト・スープである。ねずみ一匹どころか、生き物を捕まえたことがない。「なんの役にも立たない猫」というのがおじいさんの口癖《くちぐせ》であるが、けっこう気にいっている。

ふたりは、たびたび湖に魚釣りに行った。ある朝、いつものように魚釣りに行こうと声をかけるが、猫は起きてこないので、おじいさんは仕方なく一人で出かける。一方、目を覚ました猫は、取り残されたことを知ったのか、家を出て行ってしまう。

「どうせなんの役にも立たない猫なんだ。」とおじいさんは自分に言い聞かせ、あきらめかけた数日後、この猫は大きな魚を捕まえて玄関ポーチに待っていた。猫の心は怒りでいっぱいだった。おじいさんは、感心すると同時に、かわいそうなことをしたと思った。

おじいさんは自分の気持ちと異なる言動をしたことを反省し、素直に猫に向き合うことを態度に示し、ふたりは仲直りをする。

おじいさんの言動、猫の行動から
その心情を捉えよう。

学びの道しるべ

▼教科書 P.255

■「猫」はなぜ魚を捕まえてきたのか、考えよう。

■解答例■
自分の手で魚を捕まえ、その気になれば魚の一匹くらい捕まえることができる、役に立たない猫ではないことをおじいさんに示そうと思ったから。

■「今では、そんな気持ちがはっきりと目に見えます。」（254ページ・下13行め）とあるが、どんなことがおじいさんを変えたのか、考えよう。

■解答例■
気持ちとは異なる言動を繰り返したことにより、猫が出て行ってしまったという経験。

■心内語の用い方に着目して、この作品における効果を考えよう。

■解答例■
おじいさんが、自分に言い聞かせるような心情がじかに伝わってくる。また、三人称の語りとおじいさんの心内語の切り替わりが早く、テンポよく読める。

読書の広場

むさぼり

辻《つじ》邦生《くにお》

教科書 P.256～261

内容を確認して、整理しよう

モンテフェルトロ公は、廷臣《ていしん》たちに二つの話をする。

一つは、モンテフェルトロ公が野がもの恩返しを受けた話である。彼は十歳の頃、矢が当たった野がもを救ってやった。十年後、彼の暗殺事件が起きようとした。当日、偶然《ぐうぜん》出会った美しい若い女にひとめで夢中になり、時のたつのを忘れて話しこんだ。夕刻出かけるはずの大使の歓迎の宴《えん》に行く気もなくなった。そのとき、彼のいとこが暗殺されたと知らせが入る。彼の身代わりとなったのだ。すると、不思議なことに、その女の姿は消えていた。ただ、その娘が座っていた長椅《い》子《す》には、ぬれた野がもの羽が二枚落ちていた。

これを聞いた廷臣は、「わが殿は善き心の他は何ももっておられないのでございますね。」と称賛すると、彼は否定した。そして「人間とは複雑な化け物なのだ。」と言い、二つめの「サルツァナの戦い」の話をする。彼は、兵糧《ひょうろう》攻めに遭《あ》った際、誰にも知られることなく夜な夜な出現するごちそうを一人でむさぼり食べていたのである。決して善き心だけではないモンテフェルトロ公の本当の姿を廷臣《ていしん》たちは知るのである。

「むさぼり」はどのような意味をもつのかを読み取ろう。

学びの道しるべ

▼教科書 P.261

■モンテフェルトロ公は、どのような人物として描かれているか。人物像と他の登場人物との相互関係を捉えよう。

■解答例■

廷臣《ていしん》や人々からは剛毅《ごうき》で善き心ばかりをもち、我慢強く温《おん》厚《こう》な人物と言われ尊敬されている。また、宮廷でも寡欲《かよく》を説くために、本来欲のない男だと見られている。だが、傭兵隊《ようへいたい》を率いていた頃は、血に渇いたおおかみだとも言われた。

■「野がもの恩返し」（257ページ・上14行め）とはどのようなものか。モンテフェルトロ公の行動や話の展開の仕方に着目して考えよう。

※上段の▒の部分を参照。

■「人間とは複雑な化け物なのだ。」（259ページ・下4行め）とはどういうことだろうか。モンテフェルトロ公の話に即して具体的に説明しよう。

■解答例■

表面は静かでも、本当は荒れくるった獅子《しし》のような人間がいるように、人間は、表と裏をはじめ、温厚と獰猛《どうもう》、寡欲《かよく》と貪欲《どんよく》といった二面性をもつものだ。

読書の広場

那須与一《なすのよいち》――「平家物語」より

教科書 P.262〜267

内容を確認して、整理しよう

源義経《みなもとのよしつね》は、平家の背後から屋島《やしま》に攻め入った。平家は海上に逃れ、陸の源氏と対峙《たいじ》した。

日暮れが近づいたとき、沖から小舟《こぶね》が一そう水ぎわに近づいてきた。舟《ふね》には、年若い女房《にょうぼう》が扇《おうぎ》を付けた竿《さお》を立て、手招きしている。この扇を射落としてみよということらしい。

義経《よしつね》は、二十歳《はたち》前後の那須《なす》与一《のよいち》に射ることを命じた。海は波が高く、扇《おうぎ》の付いた竿《さお》の先も揺れ動く。平家、源氏が見守る晴れがましい中で、与一《よいち》は「あの扇《おうぎ》のまん中を射させてください」と祈る。すると、風が少し弱まった。与一《よいち》は、矢を放った。見事扇《おうぎ》に当たり、扇《おうぎ》は空に舞って海に散った。沖では平家が、陸では源氏が歓声をあげ感嘆した。その時、平家の武士が、非常に感動したのか、扇《おうぎ》の立ててたあったところで舞を舞った。与一《よいち》は再び、今度はこの男の射倒しを命じられる。矢は当たり、舟底《ふなぞこ》へ真っ逆さまに倒れる男のさまを見て、源氏は喜ぶが、平家は静まりかえっていた。

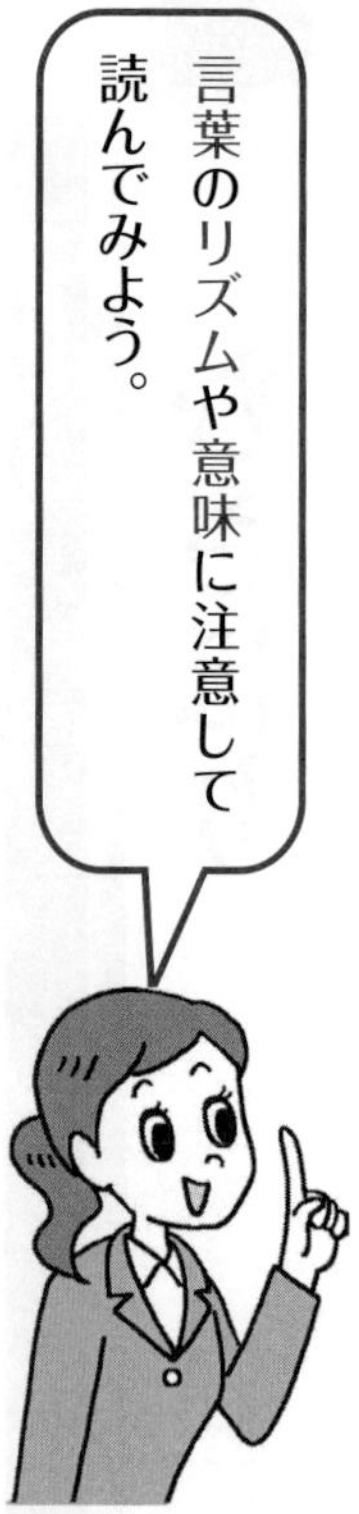
言葉のリズムや意味に注意して読んでみよう。

学びの道しるべ

▼教科書 P.267

■義経に命じられてから矢を射るまでの与一の心情の変化について考えよう。

■解答例■

自信はないが、やむなく命令に従う→扇《おうぎ》が揺れ動き不安→神々に祈り落ち着く。

■扇《おうぎ》を射たときの源氏と平家の反応を捉えよう。

■解答例■

戦いの合間ではあるが、見事に射抜いて見せた与一《よいち》の技に、敵味方関係なく感動し、褒《ほ》めたたえた。

■最後の場面で、「あ、射たり。」と言った人や、「情けなし。」と言った人は、それぞれどのような気持ちだったか、想像しよう。

■解答例■

「あ、射たり。」は、射られて当然だという思いで見ていたのではないか。「情けなし。」という言葉は、いくらその場にふさわしくない行いをした人物であっても、射殺してしまうのはかわいそうだという気持ちから出た言葉だろう。

読書の広場

見えないチカラとキセキ

教科書 P.268〜273

浦田《うらた》理恵《りえ》
竹内《たけうち》由美《ゆみ》

内容を確認して、整理しよう

自分で決めて勇気を出して一歩踏《ふ》み出すと、新たな世界での出会いが広がる。「私」にとって、それがゴールボールであった。アテネパラリンピックの試合は、視力をほとんど失いつつある「私」にとって衝撃的《しょうげきてき》だった。そして、自分も同じように輝《かがや》いてみたいと、ゴールボールの練習場に飛び込んだ。

「私」の競技人生は、ウォーキングとランニングを繰り返すという普通の人よりもはるか下のレベルからのスタートだった。コート練習でも、運動が苦手な上に目が見えないため、できるようになるまでに人の何倍も時間がかかった。

ゴールボールをやめようかと思うこともあったが、やめなかったのは、仲間とコーチの存在があったことと、自分と本気で向き合ってみたいという思いがあったからだった。見えないことが言いわけにならないゴールボールで世界を目指してみたいという思いが、「私」の心のスイッチを入れた。

「私」＝浦田《うらた》選手にとって、ゴールボールとはどんなものかを捉えよう。

内容のまとまりに着目して、文章の構成を捉えよう

大段落 1 → **【序論】**
- ゴールボールとの出会い　教 P.269・上1行め〜下7行め

大段落 2 → **【本論】**
- **〈中段落❶〉** 競技人生のスタート　教 P.269・下8行め〜P.270・上15行め
- **〈中段落❷〉** コート練習での苦悩　教 P.270・上16行め〜P.271・上2行め

大段落 3 → **【結論】**
- **〈中段落❶〉** ゴールボールをやめなかった理由①　教 P.271・上3行め〜P.272・上4行め
- **〈中段落❷〉** ゴールボールをやめなかった理由②　教 P.272・上5行め〜P.273・下1行め

読書の広場

水田のしくみを探《さぐ》る

教科書 P.274〜278

岡崎《おかざき》 稔《みのる》

内容を確認して、整理しよう

水田は、上から作土層、鋤床《すきどこ》層、心土《しんど》の三層に分けられた土を固め、水漏れの少ないしくみになっている。手間のかかる水田作りだが、今でもこの土を固める方法がとられているのは三つの長所があるからである。

一つめは、連作障害を防ぐ効果があることだ。水田に流れ込む水にはたくさんの栄養分が含まれており、さらに、その水が、わずかずつ水を流す心土《しんど》を通るとき、老廃物も一緒に流してくれるのである。二つめは、災害を防ぐ効果があることだ。水田が、ため池となって雨水をため込み、その雨水を徐々に放水し洪水《こうずい》や地崩《じくず》れを防ぐのである。三つめは、生活に必要な水資源の確保に役立つことである。水田の水はゆっくりと地下にしみ込み、ゆっくりとしみ出して川の水や生活用水などに利用される。

水田はこのような優れた長所をもち、私たちにさまざまな恩恵を与えてくれている。そこには、先人の優れた知恵が集まっているといえる。

水田の三つの長所から、水田に集まる先人の知恵を捉えよう。

学びの道しるべ

▼教科書 P.278・上4

■水田の「目に見えないさまざまな恩恵」（278ページ・上4行め）とはどのようなものか、説明しよう。

■解答例■

水田を土で作る長所として、連作障害を防ぐ効果、災害を防ぐ効果、水資源の確保という三つの効果がある。さらに、水田には、稲《いね》の蒸散作用によって空気中の湿度や温度を調節するはたらきや、稲《いね》の光合成によって空気をきれいにするはたらきがある。これらの効果やはたらきは、目には見えないものだが、私たちの生活の役に立っている。

■表2から読み取れることをまとめ、文章のどの部分について詳しく示しているか捉えよう。

■解答例■

市街地とその周辺水田地帯との気温を比べると、四つの市のいずれも、周辺水田地帯のほうの気温が低くなっている。水田に気温を下げるはたらきがあることが読み取れる。これは、本文のP.277・19行め〜20行めにある「水田の稲《いね》の蒸散作用によって、空気中の湿度や温度が調整される」ということの具体的なデータを示すものになっている。

資料編

歌舞伎《かぶき》　外郎売《ういろううり》

教科書 P.290〜293

内容を確認して、整理しよう

私は薬売りである。私の親方は、欄干橋虎屋藤右衛門《らんかんばしとらやとうえもん》で、今は僧になり、名前も変えて円斎《えんさい》と名のっている。

この薬は、昔、陳《ちん》の国から来た外郎《ういろう》という名前の中国人が持ってきたもので、帝《みかど》に参内《さんだい》したとき、薬を自分の帽子の中に入れ、使うときは一粒《ひとつぶ》ずつ取り出した様子から、帝《みかど》がその薬を「透頂香《とうちんこう》」と名づけたのである。（中略）まず、この薬を一粒《ひとつぶ》舌の上にのせ、薬を飲み込むと、内臓の調子がよくなり、口の中はさわやかな香りがし、涼《すず》しい風が起こるように感じる。どんな病にもすばやい効き目があることは、まるで人知を越えた不思議な存在のようである。この薬の第一のすばらしい効き目としては舌が回るということである。舌が回り始めると、止めることはできないほどである。（中略）この薬のことを知らない人はいないだろう。薬師如来《やくしにょらい》もこの薬のすばらしさをご覧あれと、敬って、申し上げる。ういろうは、ご入り用ではございませんか。

「外郎売《ういろううり》」という歌舞伎《かぶき》の中に出てくる有名なせりふなんだよ。

まとまりごとの展開を確認しよう

拙者《せっしゃ》…**外郎《ういろう》**（＝喉の薬）を売る商人

↓

親方について…**自分の身元の証明**

「欄干橋虎屋藤右衛門《らんかんばしとらやとうえもん》」―剃髪《ていはつ》（出家《しゅっけ》）→「円斎《えんさい》」

↓

「外郎《ういろう》」の説明

・「外郎《ういろう》」という名前の唐人《とうじん》がもってきた薬。

・帝《みかど》が「透頂香《とうちんこう》」と名づける。

↓

薬の効用

・胃・心臓・肺・肝臓《かんぞう》が健やかになる。

・薫風《くんぷう》、微涼　・万病に効果がある。

・**舌がよく回ること＝《第一の奇妙》**

↓

早口ことば……「舌がよく回る」効果を証明するため

↓

売り文句「ういろうはいらっしゃりませぬか。」

↓

薬「外郎《ういろう》」の長い宣伝文句（口上《こうじょう》）

編集協力／株式会社　エディット

三省堂　現代の国語　完全準拠　教科書ガイド２
15　三省堂　国語　802　準拠

編者　三省堂編修所
発行者　株式会社 三省堂　代表者　瀧本多加志
印刷者　三省堂印刷株式会社
発行所　株式会社 三省堂
〒102-8371 東京都千代田区麴町五丁目７番地２
電話　(03)3230-9411
https://www.sanseido.co.jp/

ISBN 978-4-385-58967-1　　<03 中国ガイド２> ④